Wege zur Lehrerpersönlichkeit

Peter Loebell
Philipp Martzog (Hrsg.)

Wege zur Lehrerpersönlichkeit

Kompetenzerwerb,
Persönlichkeitsentwicklung
und aktuelle Herausforderungen
in der Lehrerbildung

Verlag Barbara Budrich
Opladen • Berlin • Toronto 2017

Bibliografische Information der Deutschen Nationalbibliothek
Die Deutsche Nationalbibliothek verzeichnet diese Publikation in der Deutschen
Nationalbibliografie; detaillierte bibliografische Daten sind im Internet über
http://dnb.d-nb.de abrufbar.

Gedruckt auf säurefreiem und alterungsbeständigem Papier

ISBN   978-3-8474-2022-4 (Paperback)
eISBN   978-3-8474-1038-6 (eBook)

Umschlaggestaltung: Bettina Lehfeldt, Kleinmachnow – www.lehfeldtgraphic.de
Titelbildnachweis: Fotos: Bettina Lehfeldt, Seiltänzer in Breslau
Lektorat: Judith Henning, Hamburg – www.buchfinken.com
Druck: paper & tinta, Warschau
Printed in Europe

Inhalt

6

Geleitwort

Schülerinnen und Schüler unterscheiden sich stark voneinander – in ihren Interessen, in ihren Begabungen, in ihrer Vorprägung. Diese Vielfalt hat in den letzten Jahren zugenommen, und sie wird weiter wachsen. Erhöht hat sich auch unsere Sensibilität für Unterschiede.

Die Schulen müssen hierauf reagieren – und ihre Angebote mehr auf die Individualität der Schülerinnen und Schüler ausrichten. Damit steigen natürlich auch die Anforderungen an die Lehrkräfte: Sie sollen „Alleskönner" sein, die auf fachlich hohem Niveau individuell fördern, dabei die Schulentwicklung beobachten, im Team arbeiten und einen guten Kontakt zu den Eltern pflegen. Und das alles mit hoher Motivation, der Fähigkeit zu begeistern und der notwendigen Autorität. Zu dieser ohnehin schon gewaltigen Herausforderung gesellt sich die Aufgabe, die Kinder von Flüchtlingen mit Hilfe von Bildung möglichst rasch in unsere Gesellschaft zu integrieren.

Um künftige Lehrerinnen und Lehrer noch besser auf diese Anforderungen vorzubereiten, haben wir uns in Baden-Württemberg an die – auch politisch nicht einfache – Aufgabe gewagt, die Ausbildung für das Lehramt zu reformieren. Die Umstellung der Lehramtsstudiengänge auf die gestufte Studienstruktur mit Bachelor- und Masterabschlüssen zum WS 2015/16 war dazu ein großer Schritt.

Inhalte und Strukturen des Lehramtsstudiums müssen sich stets weiterentwickeln und auf die schulische Praxis zugeschnitten sein, die ständigem Wandel unterworfen ist. Dem Professionsbezug kommt daher eine Schlüsselrolle im Studium der künftigen Lehrerinnen und Lehrer zu. Aber auch Fachdidaktik und Bildungswissenschaften müssen im Studium aufeinander abgestimmt sein, damit die Hochschulausbildung wirklich jene Fähigkeiten vermittelt, die angehende Lehrerinnen und Lehrer in ihrem Beruf benötigen.

Überaus wichtig ist es auch, bereits die Studierenden darin zu fördern, eine eigene Lehrerpersönlichkeit zu entwickeln. Wir müssen künftige Lehrkräfte in die Lage versetzen, problematische Situationen im Schulalltag professionell und angemessen zu bewältigen. Und wir müssen ihnen zeigen, wie man Schülerinnen und Schüler für ein Fach begeistert und wie man kritisch die eigene Rolle reflektiert. Dass Lehrerinnen und Lehrer eine Vorbildfunktion haben, dass sie für die Kinder und Jugendliche zentrale Bezugspersonen sind, diese Erkenntnis wollen wir wieder mehr in den Mittelpunkt der Ausbildung stellen.

Nur mit hervorragend ausgebildeten Lehrerinnen und Lehrern erreichen wir unser Ziel: Allen Schülerinnen und Schülern die gleiche Chance auf Bildung zu gewähren – und zwar unabhängig von sozialer Herkunft und kulturellen Wurzeln. Die Freie Hochschule Stuttgart und die Walddorfschulen leisten hierzu einen wertvollen Beitrag, sowohl in der Ausbildung der Lehrkräfte als auch im Schulunterricht.

„Wege zur Lehrerpersönlichkeit" hieß ein Symposium, das die Freie Hochschule Stuttgart im Jahre 2014 veranstaltete. Eingeladen waren auch Vertreterinnen und Vertreter deutscher Universitäten, mit denen die zentralen Themen und aktuellen Herausforderungen der Lehrerbildung intensiv diskutiert wurden.

Die nun vorliegende Schrift macht die Ergebnisse des Symposiums sichtbar und für jeden zugänglich. Ein Tagungsband, der für jede Pädagogin und für jeden Pädagogen einen ganzen Schatz von Anregungen bereit hält. Ich wünsche ihm eine weite Verbreitung. Möge er den Austausch zwischen den verschiedenen pädagogischen Strömungen befeuern!

Theresia Bauer MdL   Stuttgart, im Juli 2016

Ministerin für Wissenschaft, Forschung
und Kunst des Landes Baden-Württemberg

Einleitung

Forscher und Praktiker kommen zunehmend zu der Erkenntnis, dass guter Unterricht nicht das Resultat fachwissenschaftlicher Expertise ist, vielmehr scheint die Persönlichkeit des Lehrers für den Lernerfolg der Schüler ausschlaggebend zu sein (Hattie 2013). Persönlichkeits- und Kompetenzbildung müssen Hand in Hand gehen, was eine Perspektivenerweiterung der Lehrerbildung erfordert. Denn pädagogisches Handeln birgt einen hohen Grad an Unsicherheit und Kontingenz. Lehrer müssen lernen, mit der Unvorhersehbarkeit pädagogisch anspruchsvoller Situationen angstfrei umzugehen, was unter anderem ein großes Vertrauen voraussetzt – Vertrauen der Lehrer in die Schüler und deren Eltern, aber auch der Schüler und Eltern in die Lehrer. Ein Patent-Rezept für den richtigen Unterricht und das richtige Handeln gibt es nicht. Lehrer brauchen Routine für ihren Unterricht und eine gute Portion Intuition; reine Reflektion und berechenbares Faktenwissen reichen häufig nicht aus.

Neben den staatlichen Lehramtsstudiengängen und speziellen Zusatzausbildungen im Rahmen verschiedener reformpädagogischer Konzepte bieten die Waldorfschulen ein eigenes grundständiges Studium an, das sich vor allem durch seinen Akzent auf die Persönlichkeitsbildung hervorhebt (Bohnsack/Leber 2000; Loebell 2016). Erstmals trafen im Juli 2014 Vertreter unterschiedlicher grundständiger Ausbildungskonzepte in einem öffentlichen Symposium an der Freien Hochschule Stuttgart zusammen, um ihre Überlegungen in Vorträgen und zahlreichen Gesprächsforen vorzustellen und zu diskutieren. Das Publikum bestand aus Wissenschaftlern, Lehrern, Studierenden und Eltern. Von besonderem Interesse waren dabei Gemeinsamkeiten der unterschiedlichen Schulsysteme wie beispielsweise die Heterogenität der Klassen, die Notwendigkeit der Kooperation mit anderen Betreuern der Schüler, z.B. Hort, die Zusammenarbeit von Lehrern und Eltern, die Tatsache, dass alle Schulen auch Orte der Politik sind und die Notwendigkeit der Praxisnähe in Forschung und Lehrerbildung.

Der vorliegende Band ist ein sichtbares Ergebnis des Symposiums. Er beginnt mit zwei Beiträgen über allgemeine Orientierungsfragen in der Lehrerbildung. Nachdem die Unterrichtsforschung unter Bezug auf die Forschung von John Hattie die Feststellung machte, dass es „auf die Lehrperson ankomme", liefern die Beiträge von Wolfgang Nieke und Christian Rittelmeyer neue Einsichten in den Diskurs um die Frage, worauf es denn nun ankomme. So thematisiert Nieke in seinem Artikel „*Lehrerbildung und Kompetenzerwerb*" Aspekte einer zeitgemäßen Lehrkompetenz und fokussiert dabei im Besonderen verschiedene Wissensformen. Eine eher ganzheitliche Perspektive auf die Fähigkeitsentwicklung von Lehrpersonen nimmt Christian Rittel-

meyer in seinem Beitrag „*Anthropologische Grundlagen der Lehrerbildung*"
ein; seine Darstellung stützt sich im Wesentlichen auf empirische Befunde
aus der Embodied Cognition Forschung zur körper-leiblichen Dimension des
menschlichen Erlebens und Verhaltens. Die Zusammenschau beider Texte
macht deutlich, dass die in diesem Diskurs thematisierten Konstrukte „Wissen versus Persönlichkeit" keinen Gegensatz bilden.

Im zweiten Abschnitt des Bandes wird das Spannungsfeld der Persönlichkeitsbildung von Lehrpersonen zwischen Erziehungskunst einerseits sowie
mess- und rekonstruierbarer Expertise andererseits erkennbar. Im Beitrag
„*Lehrerbildung für Waldorfschulen*" führt Peter Loebell aus, a) wie Waldorflehrer auf die Bewältigung aktueller Anforderungen im Schul- und Unterrichtsalltag vorbereitet werden und b) welche Rolle Fachwissen und Persönlichkeit für Waldorflehrer spielen und wie diese im Rahmen der Lehrerbildung angelegt werden sollen. Ein zentrales methodisches und inhaltliches
Merkmal der Waldorflehrerbildung – „*Die Bedeutung der Künste für die
Persönlichkeitsentwicklung der Lehrpersonen*" – wird anschließend von
Holger Kern hervorgehoben. Während in der Waldorfpädagogik vor allem
nicht kognitive latente Persönlichkeitsdimensionen benannt werden, spricht
der folgende Beitrag „*Wissen oder Können? Prozesse und Ergebnisse universitärer Lehrerbildung im Lichte empirischer Bildungsforschung*" von Hans
Gruber und Birgit Eiglsperger mit dem Lehrerwissen stärker die kognitiven
Anteile an. Unterschiede in den methodischen Ansätzen der Waldorfpädagogik und des Expertiseansatzes in der Lehrerbildung sind daher nicht überraschend. So fasst dieser Text Erkenntnisse zu Zielen, Methoden und Ergebnissen der Expertiseforschung zusammen und benennt Herausforderungen und
Möglichkeiten für ihre Übertragung auf den Lehrerberuf. Im zweiten Teil des
Textes wird eine spezielle Methode des Expertiseansatzes vertieft und am
Beispiel der Kunsterziehung konkretisiert. Alle drei Beiträge erkennen die
Bedeutung der Lehrperson unumstritten an. Zentral für die Lehrerbildung
insgesamt und mit wenigen Einschränkungen auch fruchtbar für die Waldorfpädagogik ist der mit dem Expertiseansatz verbundene Anspruch, Lehrerkompetenz müsse sich an konkret überprüfbaren Kriterien messen lassen –
unabhängig von der Art der betrachteten Persönlichkeitsfacette.

Aktuelle Herausforderungen für die Lehrerbildung ergeben sich in verschiedenen Praxisfeldern, die im dritten Teil des Bandes exemplarisch vorgestellt werden. Unter dem Titel „*Welche Kinder und Jugendlichen unterrichten wir? Heterogenisierung von Schülerinnen und Schülern als Impuls, über
Gerechtigkeit in der Schule nachzudenken?*" beschäftigt sich Robert Schneider mit dem Anspruch von Gerechtigkeit angesichts besonderer Formen der
Heterogenität von Lerngruppen, z. B. durch Interkulturalität und Inklusion.
Von diesen Anforderungen ausgehend werden im Rahmen einer bildungsphilosophischen Argumentation Merkmale eines sachgemäßen Verständnisses
von Gerechtigkeit in der Pädagogik aufgezeigt. Im folgenden Beitrag unter-

streicht Albert Schmelzer, dass „Interkulturelle Pädagogik und Waldorfpädagogik – eine anregende Begegnung" deutliche Affinitäten in Bezug auf ihr
Anliegen aufweisen, angemessen mit kultureller Vielfalt umzugehen; Waldorfpädagogik sei potenziell in der Lage die Praxislücke zu schließen, die
von der interkulturellen Pädagogik offen gelassen wird.

Zwei Texte thematisieren anschließend den aktuellen Diskurs zur Inklusion. In seinem Beitrag „Demokratisch-inklusive Schule: (Wie) geht das? Gesichtspunkte aus waldorfpädagogischer Theorie und Schulpraxis" setzt Thomas Maschke an grundlegenden Argumenten für Inklusionspädagogik an und
zeigt gezielt die besonderen „Angebote" der Waldorfpädagogik in diesem
Praxisfeld auf. Charakteristisch für die im Beitrag skizzierten Empfehlungen
zu methodisch-didaktischen Prinzipien einer inklusiven Pädagogik ist ihre
Offenheit: Im Sinne einer erziehungskünstlerischen Haltung sei Inklusionspädagogik immer wieder neu an die vorfindbaren Gegebenheiten anzupassen.
Christina Hansens Artikel „Demokratie? Schule! Argumente für eine demokratisch-inklusive (Regel-)Schule" skizziert neben einer Reihe notwendiger
Anlässe für inklusive Pädagogik auch konkrete Kompetenzkategorien, deren
Erwerb auf den Ebenen von Schülern und Lehrern Voraussetzung und Ziel
für eine gelingende Inklusionspädagogik ist. Zudem werden Bedingungen
genannt, die den Erwerb dieser Kompetenzen in Bildungskontexten begüns-
tigen. Am Beispiel einer konkreten Schule werden die ausgeführten Überlegungen schließlich konsequent konkretisiert.

Müssen sich Schulen angesichts aktueller Entwicklungen der elektronischen Medien grundlegend verändern? „Aufwachsen in der Medienwelt –
brauchen Kinder eine andere Schule?" lautet die Frage, mit der sich Edwin
Hübner auseinandersetzt. Offenkundig stellt der technologische Fortschritt
und der häufig wie selbstverständlich angesehene Einzug der so genannten
neuen Medien in Bildungsräume eine äußerst anspruchsvolle Herausforderung an die Pädagogik dar. Für deren Bewältigung schlägt Hübner Konzepte
und Ansätze vor, die sich vom „Mainstream" der Medienpädagogik unterscheiden: Nicht der möglichst frühe Erwerb technischer Fertigkeiten im Umgang mit Medien steht dabei im Vordergrund, sondern eine schrittweise,
entwicklungsgemäße Annäherung, die nicht allein das Ziel der Medienkompetenz, sondern auch das der Medienmündigkeit verfolgt.

Im Ganzen zeigen die Beiträge vielfältige Anschluss- und Diskussions-
felder in der Begegnung von Erziehungswissenschaft und Waldorfpädagogik
auf dem Gebiet der Lehrerbildung. Auch die ersten Ergebnisse einer empirischen Vergleichsstudie an der Freien Hochschule Stuttgart in Kooperation mit
der Universität Passau zeigen, dass sich Studierende der Waldorfpädagogik
und Lehramtsstudierende in einigen ihrer Berufswahlmotive unterscheiden
(Kuttner/Martzog/Pollak 2015). Unterschiede zeigen sich zudem in manchen
Persönlichkeitsmerkmalen, die das rasche Unterrichtshandeln „unter Druck"
leiten (Martzog/Kuttner/Pollak 2016a). Hinweise auf mögliche Wirkungen der

12

verschiedenen Ausbildungsformen ergeben sich aus der Befragung von Studierenden am Ende ihres Studiums. Dabei lässt sich eine stärkere Konstruktions- und eine schwächere Transmissionsorientierung bei Studierenden der Waldorfpädagogik als bei Lehramtsstudierenden erkennen. Zudem werden die theoretischen Ausbildungseinheiten, die Hochschuldidaktik und die praktischen Lehrerfahrungen in der Lehramtsgruppe als weniger konstruktionsorientiert und als insgesamt weniger kohärent erlebt als in der Waldorfgruppe (Martzog/Kuttner/Pollak 2016b eingereicht). Die Studie liefert wichtige Ansatzpunkte für die gezieltere Erforschung von Bedingungen für die Modifikation von Bildungsüberzeugungen in der Lehrerbildung.

Wünschenswert ist eine Fortsetzung des begonnenen Dialogs unter Berücksichtigung weiterer Forschungsergebnisse, von denen konkrete Hinweise auf die Wirkung verschiedener Elemente der Studienorganisation zu erwarten sind, die zu einer weiteren Verbesserung der Lehrerbildung für staatliche Schulen und Waldorfschulen führen können.

Literatur

Bohnsack, Fritz/Leber, Stefan (Hrsg., 2000): Alternative Konzepte für die Lehrerbildung. Bd. 1: Portraits. Bad Heilbrunn: Klinkhardt

Hattie, John (2013): Lernen sichtbar machen. Hohengehren: Schneider

Kuttner, Simon/Martzog, Philipp/Pollak, Guido (2015): Berufswahlmotive und Bildungsvorstellungen angehender Lehrkräfte an Regel- und Waldorfschulen im Vergleich. In: Research on Steiner Education (RoSE), Nr. 5.2.

Loebell, Peter (2013): Zur wissenschaftlichen Ausbildung von Waldorflehrern. In: Barz, Heiner (Hrsg.): Unterrichten an Waldorfschulen: Neue Perspektiven für WaldorflehrerInnen in Ausbildung, Forschung und Schulentwicklung. Wiesbaden: VS Verlag für Sozialwissenschaften.

Loebell, Peter (2016): Lehrerbildung für reformpädagogische Schulen. In: Barz, Heiner (Hrsg.): Handbuch Reformpädagogik und Bildungsreform. Wiesbaden: Springer VS

Martzog, Philipp/Kuttner, Simon/Pollak, Guido (2016a): A comparison of Waldorf and non-Waldorf student-teachers' social-emotional competencies: can arts engagement explain differences? In: Journal of Education for Teaching, 42, 1, 1-14.

Martzog, Philipp/Kuttner, Simon/Pollak, Guido (2016b, eingereicht): Bildungsüberzeugungen angehender Lehrkräfte an Waldorf- und Regelschulen: Ein empirischer Vergleich. Eingereicht In: Research on Steiner Education (RoSE).

Teil I: Orientierungsfragen in der Lehrerbildung

Wolfgang Nieke
Lehrerbildung und Kompetenzerwerb – Perspektiven auf neu zu
bestimmende Aufgaben

Christian Rittelmeyer
Anthropologische Grundlagen der Lehrerbildung

Lehrerbildung und Kompetenzerwerb – Perspektiven auf neu zu bestimmende Aufgaben

Wolfgang Nieke

1 Der gegenwärtige Stand der Lehrerbildung in Deutschland

Der gegenwärtige Stand: Trotz aller Versuche einer einheitlichen Lehrerbildung (Bildungsrat 1970, Standards für die Lehrerbildung der KMK 2004) ziehen sich diese beiden Ausbildungsformen auch weiterhin durch die gegenwärtige Hochschullandschaft in Deutschland: Primarstufenlehrer, Sonderschullehrer, Hauptschullehrer werden eher personorientiert ausgebildet, Gymnasiallehrer und Realschullehrer eher sachorientiert. Für die Integrationsform der Sekundarschule aus Haupt- und Realschule setzt sich regelmäßig die Realschulorientierung durch.

Einflüsse aus internationalen Vergleichen bleiben marginal und wirkungslos, weil die Lehrerbildung sich an den je spezifischen Besonderheiten der regulierenden Einheit, in Deutschland also anachronistisch an der Kulturhoheit der 16 Bundesländer, orientieren muss. Dafür kann aus dem internationalen Vergleich oder durch die Lektüre der englischsprachigen Erziehungswissenschaft kaum etwas oder mindestens nicht so ohne weiteres etwas gelernt werden.

Aktuell beginnt so etwas wie eine Lehrerwirkungsforschung, angeregt durch Studien wie die Metaanalyse von John Hattie (2013) über messbare Wirkfaktoren. Dabei liegt der Fokus auf *classroom management*, also auf Kommunikationskompetenz des Lehrers für die Gestaltung des Unterrichts als Gesprächssituation, sowie auf der am meisten die Lernwirkung determinierenden Qualität der Lehrer-Schüler-Interaktion. Demgegenüber scheinen die aus soziologischer Perspektive bisher favorisierten äußeren Rahmenbedingungen wie etwa die Klassengröße weitaus weniger wirksam zu sein.

Das ist im Blick auf Effekte des Schulehaltens gewiss sinnvoll, greift aber zu kurz: Grundsätzlich muss die Lehrerbildung eingebunden werden in eine Theorie der Schule, die nicht deskriptiv die vorkommenden Schulrealitäten beschreibt und vermisst, sondern mit theoretischen Mitteln den Bildungsauftrag der Schule bestimmt (das wäre Aufgabe einer bildungstheoretisch be-

16

gründeten Allgemeinen Didaktik) und erst danach empirisch die Wirkfaktoren ermittelt, welche die Leistungsvarianz der Schüler erklären können. Dabei würden sich die Inhalte gegenüber der bisherigen Ausbildungspraxis sehr
verändern, vor allem zur Berücksichtigung von Wirkfaktoren, die noch gar
nicht im Blick liegen, etwa des Raumes, des Schulklimas etc. Im Blick auf
die Unterrichtsfächer würde der Schwerpunkt fort von einem vorgegebenen
Kanon hin zu einem je konkret zu definierenden Enkulturationsauftrag gehen.
Der Lehrer ist verantwortlicher Leistungsträger für eine erfolgreiche intergenerative Enkulturation der als wesentlich geltenden Inhalte einer obligatori-
schen Allgemeinbildung und nicht nur Unterrichtstechniker. Das ließe sich in
der Formel fassen: *Weisen statt Unterweisen.*

2 Die Ambivalenz des Kompetenzansatzes für die Bestimmung von Bildungs- und Lernzielen zwischen Beliebigkeit und unergiebiger Operationalisierung

Kompetenzen beschreiben Fähigkeiten und Fertigkeiten, und diesen müssen
die Inhalte sekundär zugeordnet werden; Inhalte für die Bildung sind nach
dieser Auffassung also nicht an sich und in Form eines Kanons relevant,
sondern haben eine dienende Funktion. Das ist ein Paradigmenwechsel in der
Bestimmung der Ziele von Unterricht. Kompetenzen beziehen sich nicht nur
auf Orientierungswissen wie der bisherige Kanon, sondern beziehen Bedingungswissen und Änderungswissen für Handlungskompetenz mit ein.
    Das entspricht dem Bildungsauftrag der allgemeinbildenden Schule, min-
destens als Ausbildung für alle für Beruf und politische Teilhabe. Für das
Gymnasium sind andere Ziele denkbar: Wissenschaftspropädeutik als Vorbildung für ein akademisches Studium, Heranbildung einer gesellschaftlichen
und politischen Elite.
    Die derzeitige Kompetenzmodellierung ist durch den angelsächsischen
Utilitarismus geprägt: es interessiert nur, was irgendwie nützlich ist. Die
kontinentaleuropäische Tradition – Deutschland und Frankreich – könnte
dagegen eine andere Zielbestimmung aufrechterhalten: die Bildung des eigenständig denkenden Bürgers. Das würde andere Kompetenzen erfordern als
die im Gefolge von PISA vorgelegten Kompetenzkonzeptionen enthalten,

welche ganz auf Nützlichkeit im Erwerbsleben und auf Teilhabe am gesellschaftlichen Leben ausgerichtet sind.[1]

Kompetenzen (Nieke 2012) können nicht gemessen werden, sondern nur das, was auf ihrer Grundlage nach außen tritt: die Performanz.[2] Die derzeitig üblichen "Kompetenzmessungen" setzen Performanz und Kompetenz faktisch gleich, was jedoch bedenklich ist und in einigen daraus gezogenen Konsequenzen auch falsch wird. Dabei wird implizit das Lernmodell einer Computerfestplatte verwendet. Diese Modellierung stammt aus der Frühzeit der Computertechnik und kann heute als ganz unzutreffend gelten. Nach dieser Vorstellung bleibt einmal Gelerntes dauerhaft und unveränderlich im Gedächtnis, so wie die Magnetisierung auf dem Massendatenspeicher eines Computers zur Fixierung der darin codierten Daten.[3] Die aktuellen Lerntheorien nehmen die Erfahrung auf, dass das Meiste ganz schnell wieder vergessen wird, dass die Erinnerungen im Memoriervorgang offenbar unmerklich verändert werden. Das ist schon seit den Anfängen der Lernpsychologie bekannt (Ebbinghaussche Vergessenskurve), wird heute aber mit Modellierungen des Gedächtnisses in dreidimensional verschränkten neuronalen Netzen der Großhirnrinde verbunden und damit erklärt. Gedächtnisinhalte bleiben danach nur erhalten, wenn sie mehrmals aktiviert, also erinnert werden, und bei dieser Reaktivierung verändern sie sich entsprechend der affektiven Codierung, die dem Gedächtnisinhalt durch eine bewertende Instanz (lokalisiert in der Hirnregion der Amygdala) hinzugefügt wird.

Ein Beispiel für die unangemessene Modellierung von Kompetenz nach dem Festplattenmodell findet sich in dem Konzept der Modularisierung von beruflichen Qualifikationen. Hierbei wird auf ein progressiv voranschreitendes Curriculum mit einem festen Kanon an Gehalten für den Erwerb einer Abschlussqualifikation verzichtet, und an seine Stelle tritt der Gedanke, man

---

1   Das ist allerdings explizite Absicht: Der Auftraggeber für den internationalen Bildungssystemvergleich PISA ist die OECD, deren Satzungsziel die Förderung der wirtschaftlichen Entwicklung in den hochentwickelten Staaten ist. Dabei gilt die volkswirtschaftliche Investition in ihr Humankapital als sehr zuverlässige Determinante für dauerhaftes Wirtschaftswachstum unter den Bedingungen einer schrankenlosen und bedingungslosen Konkurrenz auf dem Weltmarkt. Eben damit wird die Beschränkung der Kompetenzmessung auf allein dafür relevante Kompetenzdimensionen begründet. Ausdrücklich wird darauf verwiesen, dass die nationalen Bildungscurricula weitaus mehr Ziele umfassen, die aber eben nicht Gegenstand des Vergleichs sein müssen, um diejenige Formalbildung zu erfassen, die für die Zielsetzung der OECD förderlich ist.

2   Die Differenz von Kompetenz und Performanz wurde von dem Sprachtheoretiker Noam Chomsky zur Begründung seiner Tiefengrammatik eingeführt, mit welcher der Umstand erklärt werden kann, dass aus einem nur indirekt erschließbaren Sprachvermögen – der Kompetenz – die Hervorbringung unendlicher Konkretionen im realen Sprechen und ihr Verständnis im Hören oder Lesen – die Performanz - gelingen kann. Aus diesem theoretischen Zusammenhang wird diese prinzipielle Differenz in die allgemeinen Kompetenztheorien übernommen.

3   Selbst diese Magnetisierung ist nicht dauerhaft und muss alle paar Jahre aktualisiert werden, um Datenverlust zu vermeiden.

könne sich eine individuelle Qualifikation für ein Anwendungsfeld durch die beliebige Kombination von in sich kohärenten Teilbereichen zusammenstellen. Diese Teilbereiche heißen in Anlehnung an die mit solchen Baukastensystemen hantierende Elektrotechnik Module.[4] Dieses System ist nur sinnvoll, wenn man davon überzeugt ist, dass das einmal Gelernte fest und abrufbar im Gedächtnis bleibt. Dementsprechend kann dann auch ein abgeschichtetes Prüfungsverfahren eingeführt werden, wie es an deutschen Hochschulen geschehen ist: Die Modulprüfungen am Ende einer Studieneinheit legen Noten fest, die am Ende eines Studiengangs in die Gesamtnote eingehen, so als sei die vor Jahren erbrachte Performanz ein valider Hinweis auf eine dauerhaft zur Verfügung stehende Kompetenz. Es ist außerordentlich verwunderlich, wie dies geschehen konnte, wo es doch in krassem Widerspruch zur aktuellen Lernpsychologie steht.

Die Differenz von Kompetenz als potenzieller Fähigkeit und Performanz als aus dieser Fähigkeit aktuell in einem Handeln oder Verhalten realisierte Fertigkeit muss eigentlich dahingehend berücksichtigt werden, dass die gemessene Performanz stets nur als eine relativ kleine Teilmenge der tatsächlich vorhandenen Kompetenz ist und sein kann. Sie markiert eine aktuelle Mindestkompetenz, die unter Beweis gestellt wurde, und berechtigt zu der Annahme, dass die tatsächliche Kompetenz wesentlich höher ist und sein muss. Es wäre also falsch, die Messergebnisse einer solchen Performanz zum Maßstab für Leistungsselektionen zu machen, da dies den Gemessenen unvermeidlich Unrecht täte.

3 Lehrerbildung aktuell: Bildungsziele als Kompetenzaufbau

Die Lehrerbildung muss selbstverständlich die in allen Bundesländern inzwischen umgesetzte Kompetenzorientierung der staatlichen Lehrpläne aufgreifen. Das hat gravierende Konsequenzen für die Umgestaltung der bisherigen Konventionen darüber, wie eine Lehrerbildung durchzuführen sei. Auf die vier Hauptkonsequenzen sei kurz hingewiesen:

1. Die *Auswahl der Inhalte* darf nicht länger nicht nach einem Fachkanon geschehen (Abbilddidaktik), sondern ausschließlich im Blick auf die Relevanz für den Kompetenz*aufbau*[5]. Das bedeutet eine grundlegende Ab-

---

4 Dieser Terminus aus der Technik wird auf der zweiten Silbe betont. Módul mit Betonung auf der ersten Silbe ist ein Fachausdruck aus der Mathematik, der anderes anspricht.

5 Nicht Kompetenzentwicklung, weil das romantische Organologie aus der Biologie des 19. Jahrhunderts wäre, die ihren gedanklichen Ursprung in der Lehre des Aristoteles vom Wer-

kehr von der heute noch immer wirkenden impliziten Fachdidaktik als Struktur der Disziplin. Nach diesem Modell ist der Deutschunterricht – auch in der gymnasialen Oberstufe – nicht mehr angewandte Germanistik als Linguistik und Literaturgeschichte, sondern kommunikationstheoretisch zu fundieren. Dabei verschwinden Linguistik und Literaturgeschichte im Studium der Deutschlehrer nicht, aber sie dominieren die Ausbildung (als Kompetenzaufbau für das Unterrichten von Deutsch) nicht mehr als alleinige und unstrittige Fachinhalte. Nicht mehr das Fach in seiner Gesamtheit ist in der Lehrerbildung zu studieren, sondern nur noch diejenigen Bereiche, die für die Unterstützung des Kompetenzaufbaus der Schüler nach den vorgegebenen Kompetenzzielen relevant sind.

2. Der Aufbau von Kompetenz bei den Schülern geschieht nach dieser Modellvorstellung nicht durch ein planmäßiges Einwirken durch Motivation, Didaktisierung des Lernstoffes, Instruktion und Lernsteuerung, wie es aus den älteren Lerntheorien und ihren mechanistischen Menschenbildern abgeleitet wurde, sondern kann nur indirekt angeregt, unterstützt und begleitet werden. Das Bildungsziel kann zwar die professionelle Tätigkeit des Lehrers orientieren, es fehlt aber jede Gewissheit, es zuverlässig zu erreichen; denn das hängt von der notwendigen Eigentätigkeit der Umgestaltung der Weltaneignungen des Schülers ab, und diese Eigentätigkeit kann nicht zuverlässig hervorgelockt, „motiviert", geplant und gesteuert werden. Vor allem geschieht diese Bildung als Umgestaltung der Weltaneignungen bei den Schülern in großer interindividueller Variation, so dass standardisierte Unterweisungs-verfahren immer nur einen Teil einer Schülergruppe erreichen und anregen können. Die Konsequenz aus dieser Einsicht ist eine sehr weitgehende Individualisierung der Lernunterstützung, also des Unterrichts, und das erfordert eine Abkehr von der jahrtausendealten Praxis, Schüler nach angenommener Homogenität der Lernausgangslage und Lernfähigkeit (die Lernwilligkeit, also die Motivation galt und gilt bis heute als beeinflussbar, als leicht manipulierbar) in Gruppen gemeinsam unterrichten zu können, was die Unterrichtung vieler zu vertretbaren Kosten ermöglicht.[6] Diese Aufgabe erfordert grundsätzlich neue Verfahren eines den selbständigen Aneignungsprozess der einzelnen Schüler unterstützenden Unterrichts, einschließlich einer pädagogischen Diagnostik, was wer warum an besonderer Unterstützung braucht.

---

den als Realisierung einer inhärenten Möglichkeit in Wirklichkeit hat (Erste Philosophie, enthalten in der Metaphysik).

6 Mit einer solchen weitgehenden Individualisierung ist auch zugleich grundsätzlich die gegenwärtig intensiv diskutierte Aufgabe der Inklusion von Schülern mit besonderen Lernausgangslagen gelöst, die bisher nach dem Prinzip der Homogenisierung von Lerngruppen in besonderen Förderschulen oder separaten Klassen unterrichtet werden.

3. In der Konsequenz des Kompetenzaufbaus liegt auch das Erfordernis, die Leistungsbewertung grundlegend zu ändern. Das bisherige System hatte das Ziel, zu diskriminieren, d. h. Leistungsdifferenzen zwischen den Schülern zu beschreiben. Die Funktion besteht weniger in der Leistungsrückmeldung, wie oft behauptet, sondern vielmehr in der Information für das abnehmende System – die Arbeitgeber, die weiterführende Schule, die Universität -, wenn es unter zu vielen die Besten, d.h. die Leistungsfähigsten auswählen soll und will. Diese Diskriminierung, diese beschreibende Unterscheidung von Leistungsdifferenzen, geschah aus praktischen Gründen in Form einer relationalen Differenz innerhalb der jeweiligen Klasse. Diese Leistungsgruppe war also die Bezugsnorm, und zwar als Mittelwert einer angenommen Normalverteilung von Leistungsunterschieden. Danach müssen die mittleren Beurteilungen – *befriedigend, ausreichend* – am häufigsten auftreten, und die Extremwerte – *sehr gut, gut* sowie *mangelhaft, ungenügend* – dürfen demgegenüber jeweils nur wenige Prozent ausmachen. Weichen die Zensuren von der Normalverteilung ab, wird dem Lehrer vorgeworfen, „zu gut" oder „zu schlecht" zu beurteilen, bis hin zu der Aufforderung, „die Leistungsmessung (Klassenarbeit, Test) deswegen zu wiederholen. Kompetenzen werden so definiert, dass sie in unterschiedlichen Niveaustufen aufgebaut und in Performanzen unter Beweis gestellt werden können. Häufig sind fünfstufige Niveaubeschreibungen, etwa in den PISA-Studien. Damit wird eine valide Leistungsmessung möglich, welche Aussagen über eine von einer kleinen und durch Zufälle im Niveau stark schwankenden Bezugsgruppe, wie es eine Schulklasse ist, unabhängige Leistungsfähigkeit machen kann. Eine solche Leistungsmessung geht kriterienorientiert vor, und das ist unbestritten ungleich gerechter als die gruppenorientierte. Dies erfordert ein Umdenken der Lehrer (und Hochschullehrer, die bisher nach demselben Messverfahren prüfen), und das bedarf einer fachlichen Expertise in pädagogischer Diagnostik und Evaluationsforschung, weil die kriterienorientierten Verfahren bei Bedarf auch mathematisiert werden können, was bei den Nominalskalierungen der gruppenorientierten Zensuren wegen der fehlenden Äquidistanz der Messpunkte messtheoretisch gar nicht zulässig ist (auch wenn es fälschlicherweise praktiziert wird, etwa in der Durchschnittsberechnung aus solchermaßen bestimmten Zensurenwerten).

4. *Forschungskompetenz in Bildungswissenschaft zur Selbstevaluation.* Üblicherweise wird in der Außenperspektive von LehrerInnen erwartet, dass sie in dem zu unterrichtenden Stoffgebiet kompetent sein müssen und sollen. Das ergibt sich zunächst aus der Arbeitsteilung zwischen Laien und dem Lehrberuf sowie der Alltagsüberzeugung, dass jemand, der etwas gut weiß, dies auch gut vermitteln könne. Die bisherigen Studien zur LehrerInnenforschung zeigen jedoch mehrheitlich, dass es of-

fenbar darauf nur sekundär ankommt. Zwar ist unbestritten, dass der zu vermittelnde Stoff bekannt sein muss, jedoch wird der dafür angesetzte Kompetenzaufbau in Form eines langen wissenschaftlichen Studiums des Faches, das diesem Stoff inhaltlich korrespondiert offensichtlich in seiner Wirkung auf die Effizienz des Lehrerhandelns heftig überschätzt. Das liegt vermutlich wesentlich daran, dass der Stoff des Unterrichts – etwa in der Muttersprache oder dem Mathematikunterricht in der Grundschule – nur geringe Übereinstimmungen mit dem Kanon der zugeordneten akademischen Disziplin aufweist. Bezogen auf die Lehreffizienz – also unbeschadet anderer Aufgabenstellungen der LehrerInnen in der Schule – muss also die allgemeindidaktische und fachdidaktische Kompetenz als Zentrum der Qualifikation angesehen werden. Da hier jedoch kein einfacher Kanon zum Kompetenzaufbau studiert werden kann, kommt es darauf an, dass die LehrerInnen angesichts dieser Offenheit und schnellen Veränderungen im Laufe ihres Berufsleben sich damit ausstatten, die Wirkungen ihres professionellen Handelns so gut wie möglich und so weit wie möglich selbst zu erfassen, und dies nicht durch die irrtumsanfällige eigene Einschätzung, sondern durch den Einsatz von objektivierenden Verfahren der Selbstevaluation. Diese können nicht inhaltsunabhängig zu relevanten Aussagen führen, müssen also ständig an die wechselnden Inhalte angepasst werden. Das erfordert bei der Auswahl der angebotenen Verfahren und dieser Anpassung an die eigene Praxis Kenntnisse der Methodologie der empirischen Bildungsforschung, da die Evaluation von Lehreffekten und Bildungswirkungen ja nur mit dem spezifischen Inventar dieses Forschungszweiges angemessen und irrtumsarm durchgeführt werden kann.

Das hat Auswirkungen auf die Nachwuchsgewinnung in den historisch-philologischen Fächern, die ja wesentlich von der Ausbildung von GymnasiallehrerInnen leben und bisher über die Examensarbeiten im ersten Unterrichtsfach ihren Nachwuchs generieren konnten. Wenn in der Konsequenz des Dargelegten der Umfang der Fachstudien auch für die GymnasiallehrerInnen erheblich abgesenkt wird, um Zeit für den Kern der Lehrkompetenz zu gewinnen, muss dies zu einem heftigen Widerstand der Fachvertretungen dieser Disziplinen führen, die sich in ihrem akademischen Bestand gefährdet sehen.

4 Lehrerbildung als Aufbau professioneller pädagogischer Handlungskompetenz

Wenn die Bildungsziele der allgemeinbildenden Schule und der Berufsbildung in Form von Kompetenzen und messbarer Performanzen, von denen auf die zugrundeliegenden Kompetenzen zurückgeschlossen werden kann, beschrieben werden, dann ist es konsequent, auch die Qualifikationsziele für eine professionelle pädagogische Handlungskompetenz von LehrerInnen als Kompetenzen zu definieren[7]. Ein für Deutschland verbindlicher Ansatz sind die Empfehlungen der Kultusministerkonferenz an ihre Mitglieder von 2004 zu *Standards für die Bildungswissenschaften*.[8] Mit *Bildungswissenschaften* werden hier die Studienfächer Pädagogik und Psychologie sowie hilfsweise Soziologie in der ersten Phase der Lehrerbildung an Universitäten und Pädagogischen Hochschulen zusammengedacht, also alles, was die Lehrerprofession außer der Sachkunde für die Unterrichtsfächer – eine dem Unterricht zugeordnete akademische Disziplin und ihre Fachdidaktik für die jeweilige Schulform – ausmacht. In Deutschland folgt dieser ersten Phase eines Universitätsstudium dann obligatorisch eine als Referendariat ausgestaltete Zweite Phase zunächst angeleiteter und dann zunehmend selbstständiger Unterrichtstätigkeit, verbunden mit praxisunterstützenden konzeptionellen Unterweisungen im Studienseminar. Erst nach dem Durchlauf durch beide Phasen wird den so ausgebildeten LehrerInnen die Qualifikation zugesprochen, ohne weitere Aufsicht den Unterricht in den Fächern und Schulformen erteilen zu dürfen, für welche sie ausgebildet und geprüft worden sind. Die Standards beschreiben nicht diese professionelle pädagogische Handlungskompetenz des verantwortlichen, selbstständigen Unterrichtens, sondern nur die Voraussetzungen dafür, die in einem Universitätsstudium erworben werden können und sollen.

Der Status der Fachdidaktik ist schwierig: Sachlich gehört sie eindeutig zu den Bildungswissenschaften, weil die Kernbestände auf die Inhalte der Schulfächer angewandte Allgemeindidaktik sind, und diese ist unstrittig Bestandteil der Schulpädagogik. Allein historisch begründet, befindet sie sich in Deutschland jedoch in institutioneller Verbindung zu den Fachwissenschaften, die den Unterrichtsfächern zugeordnet sind, als subsidiäre Unterstützung der Vermittlungskompetenz für das jeweilige Fach. Ein genauer Blick kann jedoch schnell zeigen, dass etwa die fachlichen Inhalte des Deutschunterrichts keineswegs allein oder inzwischen auch nur überwiegend von der akademischen Disziplin der Germanistik bearbeitet und bereitgestellt

---

7 Hinweise zu diesem Zusammenhang finden sich in Gehrmann/Hericks/Lüders 2010.
8 KMK (2004): Standards für die Bildungswissenschaften. Beschluss vom 16. 12. 2004.

werden können. Hier kommt vieles aus der Kommunikationswissenschaft, Sozialpsychologie und Medienwissenschaft hinzu.

Die Festlegungen der Kultusministerkonferenz zeigen eine psychologisch determinierte Beschreibung der Lehrerkompetenz, d. h. sie konzentrieren sich auf die Instruktionsaufgabe und blenden Aufgaben der allgemeinen Weltorientierung und Auswahlentscheidungen im Blick auf Lehrgehalte weitgehend aus, vermutlich weil das in die Domäne der Fachdidaktiken verwiesen wird. Diese sind jedoch nicht in der Lage, fachübergreifende Perspektiven einzunehmen, und diese werden in den Lehrplänen immer dominanter und umfangreicher.[9]

Obwohl die Frage des erforderlichen Anteils der bildungswissenschaftlich zu fundierenden professionellen pädagogischen Handlungskompetenz nicht explizit angesprochen wird, zeigt der aufgeführte Katalog doch unübersehbar, dass daran gedacht ist, dass er mindestens ein Drittel des gesamten Studienumfanges erfordert, d. h. etwa 100 der insgesamt 300 Leistungspunkte. Das ist in einigen Bundesländern für einige Studiengänge schon realisiert, in anderen und vor allem für das Lehramt an Gymnasien bei weitem noch nicht.

5 Perspektiverweiterungen

Die gegenwärtige Konzentration auf die Instruktionsaufgabe der LehrerInnen greift zu kurz. Das Lehrerhandeln muss einerseits in den Gesamtzusammenhang seiner gesellschaftlichen Funktion und seiner Relevanz für den Erhalt und die Weiterentwicklung der Kultur, verstanden als dem intergenerativ zu tradierenden Inhalt des Menschheitsgedächtnisses – d. h. dem Bildungsauftrag der Enkulturation[10] -, gestellt werden und gewinnt dann andere Ausrichtungen und Bedeutungen. Andererseits ist es mehr und anderes als Instruktion, d. h. als Lehre und Gestaltung von Unterricht. Damit ist nicht der neuerdings wieder stärker betonte sogenannte Erziehungsauftrag der Schule gemeint; denn Erziehung ist intentionale Sozialisation und dient damit nicht anders als Enkulturation ebenfalls dem intergenerativ übermittelten Erhalt des sozialen Gefüges, der Gesellschaft. Deren Existenz und je spezifische Ausprägung basiert auf wertorientiertem, normgeleiteten Verhalten, dem

---

9 Ein bildungswissenschaftlicher Gegenentwurf findet sich im Strukturmodell für die Lehrerbildung von 2005 der Deutschen Gesellschaft für Erziehungswissenschaft, das im inhaltlichen Teil allerdings in der konventionellen Beschreibung von essentiellen Inhalten verbleibt und weitgehend auf eine Kompetenzmodellierung verzichtet. - Weitergedacht wird der KMK-Vorschlag auch in einer Überlegung zur didaktischen Kernkompetenz in Kap. 2.4 Nieke (2012).
10 Ausführlicher in Nieke (2015).

unterstellt wird, es sei ein Handeln, d. h. der Einzelne könne absichtlich, also in Freiheit, gegen Verbot und Gebot handeln, also auch abweichend oder „böse", und müsse sich dann der Rechtfertigung gegenüber der Sozietät stellen, sich also verantworten.

Die Aufgabe der LehrerIn findet sich in einer unauflöslichen Spannung zweier Aufgaben, die beide zu bewältigen sind, sich aber zunächst zu widersprechen scheinen. Das soll hier als Bipolarität zwischen *Kulturation und Supportivität* bezeichnet werden. In der Geschichte des Nachdenkens über die pädagogische Grundaufgabe und die dafür angemessenen Kommunikationsformen finden sich viele andere Kennzeichnungen, etwa die Polarität von *Führen oder Wachsenlassen* bei Theodor Litt (1927/1958), wobei diese Perspektive anderes – nämlich das schon von Kant gesehene schwierige Verhältnis von Freiheit und Zwang beim Hinaufführen der Nachwachsenden – in den Blick nimmt als das hier Angesprochene, so dass sich diese Polarität nur teilweise mit der von Kulturation und Supportivität überschneidet.

5.1 Lehrerprofessionalität in der Bipolarität zwischen Kulturation und Supportivität

Lehrerprofessionalität orientiert sich in der Bipolarität zwischen
(1) dem Auftrag intentionaler Enkulturation, also der Bildung oder – funktional gesehen – der Kulturation. Die Verantwortung wird hier gegenüber der Kultur und ihrer Sozietät gesehen, und von hier aus werden Schüler *gefordert*. Das begründet auch eine Autorität in anwaltschaftlicher Vertretung des Menschheitsinteresses am Kulturerhalt durch intergenerative Tradierung gegen das Unwissen der nachwachsenden Generation, die nach dieser Auffassung noch nicht wissen kann, was wichtig ist und was gut für den Einzelnen sein könnte. Kulturation erfordert vom Lehrer genaue und umfassende Kenntnis des von ihm verantworteten Wissensbereichs innerhalb der tradierenswerten Menschheitskultur, damit er auf dieser Grundlage fachlich korrekt die didaktischen Auswahlentscheidungen für das Tradierenswerte treffen kann. Diese fachliche Verantwortung orientiert sich in ihrer Funktionsbindung unvermeidlich an der Aufnahmedifferenz der Schüler und konzentriert sich auf die Leistungsstärksten, weil diese am ehesten die Gewähr bieten, das Vorgestellte richtig aufzunehmen, nicht zu vergessen und künftig kundig anzuwenden. Die Vermittlung verwendbarer, nützlicher Kenntnisse und Fertigkeiten, also die Qualifikation, ist ein Teilbereich der Kulturation, wenn ein umfassender Kulturbegriff unterlegt wird (Nieke 2008). Hier hat die Kulturation die Funktion der Selektion der SchülerInnen nach unterschiedlichen Leistungsstufen zur Vorbereitung auf die Übernahme hierarchisch geschichteter Positionen im Erwerbssystem und insgesamt in einer Gesell-

schaft, die sich leistungsfunktional und meritokratisch versteht (Nieke 2012a).

(2) der Unterstützung eines jeden Schülers als einzigartige Persönlichkeit in seinem Bemühen um Aneignung der Kultur. Diese *Supportivität* hat zwar die Kultur im Hintergrund und auch den Enkulturationsauftrag, legt den Fokus aber auf das *Fördern* und die Individualisierung der Kulturaneignung.

Sie ist auch bereit, geringe Enkulturationseffekte als individuell sinnvoll zu akzeptieren und als hinreichend für das Funktionieren von Kultur und Gesellschaft in ihrer Gesamtheit anzusehen.[11]

Eine solche Fokussierung auf den Einzelnen ist von der Zuversicht getragen, dass es unter allen SchülerInnen genügend geben werde, welche das Angebotene umfassend und richtig aufnehmen und damit die Kultur intergenerativ erfolgreich tradieren werden und dass es hinreichend sei, die Kulturgehalte dafür allen anzubieten, und hinzunehmen, dass nur ein kleiner Teil sie wirklich aufnehmen kann und will.

Von außen betrachtet, ist es möglich, jede LehrerIn in ihrer Praxis auf einer solchen bipolaren Skala zwischen den Bestimmungspunkten Kulturation und Supportivität zu verorten, sei es in einer konkreten pädagogischen Kommunikation oder in einem zusammenfassenden Gesamturteil.

Auch auf eine Nachfrage hin sind die Lehrer in der Lage, sich auf einer solchen Skala zu verorten und können das begründen. Die Positionierung in der Nähe eines der beiden Bestimmungspunkte ist eine Entscheidung für die Relevanz dieser Bestimmung und eine Entscheidung gegen die entgegengesetzte Position. Eine Position in der Mitte der Skala drückt die Überzeugung aus, dass beides gleichermaßen wichtig sei und dass es möglich sei, beides angemessen zu berücksichtigen.

Auch die bildungswissenschaftlichen Handlungskonzeptionen, vor allem in den Ausprägungen der Allgemeinen Didaktik, entscheiden sich für eine Positionierung zwischen diesen Polen, oft aber implizit, also ohne weitere Begründung.

---

11 Das war in ökonomischen Formationen unproblematisch, die mit großen Anteilen an ganz Geringqualifizierten auskommen konnten. Hochkomplexe Gesellschaften und ihre Ökonomie hingegen verlangen von ausnahmslos allen Erwerbstätigen und Staatsbürgern ein hohes Niveau an Allgemeinbildung, ohne dass diese Gesellschaften in ihrer intergenerativen Existenz gefährdet wären. Das drückt sich etwa in der normativen und setzenden Begründung für die Mindestkompetenzniveaus in den PISA-Erhebungen aus, mit denen die Eingangsqualifikation aller SchülerInnen nach dem Abschluss der Elementarbildung (definiert als im Alter von 15 Jahren zu erreichen) gemessen wird. Wenn ein großer Anteil der SchülerInnen dieses Niveau nicht erreicht (also etwa faktisch nicht lesen kann), dann wird das als Existenzbedrohung für die entsprechende Nationalgesellschaft und Nationalökonomie angesehen. Dementsprechend steigt der gesellschaftliche Druck auf den supportiven Teil der Lehrerschaft, ausnahmslos alle SchülerInnen unbedingt auf dieses Mindestniveau zu bringen und dafür die Unterstützung zu intensivieren.

Derzeit ist durchaus ungeklärt, welche Positionierungen auf der Skala zwischen Kulturation und Supportivität richtig und wirksam sind oder sein können. Einstweilen darf sich also jede LehrerIn überall verorten, wenn sie es denn vor sich und in der Erläuterung für andere begründen kann.

5.2 Drei Wissensformen konstituieren Professionalität

Die meisten psychologischen Handlungstheorien gehen von drei Komponenten aus, auf deren Grundlage eine Handlung realisiert werden kann: erforderlich sei

1. ein Wissen,
2. ein Motiv
3. Fähigkeit zur Ausführung der Handlung, d. h. eine Fertigkeit, die sich vom einfachen Wissen darüber, wie es gemacht werden soll und kann, unterscheidet.

Das wird oft in den Termini *Kognition*, *Affekt/Emotion* und *Fertigkeit* beschrieben. Darin zeigt sich, dass der Antrieb für eine Handlung im affektiv/emotionalen Bereich gesehen wird. Darin sind *Willen* und *Wollen* verschwunden, die sich in älteren Konzeptionen aus dem 19. Jahrhundert finden, vermutlich auf Grund des deterministisch-mechanischen Menschenbildes, wonach der Antrieb nur von außen oder aus den Trieben kommen kann.

Professionelles Handeln unterscheidet sich von Alltagshandeln und Berufshandeln dadurch, dass es sich auf wissenschaftlichem Wissen gründet, d.h. auf Kognitionen, die systematisch miteinander zu größeren Einheiten (Theorien) verbunden sind und deren Gültigkeit durch Verfahren der intersubjektiven Überprüfbarkeit gesichert worden ist. Für die Herausbildung von Professionalität ist also der Anteil des Wissens größer als der von Motiv und Fertigkeit im Vergleich zu Alltagshandeln und Berufshandeln.

Professionswissen lässt sich in drei Domänen unterteilen, wobei sich jede dieser Domänen von den jeweils anderen durch die Art des Wissens und seines inneren Zusammenhangs abgrenzen lässt. Das legt die Vermutung nahe, dass auch die Wege des Erwerbs domänenspezifisch verschiedene sein könnten.[12] Diese drei Domänen lassen sich beschreiben als:

---

12 Da sich immer deutlicher zeigt, dass die verschiedenen Wissensformen offenbar nicht über das Gehirn gleich verteilt gespeichert und dann wieder abgerufen werden, sondern in verschiedenen Zentren und Netzen, kann das auch die hier skizzierten drei Wissensformen vermutet werden. Die hier verwendete Einteilung könnte nicht nur für das bessere Verständnis von Professionswissen hilfreich sein, sondern auch für andere Handlungssysteme. Eine empirisch fundierte Theorie zu einem frühen Kernwissen bereits bei Kleinkindern mit

1. Änderungswissen
2. Bedingungswissen
3. Orientierungswissen

Die Reihenfolge drückt nicht den Zeitablauf auf, in dem sie aktiviert werden, um eine Handlung zu generieren – dann müsste sie umgekehrt aufgeführt sein -, sondern den Grad der Abstraktion, Komplexität und Kohärenz.

(1) *Änderungswissen*. Fertigkeiten beschreiben zumeist lange eingeübte, zumeist motorische Abläufe, aus denen eine Handlung besteht. Zu dem motorischen Anteil gehört auch die gesprochene oder geschriebene Sprache. Das Einüben führt zunächst nicht zu einem automatisierten Bewegungsablauf, sondern zum Aufbau eines Wissens darüber, wie die Änderung eines Systemzustandes in eine erwünschte Richtung erfolgreich möglich gewesen ist. In der nächsten Handlungssituation wird dieses Wissen erinnert, und auf dieser Basis wird die erneute erfolgreiche Bewegungssteuerung möglich. Erst in einer hinreichenden Wiederholung dieser Erinnerung automatisieren sich die Handlungsabläufe so, dass sie unbewusst, also ohne das Insbewusstseinrufen der Erinnerung an das Handlungswissen, geschehen können, wenn das gewollt wird.

Professionelle Praxis erfordert komplexe und immer wieder zu reflektierende Handlungen. Das verhindert ein Einüben von Automatismen und Routinen. Solche bewusstseinsentlasteten Handlungsformen basieren zwar jeden Alltag, auch den des professionellen Handelns, müssen aber stets sofort durch ein Reflektieren unterbrochen und modifiziert werden können, wenn die Routine die neu auftauchende Aufgabe nicht hinreichend lösen könnte.[13] Das erfordert ein umfangreiches Änderungswissen, auf das in solchen Konstellationen sofort und sicher zurückgegriffen werden kann: Die Prozessverfahrensordnungen mit ihren Kniffen für den Juristen, die alternativen Operationstechniken für den Chirurgen, die zahlreichen didaktischen Konzepte und Unterrichtsmethoden für die PädagogIn zeigen die alltägliche Bedeutung und Präsenz eines solchen umfangreichen Bestandes an Änderungswissen in den Professionen. Änderungswissen in Professionen besteht in Handlungsplänen auf der Basis von Bedingungswissen und Orientierungswissen.

(2) *Bedingungswissen* besteht aus Erfahrungswissen und Regelwissen (empirische Wissenschaft, Nomothetik) über Wirkungen und Nebenwirkungen von Handlungen. Das Erfahrungswissen wird auf Grund von Mustererkennungen in Regelmäßigkeiten der Umgebungsbedingungen für das Handeln aufgebaut. Das geschieht im Alltag ständig und unbewusst. In den Professionen werden dafür institutionalisierte Berufseinführungsphasen – etwa

---

einer entsprechenden Differenzierung in Domänen wurde vorgelegt von Spelke und Kinzler (2007).

13 Zum besseren Verständnis hilft hier die Unterscheidung von System 1 (Routine) und System 2 (Reflexion), die Daniel Kahneman (2011) vorschlägt.

das Referendariat für LehrerInnen und JuristInnen – genutzt, in denen zunächst angeleitet und damit fehlerkorrigierend gehandelt werden kann. Die Fehler ergeben sich zumeist nicht aus unvollständigem oder fehlerhaftem, zuvor gelerntem Änderungswissen, sondern aus der fehlenden Passung dieser Handlungspläne mit den unvoraussehbaren und komplexen Umgebungsbedingungen für das Handeln, wozu stets die Individualität der mithandelnden Menschen gehört, deren Verhalten und Handlungen nur schwer voraussagbar sind.

Die Qualität dieses Erfahrungslernens als Bedingungswissen für künftiges Handeln hängt von der Angemessenheit der verwendeten Strategien der Mustererkennung in dem komplexen Umgebungsfeld der Erfahrungshandlung ab. Da dies weitgehend unbewusst abläuft, ist darüber bisher nur wenig Gesichertes bekannt. Deshalb wird die Varianz dieses Effekts auf eine Fähigkeit der Berufsanfänger zurückgeführt, die absichtlich vage als *Intuition* bezeichnet wird.

Dabei dürfte den meisten Verwendern dieses Terminus nicht geläufig sein, dass damit im wörtlichen Sinne die *Eingebung von außen* – ursprünglich gedacht aus einer Geistwelt heraus – gemeint ist. Diese Elementarerfahrung drückt das Erleben aus, dass der Betroffene nicht zu sagen vermag, wie er zu seiner Einsicht gekommen ist; sie ist einfach plötzlich da und richtig und erfolgreich. Da sie im Erleben nicht aus eigenem Bemühen und in synthetischer Reihenfolge von Denkanstrengungen zustande gekommen ist, liegt es natürlich nahe, eine Außenwirkung anzunehmen.

Das Spektrum der Wissenschaften bietet für nahezu jede mögliche Handlungssituation in den Professionen eine Fülle von gesichertem Regelwissen (*immer wenn x, dann danach y*) an, das kausal interpretiert werden kann. Damit sind zuverlässige Änderungen von Systemzuständen im Zeitablauf möglich; darin besteht der Erfolg der Anwendung des naturwissenschaftlichen Bedingungswissens auf erfolgreiche Modifikationen der Natur durch Technik. Deshalb ist es sinnvoll, umfangreiches Bedingungswissen (für LehrerInnen etwa aus der Psychologie, der Soziologie, der empirischen Bildungsforschung) zu erwerben, um auch in sehr komplexen und neuartigen Situationen professionell handlungsfähig zu bleiben.

(3) *Orientierungswissen*. Jedes Handeln ist intentionales Verhalten, und das braucht ein Ziel, eine Absicht. Das gilt auch für professionelles pädagogisches Handeln. Die Absicht[14] allein ist jedoch nicht hinreichend für die

---

14 Hier muss auch noch ein Wollen hinzukommen, was jedoch in den meisten Handlungstheorien derzeit nicht so konzipiert wird. Die geläufige Konzeptualisierung ist eine Motivation oder eine Disposition als Verhaltensbereitschaft, also eine Determination des äußerlich beobachtbaren Verhaltens, das durch eine Handlung erzeugt wird, durch quasimechanische Effekte. Häufig wird auch die Absicht und die Relevanz des Zieles als hinreichend für den Beginn der Durchführung angesehen. Die Beobachtungen des 19. Jahrhunderts waren da genauer, wenn sie den Willensakt als etwas davon Verschiedenes beschrieben sowie die möglichen Störungen von innen und von außen auf ihn.

dann auch tatsächliche Durchführung des Handelns. Dazu braucht es mehrere Arbeitsschritte: Planung einzelner Schritte, von denen die Erreichung des Ziels erwartet wird; Analyse der Bedingungen, unter denen das Handeln stattfinden soll und welche die Zielerreichung wesentlich determinieren; Handlungsdurchführung unter Einsatz des Änderungswissens, Überprüfung der Handlungsergebnisse im Blick auf das Ziel und gegebenenfalls Wiederholung und Modifikation der Handlung (Nieke 2012). Die Qualität von Konzeptionen der Allgemeinen Didaktik (und von hier in die Fachdidaktiken diffundierend) – das wesentliche Handwerkszeug jeden professionellen Unterrichtens – lässt sich daran messen, ob alle diese Schritte berücksichtigt werden und wie genau das erfolgt.

Handlungsziele sind Wertrealisierungen. Die in professionellem pädagogischem Handeln dafür beachteten Werte stehen in einem Sinnzusammenhang übergreifender Weltanschauungen und müssen aus diesen heraus begründet werden können, also intersubjektiv nachvollziehbar sein. Jede rein subjektive und nicht solcherart begründbare Bestimmung eines Handlungszieles verlässt den Boden der Professionalität, wird privat und unprofessionell. Das Kriterium der intersubjektiven Überprüfbarkeit ist das allgemeinste Basiskriterien für alle Paradigmen von Wissenschaft, und Wissenschaft ist im heutigen Verständnis weitaus mehr und auch anderes als die Erzeugung neuen Wissens über die Natur nach experimentellen Regeln, wie es der eingeschränkte Begriff von *science* als solcherart empirischer Wissenschaft nahelegt (Poser 2011). Damit sind auch alle intersubjektiv nachvollziehbaren Klärungen und Begründungen von Handlungszielen nicht etwa persönliche und unwissenschaftliche Dezisionen, wie in älteren Wissenschaftslehren behauptet wurde, sondern gehören der Sphäre der Wissenschaften an. Die Referenzdisziplin hierfür ist im akademischen Bereich die Philosophie, oft in der Spezialisierung auf Fachbereiche, etwa als Bildungsphilosophie.

Mit der so realisierten Einordnung des eigenen beruflichen Handelns in einen übergeordneten Sinnzusammenhang gewinnt dieses Handeln eine Sicherheit, die für beständiges Agieren unerlässlich ist. Diese Einordnung erzeugt ein sicherndes Gefühl der Resonanz (Rosa 2012), womit die Vergewisserung beschrieben wird, *dass es andere gibt, die ebenso denken wie ich, so dass ich gewiss sein kann, auf dem richtigen Wege zu sein und von ihnen Hilfe erwarten kann, wenn mein Weg von anderen kritisiert und bestritten werden sollte.*

Das Orientierungswissen für das Handeln baut sich lebenslang unmerklich auf und verändert sich, und zwar durch die Teilnahme an einer oder mehreren Lebenswelten (Schütz/Luckmann 2003). Die in einer solchen sozietären Kommunität als spezifische Kultur im Hintergrund wirkenden selbstverständlichen Welt- und Handlungsorientierungen werden implizit enkulturiert, selbstverständlich angewandt und im Krisenfall, wenn ihre Orientierungsfunktion unzureichend wird, in der Kommunikation der Mitglieder der Lebenswelt in gemeinsamer Verständigung[15] modifiziert. Heute treten zu dieser Lebenswelt, die sich wesentlich in unmittelbarer Kommunikation vermittelt, die Wirkungen der unablässig benutzten Medien hinzu, vor allem die unidirektionalen, früher als Massenmedien bezeichneten Formen der Unterhaltung und Information (Fernsehen, Radio, Zeitungen, Zeitschriften). Das Internet beginnt die Funktionen dieser Medien zu integrieren und zu ersetzen, und hier kommt dann mit dem Surfen – dem gezielten Aufsuchen von Informationsquellen – eine interaktive Dimension hinzu: die bisherige Unidirektionalität der Massenmedien weicht einer Bidirektionalität der mediatisierten Kommunikation mit ganz neuen, noch nicht zureichend erfassten und erforschten Effekten (Nieke 2007).

In einem Lehramtsstudium werden die schon vorhandenen berufsrelevanten Orientierungen explizit thematisiert. Dadurch treten, neue andere, komplexere, anders begründbare Orientierungen neben die bisherigen aus der Lebenswelt und der Medien-Enkulturation stammenden. Das fordert eine Auseinandersetzung: Entweder werden die neuen Orientierungen als unpassend abgelehnt und die bisherigen affirmiert, oder die bisherigen Orientierungen werden ersetzt oder modifiziert – und eben dies wird als transformatorische Bildung beschrieben (Koller 2012), und zwar auch dann, wenn die bisherigen Orientierungen affirmiert werden, weil das ja als Ergebnis einer reflexiven Auseinandersetzung mit Orientierungen geschieht, die von anderen für richtig gehalten werden.

In der LehrerInnenforschung liegt neuerdings ein Fokus auf *beliefs* (statt anderer Trautwein 2013). oder *teaching beliefs*. Der Wortsinn verweist zunächst auf Glaubensinhalte, aber das ist gar nicht gemeint. Es geht um

1. *axiomatisch* für unbedingt gültig Gehaltenes; das entspricht dem Orientierungswissen;
2. *szientifisch* für allgemein Akzeptiertes und deshalb Wahres, das entspricht dem Bedingungswissen;
3. *intuitiv* handlungswirksames und deshalb Richtiges; das entspricht dem Änderungswissen

---

15 Hier wirkt sich allerdings die ubiquitäre soziale und personale Ungleichheit aus, indem Meinungsführer das Entscheidende beitragen. In der lebensweltlichen Verständigung wird nicht der kontrafaktische egalitäre praktische und theoretische Diskurs geführt, den Apel und Habermas als Weg einer solchen Verständigung auf philosophischer Ebene postulieren, um Herrschaft durch mentale Überwältigung zu verhindern. In lebensweltlicher Verständigung funktioniert offenbar eher so etwas wie eine Wirkung der Phronesis (Klugheit) der Führer und eine vertrauensvolle Zustimmung der Geführten, wie sie Aristoteles in seiner Politik als unerlässlich für das Funktionieren von politischen Verfassungen beschrieben hat.

In der psychologischen Literatur wird entweder alles zusammengenommen oder jeweils einige dieser Bereiche, vor allem 2 und 3 (in Form von Wirkungsüberzeugungen und Menschenbildern).

Die vorgeschlagene Dreiteilung des Professionswissen von LehrerInnen scheint also anschlussfähig an diesen Diskurs zu sein, ihm aber eine systematische Orientierung im Sinne der Wissensdomänen geben zu können, die allmählich in den Blick genommen werden und mit denen die überverallgemeinerten Konzepte von Lernen, Gedächtnis, Information und Wissen so konkret betrachtet werden können, dass die didaktischen Konsequenzen hochwirksam werden. Dies impliziert immer auch eine Betrachtung der Inhalte des Wissens, geht also nicht ohne Beteiligung der Kulturwissenschaft, verstanden als spezifischer Weltzugang, der sich den Inhalten der Weltorientierung zuwendet, ohne welche jede formale Kategorie nur virtuell bleiben muss.

5.3 Pädagogische Intuition als Bestandteil professionellen Lehrerhandelns – als wissenschaftsbasierte angeleitet-intuitive Lehrkunst

Wie gezeigt worden ist, stehen die drei Wissensarten für das professionelle Lehrerhandeln in unterschiedlichen Modalitäten zur Verfügung:

- als Effekt von Studium und Nachdenken im deklarativen Gedächtnis[16]: Orientierungswissen, Bedingungswissen;
- als internalisiertes Erfahrungswissen aus Mustererkennungen in komplexer alltäglicher Berufserfahrung, konkretisiert als Handlungsselbstverständlichkeiten und Handlungsautomatismen der Routine und als Handlungs-Intuition, vermutlich zentral abgespeichert im prozeduralen Gedächtnis.

Nachdem *Intuition* lange Zeit als vorwissenschaftliches Konzept galt, als eine falsche Vorstellung einer Eingebung von außen, wird der Terminus inzwischen mehr und mehr zur Konzeptualisierung von Phänomenen verwendet, die einer wissenschaftlichen Untersuchung und theoretischen Erklärung zu-

---

16   Die Gedächtnispsychologie findet forschungsmethodisch unabhängig von der Neurophysiologie ganz ähnliche Gedächtnisarten, die unterschiedlich aufgebaut und aktualisiert werden können. Die Strukturisomorphie mit den bei bestimmten Aktivitäten verstärkt aktivierten Hirnarealen in bildgebenden Verfahren lässt sich entweder als psychophysischer Parallelismus interpretieren oder als Kausalverhältnis, wonach die neurophysiologische Aktivität die Ursache für die Effekte sei, die über psychologische Verhaltensbeobachtung als Gedächtnis konfiguriert werden. Statt anderer: Hans J. Markowitsch (2009); Matthias Brand/Hans J. Markowitsch (2011).

gänglich sind. Die Hauptlinien dieser Untersuchungen gehen zum einen auf eine moralische Intuition (etwa Nussbaum[17]), die für angeboren und universal gehalten wird und deshalb zu allgemeinmenschlichen Werten, Moralen und Ethiken führen könne, also eine Wiederkehr der älteren Vorstellung vom eingeborenen Gewissen; zum anderen auf Handlungs-Intuitionen aus Erfahrungswissen. Letzteres wird zur Bewältigung des Alltages für unerlässlich angesehen. In der Fassung von *System 1* nach Kahneman (2012) arbeiten Intuitionen und Routinen automatisiert und energieschonend, werden deshalb nicht als belastend und ermüdend empfunden. Wenn diese Routinen jedoch die gegebene Aufgabe nicht oder unzureichend bewältigen, wird auf ein *System 2* umgeschaltet, das mehr Energie verbraucht (weil mehr Hirnareale synchron aktiviert werden), was alsbald die Unlust von Anstrengung und Ermüdung erzeugt, so dass sich das System auf notwendige Orientierungen beschränkt, die dann Bestandteil von *System 1* werden, so dass wieder weniger Energie verbraucht wird.

Wenn diese Modellierung als zutreffend angenommen wird, muss es auch eine pädagogische Intuition geben[18]. Die sprachliche Reflexion einer solchen Intuition verwendet oft, wenn nachträglich nach dem Entscheidungsprozess und nach den Entscheidungsgründen einer vergangenen nichtselbstverständlichen Handlung gefragt wird, das Sprachbild, das sei „aus dem Bauch heraus" geschehen. Damit wird zugleich erklärt, dass es unmöglich sei, einen intersubjektiv nachvollziehbaren Grund dafür anzugeben. Zugleich wird dem „Bauch" eine Autorität zugesprochen, die nicht hinterfragbar ist, darin dem Gewissen als moralische Intuition vergleichbar. Gegenstände der pädagogischen Intuition sind,

1. die Persönlichkeit des Schülers;
2. die Gruppensituation;
3. der fruchtbare Moment einer möglichen Passung von Kulturgehalt und individueller Aufnahmefähigkeit und Aufnahmebereitschaft.

Die meisten Konzepte der allgemeinen Didaktik enthalten weitere Aspekte, die berücksichtigt werden sollen. Das bezieht sich allerdings stets auf eine vorlaufende Unterrichtsplanung, für welche grundsätzlich und idealerweise genug Bedenkzeit und auch Recherchezeit zur Verfügung steht. Beim Handlungszwang unter Zeitdruck in der Unterrichtssituation sind es nur diese Aspekte, die unbedingt erfasst werden müssen. und zwar nicht umfassend und vollständig, sondern nur fokussiert auf die durch die Unterrichtsplanung oder die aktuelle Kommunikationssituation gestellte Handlungsaufgabe.

---

17 Zuletzt Marta C. Nussbaum (2010). Sie ist darin möglicherweise beeinflusst von der Vorstellung des Aristoteles (Nikomachische Ethik), dass es etwas Gerechtes von Natur aus gebe und dass dies allen Menschen unmittelbar einsichtig sei.
18 Das habe ich schon vor dem Erscheinen von Kahnemans Werk mit anderen Argumenten vermutet und skizziert: Nieke (2000).

Für alle drei Bereiche gilt, dass die dort einkommenden Wahrnehmungen aus dem Unterrichtsgeschehen so umfangreich und komplex sind, dass sie nicht alle verarbeitet und schon gar nicht auf den Professionshintergrund des studierten Wissens bezogen und reflektiert werden können. Unterricht erfordert stets Handlungsentscheidungen innerhalb von Sekunden, so dass es gedanklich kurze Wege dahin geben muss. Diese werden als *Routine* – erwerbbar durch lange Berufserfahrung, die zunächst von erfahrenen Mentoren vorgemacht und angeleitet werden kann – oder eben als *Intuition* beschrieben. Diese schnelle und gewiss wirkende Handlungsvorstellung bezieht sich zunächst auf die Mobilisierung eines vorhandenen Änderungswissens, ist also *Handlungs-Intuition*.[19] Die Entscheidung zwischen möglichen Handlungsalternativen, die in diesem Änderungswissen vorhanden sind, erfordert jedoch auch schnell entstehende Vorstellungen über die Handlungsziele und die zu beachtenden Rahmenbedingungen für einen wahrscheinlichen Erfolg, also Intuitionen als Orientierungsmuster in den Bereichen des professionellen Orientierungswissens und des Bedingungswissens, also *Orientierungs-Intuitionen.*

Handlungs-Intuitionen bestehen aus zwei Komponenten, die in der Intuition zusammengefasst sind: *Ich will* und *ich kann*, nämlich aus einer Pathoserregung (Aristoteles, Rhetorik) und einem Änderungswissen. Das fällt in den psychologischen Handlungstheorien als Motivation und Fertigkeit auseinander, muss aber wohl enger zusammengedacht als bisher üblich.

So überlebenswichtig Handlungs-Intuitionen in jeder komplexen Handlungssituation auch sind, so darf doch nicht darüber hinweggesehen werden, dass jede Intuition eine vereinfachende Mustererkennung in einem überkomplexen Wahrnehmungsfeld ist. Die Alltagsintuition führt zumeist zu falschen Vereinfachungen: Aus wenigen Informationen werden sofort Übergeneralisierungen gebildet; vorgefasste Meinungen werden mit selektierter Information bestätigt, widersprechende Informationen werden ignoriert.[20] Wenn also der Intuition als System 1 nicht einfach das überlegene szientifische System 2 gegenübergestellt wird, dann muss versucht werden, die Intuition bildend vor allzuvielen und allzuschweren Fehlern zu schützen. Ein Weg dazu könnte eine Einübung in eine reflektierte Intuition sein, wobei im Prozess der Übung das über reflexive Einsicht Gewonnene in eine neue, dem Gegenstand angemessenere Intuition eingehen kann. Das wäre so etwas wie eine gebildete Intuition – im Weiterdenken des Ansatzes einer transformatorischen Bildung (Koller 2012). Die Reflexion hätte den Blick dabei auf das Wesentliche des Gegenstandes zu lenken. Was aber wesentlich ist, ergibt sich nur durch eine voraufgegangene Bildung über den Gegenstand der Mustererkennung. Man

---

19 Solche Handlungs-Intuitionen werden oft als „Einfall" berichtet, und das bezieht sich viel seltener auf eine Erkenntnis als viel öfter auf die Lösung einer Handlungsaufgabe oder einer Handlungszielrealisierung.

20 Das hat Kahneman (2011) in zahlreichen Experimenten eindrucksvoll herausgearbeitet.

kann mit einer solchen Bildung der Intuition also nicht bei der schon vorhandenen Intuition beginnen, da eine solche möglicherweise gerade das Wesentliche auszublenden gelernt hat. Umlernen ist immer schwieriger als Neulernen, weil es mit wesentlich stärkeren mentalen Widerständen umgehen muss.[21] Eine solche gebildete Intuition wäre eine Lehrkunst im Sinne Kants, nämlich eine das Natürliche transzendierende Fertigkeit auf wissenschaftlicher Grundlage.

Bisher steht allein das langsame Denken im Fokus der professionellen Ausbildung in ihrer Fokussierung auf ein wissenschaftliches Studium und die Anwendung seiner Erträge auf Bedingungswissen und Orientierungswissen. Das ist Ausdruck der Szientifizierung: Es besteht die Überzeugung, dass wissenschaftliches Wissen dem Alltagswissen auf Grund seiner höheren Abstraktion in der Voraussage künftiger Systemzustände und der Verfahren der argumentativen Begründung von wahren Aussagen gegenüber irrigen und ideologischen grundsätzlich überlegen sei.

Künftig wäre aber dem schnellen Denken als einer gebildeten pädagogischen Intuition mehr Aufmerksamkeit zuzuwenden, weil diese den quantitativen und vermutlich auch qualitativen Hauptteil der Lehrerprofessionalität im Berufsalltag ausmacht. Und dies kann und soll nicht durch simple Initiation in den Berufsalltag geschehen, durch das Nachmachen des Vorgemachten. Es erfordert eine reflexive Einübung von Intuitionen, etwa durch Fallbeobachtungen und Fallbesprechungen. Geeignete Fälle sind heute leicht durch Unterrichtsvideographie so objektivierbar, dass sie in wiederholter Anschauung analysiert, interpretiert und durchgesprochen werden können.

5.4 Berücksichtigung von Handlungsunfähigkeit: verantworteter Handlungsverzicht

Zu wenig berücksichtigt wird die häufige Fall einer subjektiven und oder objektiven Handlungsunfähigkeit. Sie entsteht aus dem Umstand, dass es nicht für alle Ziele auch Wege gibt, sie zu erreichen – oder dass diese Wege subjektiv unbekannt sind. Wer es dennoch mit unzureichenden Mitteln versucht – der häufige Fall in der pädagogischen Praxis -, kann gegenteilige Effekte hervorrufen. Das entsteht aus dem Umstand, dass es nur selten die Wege gibt, auf denen mit einem ersten Teilschritt in die richtige Richtung das Ziel ansatzweise erreicht wird. Effekte im Sozialen, Kulturellen und Psychischen entstehen durch eine Modifikation von Systemzuständen, und Systeme ändern sich oft nicht in linearer Weise, sondern unstetig (das bekannte Beispiel aus der Physik ist der Quantensprung). Dadurch können durch Schritte

---

21   Das hat schon Festinger (1978) in seiner Theorie der kognitiven Dissonanz gesehen.

in die richtige Richtung unerwünschte Effekte, auch das genaue Gegenteil des Intendierten entstehen (zu geringe Dosis eines Antibiotikums verstärkt die Resistenz der verbleibenden Keime und verschlimmert die Infektion). In solchen Situationen ist also nicht Aktionismus und strebendes Bemühen in kleinen Schritten angemessen, sondern ein reflektierter, entschiedener und verantworteter Handlungsverzicht. Er ist Ausfluss von Weisheit.

5.5 Professionelles pädagogisches Handeln ist eine spezifische Form von Kommunikation: Didaktik als Rhetorik

Die Handlungsmodalität des Vermittelns von Inhalten[22], also eine allgemeine Didaktik, die nicht nur für die Schule gilt, sondern auch für alle außerschulischen Anwendungen, ist eine spezifische Form von Kommunikation[23]. Das schließt auch nichtverbale Kommunikation wie Zeigen (Prange) und Arrangieren (Giesecke) mit ein.

Dementsprechend wäre es sinnvoll, professionelles pädagogisches Handeln in Form einer Rhetorik zu konzeptualisieren. Diese hätte zwei Funktionen:

(1) Narration zur Vermittlung von Inhalten. Das ist das geläufige Thema aller Allgemeindidaktiken und Fachdidaktiken, einschließlich der indirekten medial vermittelten Narrationen für Selbstlernen; es wird unter Bezeichnungen wie *Präsentation, Aufbereitung des Stoffes, Gliederung, zeitliche Anordnung* oder etwa *fragend entwickelnder Unterricht* beschrieben.

(2) „Motivation" zur Modulation der Affektlage (oder: *Pathoserregung* nach Aristoteles)

1. zum Aufnehmen der Inhalte ins Langzeitgedächtnis; die neurophysiologisch grundierten Lerntheorien verweisen übereinstimmend darauf, dass der Übergang von Inhalten des Kurzzeitgedächtnis in das Langzeitgedächtnis eine *affektiv-emotionale Codierung* erfordert, für welche Hirnareale wie die Amygdala als Aktivitätsort identifiziert worden sind; Dass eine affektive Modulation dafür konstitutiv ist, wusste auch schon die ältere Lernpsychologie und hat das etwa

---

22 Näheres zu den drei Handlungsmodalitäten professionellen pädagogischen Handelns siehe in Nieke (2012).
23 Zwischen Kommunikation und Interaktion gibt es Überschneidungsbereiche und Wechselwirkungen. In vorliegenden Zusammenhang ist der Aspekt der Informationsvermittlung, der Sinnkonstruktion zentral, und deshalb wird von Kommunikation gesprochen; Interaktion meint den wechselseitigen Wirkungszusammenhang im Handeln, der immer auch mit einer Informationsvermittlung einhergeht.

in der *Arousal-Theorie* konzeptualisiert: Lerneffekte kommen nur und am dauerhaftesten zustande, wenn die Inhalte in einer Situation eines mittleren Erregungsniveaus aufgenommen und mental bearbeitet werden; extreme Affektzustände blockieren das Lernen vollständig: *Angst macht dumm*. Die die ältere mechanistische Motivationstheorie ablösende Theorie des *Interesses* (besonders einflussreich Deci/Ryan 1993) verbindet dieses – die Wahrnehmung von subjektiver *Relevanz* und von *Sinn* am zu lernenden Gegenstand – mit einer entsprechend hochschätzenden Stimmung.

2. zur mentalen Eigentätigkeit, da diese der einzige Weg ist, etwas zu verstehen, d. h. in die eigene individuelle Weltmodellierung zu integrieren und das Ergebnis dieser Neueinordnung oder Umordnung dauerhaft im Gedächtnis aufzubewahren. Das geschieht durch ein Arrangement und eine Aufforderung zum Machen eigener Erfahrungen mit einem Gegenstand, zum Einüben neuer Gedankenschritte (etwa in der Mathematik), zum Anwenden formaler Kategorien der Weltaufforderung auf einzelne Fälle und Aufgaben.

3. zur Affektkontrolle als unerlässliche Voraussetzung für Bildung und Unterricht als Unterstützung einer „Konzentration" auf das Anzueignende mit einer wirksamen Form der Ausblendung der allgegenwärtigen Ablenkung von außen und von innen und als Einfordern einer Selbstdisziplin als Bedingung der Möglichkeit von Unterricht in der Gruppe.

5.6 Ausblick

Diese Aspekte auf ein mögliches Weiterdenken einer zeitgemäßen Lehrerkompetenz sind hier nur schlaglichtartig angesprochen, um mögliche neue Denkrichtungen und Denkbewegungen aufzuzeigen. Bei näherer Prüfung mag sich das eine oder andere als gar nicht so ergiebig erweisen, wie es derzeit den Anschein hat, und in den intensiven Beschäftigungen können sich weitere, ganz neue Perspektiven ergeben. Hier kam es darauf an, die vertrauten Argumentationslinien und gedanklichen Pfade einmal zu verlassen, um sich grundsätzlich neu im Gelände dieses Diskurses zu orientieren.

Literatur

Brand, Matthias/Markowitsch, Hans J. (2011): Lernen und Gedächtnis. Relevante Forschungsergebnisse für die Schule. München: Oldenbourg (Schulmanagement-Handbuch, 88).

Deci, Edward/Ryan, Richard (1993): Die Selbstbestimmungstheorie der Motivation und ihre Bedeutung für die Pädagogik. In: Zeitschrift für Pädagogik, 2, S. 223-238.

Festinger, Leon (1978): Theorie der kognitiven Dissonanz. Bern: Huber.

Gehrmann, Axel/Hericks, Uwe/Lüders, Manfred (Hrsg.) (2010): Bildungsstandards und Kompetenzerwerb. Beiträge zu einer aktuellen Diskussion über Schule, Lehrerbildung und Unterricht. Bad Heilbrunn: Klinkhardt.

Hattie, John (2013): Lernen sichtbar machen. Baltmannsweiler: Schneider-Hohengehren.

Daniel Kahneman (2011): Denken – schnell und langsam. München: Siedler.

Koller, Hans-Christoph (2012): Bildung anders denken. Einführung in die Theorie transformatorischer Bildungsprozesse. Stuttgart: Kohlhammer.

Litt, Theodor (1927/1958): Führen oder Wachsenlassen. Eine Erörterung des pädagogischen Grundproblems. Stuttgart: Klett.

Markowitsch, Hans J. (2009): Dem Gedächtnis auf der Spur. Vom Erinnern und Vergessen. Darmstadt: Wiss. Buchges., 3. Aufl.

Nieke, Wolfgang (2000): Intuition aus philosophischer und erziehungswissenschaftlicher Sicht. In: Buchka, Maximilian (Hrsg.): Intuition als individuelle Erkenntnis- und Handlungsfähigkeit in der Heilpädagogik. Luzern: Edition der Schweizerischen Zentralstelle für Heilpädagogik, S. 11-23.

Nieke, Wolfgang (2007): Allgemeinbildung durch informationstechnisch vermittelte Netzinformation und Netzkommunikation. In: von Gross, Friederike/Marotzki, Winfried/Sander, Uwe (Hrsg.): Internet – Bildung – Gemeinschaft. Wiesbaden: VS-Verlag, S. 145-167.

Nieke, Wolfgang (2008): Interkulturelle Erziehung und Bildung. Wertkonflikte im Alltag. Wiesbaden: VS-Verlag: 3. überarb. u. erw. Aufl.

Nieke, Wolfgang (2012): Kompetenz und Kultur. Beiträge zur Orientierung in der Moderne. Wiesbaden: Springer.

Nieke, Wolfgang (2012a): Soziale Gerechtigkeit als Bildungsziel. In: Soziale Passagen, 2, S. 217-233.

Nieke, Wolfgang (2016): Erziehung, Bildung, Lernen. In: Harring, Marius /Witte, Matthias /Burger, Timo (Hrsg.): Handbuch informelles Lernen. Interdisziplinäre und internationale Perspektiven. Weinheim: Beltz, S. 26-40.

Marta C. Nussbaum (2010): Die Grenzen der Gerechtigkeit. Behinderung, Nationalität und Speziezugehörigkeit. Frankfurt: Suhrkamp.

Poser, Hans (2011): Wissenschaftstheorie. Eine Einführung. Stuttgart: Klett.

Prange, Klaus/Strobel-Eisele, Gabriele (2006): Die Formen des pädagogischen Handelns. Stuttgart: Kohlhammer.

Rosa, Hartmut (2012): Weltbeziehungen im Zeitalter der Beschleunigung. Umrisse einer neuen Gesellschaftskritik. Frankfurt: Suhrkamp.

Schütz, Alfred/Luckmann, Thomas (2003): Strukturen der Lebenswelt. Konstanz: UVK Verlagsgesellschaft.

Spelke E./Kinzler, Katherine (2007): Core knowledge. In: Developmental Science, 10,1, S. 89-91.

Trautwein, Caroline (2013): Lehrebezogene Überzeugungen und Konzeptionen – eine konzeptuelle Landkarte. In: Zeitschrift für Hochschulentwicklung (Österreich), Nr. 3, S. 1-14

Anthropologische Grundlagen in der Lehrerbildung

Christian Rittelmeyer

1 Probleme und Perspektiven der pädagogischen Anthropologie

Wer mit pädagogischem Hintergrundwissen die *Abbildung 1* betrachtet, wird rasch bemerken, wie sehr bestimmte Vorstellungen über Kinder dieses Alters die eigene Bildlektüre und die psychologische Interpretation des physiognomischen Ausdrucks lenken. Man mag zutreffend ein Alter von ca. 9 Monaten vermuten, man weiß, dass dieses Kind in aller Regel noch nicht lauffähig ist, jedoch herumkrabbeln kann. Uns ist bewusst, dass es normalerweise mit dem Gegenstand in seiner Hand keine Symbolspiele veranstaltet, sondern eher in Gestalt des Tastens, Greifens und In-den-Mund-Steckens sensorische Elementarerfahrungen macht. Wir kennen die hohe Empfindlichkeit des noch nicht verknöcherten Kopfes und gehen sehr achtsam mit diesem so leicht verletzbaren Kind um, wir sehen im Geiste seinen bald erfolgenden Aufrichte-Prozess vor uns und wissen, dass es in einigen Monaten – wenn alles regelhaft verläuft – die ersten Wörter sprechen wird.

Abbildung 1: Physiognomie eines Kleinkindes.

Quelle: Rittelmeyer

Die vielen weiteren entwicklungspsychologischen und pädagogischen Vorstellungen, die wir über Kinder ausbilden, müssen hier nicht ausgemalt werden: Es dürfte deutlich sein, dass wir Kinder immer aus einer relativ komplexen, mehr oder minder bewussten Entwicklungstheorie heraus beurteilen und
begreifen, die man als „Menschenbild" oder als anthropologische Vorstellung
bezeichnen kann. Es ist klar, dass unser pädagogischer Umgang mit Kindern
entscheidend von solchen anthropologischen Annahmen und Überzeugungen
geprägt wird. Das gilt natürlich auch für die spezielle Gruppe der *Schulkin-
der*: Wir gehen beispielsweise davon aus, dass man mit Kindern in den ersten
beiden Schuljahren normalerweise noch keine höhere Mathematik, noch
keine Syntax der Sprache behandeln kann, dass der Unterricht in diesem
Alter *anschaulich* gestaltet werden muss, etc. Daraus ergibt sich die grundlegende Bedeutung, die solche anthropologischen Fragen für die Ausbildung
von Lehrerinnen und Lehrern haben. Man kann mit Kindern nicht sinnvoll
umgehen, ohne bestimmte Vorstellungen über ihre typischen Entwicklungsschritte, aber auch über ihre möglichen individuellen Bildungsaktivitäten
beispielsweise in ihren Spielen, Gleichaltrigen-Gruppen oder medialen Erfahrungen ausgebildet zu haben.

Lenken wir allerdings unseren Blick auf die Frage, wie sich solche „Menschenbilder" *historisch* herausgebildet und verändert haben, können einige
skeptische Gedanken im Hinblick auf handlungsleitende Vorstellungen über
„das Kind", „den Schüler", „die Geschlechter" usw. entstehen. Während man
Kinder beispielsweise bis in die frühe Neuzeit als „unvollkommene Erwachsene" angesehen hat, wird heute vom „kompetenten Säugling", von den häufig kreativen und bewundernswerten Malereien wie Spielen der Vor- und
Grundschulkinder, von einer „Kinderkultur" als einer entwicklungsspezifi-
schen Lebenswelt mit ihren je besonderen Lern- und Erfahrungsbedürfnissen
gesprochen. Wenn in dem berühmten Erziehungsroman „Emile" (1762) von
Jean-Jaques Rousseau noch wie selbstverständlich von der „Natur des Man-
nes" und der „Natur der Frau" und einer jeweils darauf abgestimmten Erziehung gesprochen wird, dann erscheinen solche geschlechtsspezifischen Rol-
lenzuschreibungen heute fragwürdig. Während – und hier kommen wir auf
interkulturelle Differenzen bestimmter anthropologischer Vorstellungen – in
der europäischen Vergangenheit, aber auch heute noch in bestimmten Kulturen eine Verheiratung von Mädchen im Alter von 11 oder 12 Jahren selbstverständlich erschien und erscheint, so betrachten wir das in den modernen
Kulturen eher als schädliche Überzeugung im Hinblick auf „Entwicklungs-
bedürfnisse" junger Menschen. Man muss also gar nicht auf drastische Beispiele wie die erzieherisch als sinnvoll erachtete Prügelpädagogik vergangene
Jahrhunderte oder auf die rassistischen Vorstellungen und Menschenbilder
aus der Nazizeit denken, um gegen jede Festlegung von Menschenbildern,
um gegen unreflektierte Aussagen über das „Wesen des Menschen" als Be-
zugsgröße pädagogischen Handelns *Skepsis* zu empfinden. Die für unser

pädagogisches Handeln immer notwendigen anthropologischen Vorstellungen über heranwachsende Kinder sollten daher ebenso in der Lehrerbildung zum Thema gemacht werden wie die immer wieder zu stellende Frage nach möglichen Irrwegen solcher Überzeugungen.

Während in der pädagogischen Anthropologie bis etwa in die 1960er Jahre noch nach grundlegenden Eigenarten „des Menschen" gesucht wurde, ist heute eher eine *Gegentendenz* beobachtbar, die sich unter dem Namen *Historische Anthropologie* artikuliert. „Der Anspruch pädagogischer Anthropologie", so Christoph Wulf, ein Hauptvertreter dieser Richtung,

„Aussagen über *den* Menschen bzw. *das* Kind oder *den Erzieher* zu machen, wurde nicht und kann prinzipiell auch nicht eingelöst werden. Derartige universalistische Ansprüche bedürfen historischer, kultureller und epistemologischer Relativierung; anderenfalls erscheinen sie als unzulässige Fiktionen und Phantasmen mit Macht- und Herrschaftsansprüchen" (Wulf 2004: 40).

Der seither in den Humanwissenschaften erfolgte Prozess der Auflösung vermeintlich sicherer Referenzrahmen habe zu einem Wandel von relativ feststehenden Vorstellungen vom „Wesen des Menschen", „der Natur des Kindes" usw. zu historisch sich verändernden Vorstellungen geführt. Die Historische Pädagogische Anthropologie suche daher eher nach solchen geschichtlich sich wandelnden oder interkulturell variierenden Vorstellungen und ihren Auswirkungen auf das pädagogische Handeln als nach irgendwelchen „Wesensmerkmalen". Zwar sei „anthropologisches Denken ein unhintergehbarer Bestandteil der Pädagogik" und daher auch in den klassischen Erziehungskonzeptionen Rousseaus, Campes, Kants, Goethes bis hin zu Wilhelm von Humboldt und Schleiermacher identifizierbar (Wulf 1996, vgl. auch Scheuerl 1982). Aber diese neue Anthropologie verstehe sich nun als eine transdisziplinäre, selbstreflexive Kulturwissenschaft ohne das Ziel, verbindliche Handlungsmaximen zu formulieren, sie sei keine „normative Anthropologie" (Wulf/Zirfas 1994: 22ff.).

So richtig diese Position in vielerlei Hinsicht erscheint, so fragwürdig ist sie jedoch als eine Anthropologie mit Allgemeingültigkeits-Anspruch. Denn trotz aller historischen und kulturellen Unterschiede wie Relativitäten gibt es doch etwas, was allen Menschen gemeinsam ist, was also als anthropologisch ubiquitär (d. h. von übergreifender Bedeutung) bezeichnet werden kann: *Unsere Leiblichkeit.* Wie sehr unsere Körperprozesse *grundlegend für kognitive Fähigkeiten und Aktivitäten* sind, hat eine neue Forschungsrichtung in den letzten beiden Jahrzehnten deutlich gemacht: die sogenannte *Embodied-Cognition-Forschung.* Diese hat zwar auch interkulturelle Unterschiede der „Körpererkenntnis" aufgedeckt, betont aber ebenso bestimmte Universalien wie den aufrechten Gang, den Aufrichte-Prozess des Kleinkindes, die typischen körperlichen Proportionsveränderungen im Kleinkind- und Jugendalter, die dieser Forschung zufolge nicht kulturell und historisch relativierbar sind. Neben die *historische* tritt hier also eine Anthropologie, die man als *ubiquitäre* bezeichnen könnte. Man spricht in diesem Zusammenhang von einem *somatic turn* oder vom *embodiment approach* in der Psychologie und Anthropologie. Während sowohl die Rede von bestimmten Wesensmerkmalen des Menschen als auch ihre Kritik in der Ausbildung von Lehrerinnen und Lehrern heute vertraut sein dürften, gilt dies noch kaum für die erwähnten *Embodiment*-Theorien, obgleich sie wichtige Hinweise geben auf die Bedeutung der menschlichen Sinneserziehung, der künstlerischen Fächer oder der Gestaltung von „Lernlandschaften" (ausführlich dazu auch Rittelmeyer 2014). Ich möchte daher in diesem Vortragstext versuchen, einen gerafften und sehr selektiven Einblick in diesen Forschungsbereich und seine anthropologisch-pädagogischen Implikationen zu geben.

2 Die Neuentdeckung des Körpers in der Anthropologie

Mit dem Begriff *Embodied-Cognition* (übersetzt etwa: verkörperten Erkenntnistätigkeit) wird die wissenschaftliche Entdeckung bezeichnet, dass unsere sämtlichen Erkenntnisprozesse, selbst sehr abstrakte Gedanken, ihre Wurzeln in elementaren körperlichen Vorgängen auch außerhalb des Gehirns haben (Isanski/West 2010; Niedenthal 2007; Shapiro 2010). Die Forschungen machen zunehmend deutlich, dass die menschliche Denk- und Vorstellungstätigkeit in erheblichem Ausmaß durch unsere Art der Bewegung im Raum, unsere wechselnde Körpertemperatur und Herztätigkeit, unsere Gesten und Gebärden, unsere Körperpflege und viele andere Körperaktivitäten bestimmt werden (z. B. Goldin-Meadow/Beilock 2010; Simms 2008). Auch Metaphern wie „Es schnürt mir das Herz zusammen", „Er bekam kalte Füße" oder „Ein aufrechter Kerl" (siehe dazu die Sammlung von Wigand 1899) sind häufig keineswegs nur quasipoetische Erfindungen der Phantasie, sondern sprachliche Indikatoren tatsächlicher Körpervorgänge (Nummenmaa et al. 2013). Einzelne Kapitelüberschriften in dem von Maxine Sheets-Johnstone herausgegebenen Band „The Corporeal Turn" sind aufschlussreich: „Das sensorisch-kinetische Verstehen der Sprache: Eine Reise zu den Ursprüngen", „Kinästhetisches Gedächtnis" oder „Der Mensch hat schon immer getanzt. Ausflüge in eine im großen Stil durch Philosophen vergessene Kunst" (Sheets-Johnstone 2009). Auch die Psychologin, Tanz- und Bewegungstherapeutin Sabine C. Koch konstatiert in ihrer empirischen Studie zur Auswirkung bestimmter grundlegender Bewegungsformen (weich, eckig, fließend, wachsend, schrumpfend etc.) auf kognitive Aktivitäten einen mentalen Wandel der Psychologie von der Computeranalogie (das Hirn als informationsverarbeitendes Zentral- und Steuerorgan) in eine biologisch-organische Epistemologie (Koch 2011: 39ff.). Neben den klassischen Außensinnen (insbesondere Hören, Riechen, Sehen: den sogenannten Exterorezeptoren) betrachtet sie mit besonderer Sorgfalt die damit in Wechselwirkung stehenden Propriozeptoren: Eigenbewegungssinn, Temperatur- oder Schmerzempfindung etc. Der Grundgedanke einer „Verkörperung" von Erkenntnistätigkeiten (einschließlich der sie begleitenden Emotionen) besteht in einer *Körperfeedback-Hypothese*: Indem wir beispielsweise die Gesten und Gebärden anderer Menschen nicht nur zentralnervös registrieren, sondern in einer sehr feinen, äußerlich in der Regel nicht bemerkbaren Weise *körperlich imitieren bzw. simulieren*, kommt es erst zu einem wirklichen Wahrnehmen von oder zu empathischen Gefühl für Mitmenschen. Dieses für Gesellschaften grundlegende Thema „Anthropologie und Bildung empathischer Fähigkeiten" eignet sich nun auch gut, einige Facetten der „Körpererkenntnis" zu veranschaulichen, da es hierzu in den letzten Jahren eine Fülle von Forschungen gegeben hat (ausführlicher zu den folgenden Hinweisen: Rittelmeyer 2014, Kapitel 5).

Wenn wir unter dieser Perspektive nochmals die *Abbildung 1* betrachten und nach dem „seelischen Ausdruck" im Gesicht des Kindes fragen, der uns intuitiv unmittelbar erscheint, dann werden wir sicher keine Angst, keine Traurigkeit, aber auch keine Fröhlichkeit oder keinen Zorn wahrnehmen, sondern – unter anderem – Neugier, gerichtete Aufmerksamkeit auf etwas (vom Kind aus) rechts oben, vielleicht ein leichtes Staunen wie eine Fragehaltung. Wie ist es möglich, dass wir solche Stimmungen, mentalen Zustände, Aufmerksamkeiten – kurzum: solche seelischen Zustände in einem Gesicht wahrnehmen? Wie kommen derartige empathische Gefühle zustande?

Einige Hirnforscher erklären uns, dass bei *Betrachtung* z.B. eines lachend, neugierig, staunend oder wütend wirkenden Gesichts *die gleichen* motorischen Hirnzellen aktiv sind, die auch die *reale* Mimik des beobachteten Gesichts steuern. Man nennt sie deshalb „Spiegelneurone", weil die wahrnehmende Person die beobachtete Mimik innerlich spiegelt oder simuliert. Erst diese neuronale Spiegelung ermögliche uns die Einfühlung in den anderen Menschen, fundiere also unser empathisches Vermögen (Bauer 2014; Decety/Ickes 2009; Gaschler 2006; Zaboura 2009). Aber diese Erklärung beschreibt verschiedenen Forschungen zufolge nur eine Teilwahrheit. Forscherteams in Italien, in Schweden sowie in den U.S.A haben entdeckt, dass wir beim Betrachten eines Gesichtsausdrucks häufig *genau die Gesichtsmuskeln betätigen, die man betätigen muss, um den betrachteten mimischen Ausdruck hervorzubringen* (z. B. Dimberg et al. 2000; Halberstadt et al. 2009; Ruggieri et al. 1986). Nur geschieht diese *reale* mimische Spiegelung in Gestalt so feiner Muskelaktivitäten, dass sie für Außenbeobachter nicht sichtbar und allein mit Hilfe bestimmter (elektromyographischer) Messverfahren nachweisbar ist. Mit dieser Beteiligung unseres kinetischen Sinns an der Wahrnehmung des anderen Menschen hängt wohl zusammen, dass während des Versuchs, die Intentionen eines Gesprächspartners wahrzunehmen, eine

Hirnregion aktiviert wird, die für die menschliche *Bewegung im Raum* in besonderer Weise maßgebend ist. Antonia Hamilton und Scott Grafton (2006) berichteten, dass sie durch diesen Forschungsbefund überrascht wurden, weil man bisher annahm, dass die Interpretation der Absichten und sprachlichen Äußerungen eines Gesprächspartners sich vornehmlich im frontalen Cortex, der Region des bewussten Vorstellens und Denkens abspielt.

Worin kann der anthropologische Sinn solcher – wie ich sie nennen möchte – Körperresonanzen bestehen? Die folgenden Überlegungen habe ich an anderen Stellen als „Resonanztheorie des Leibes" dargestellt, eine Theorie, die inzwischen durch die *Embodied-Cognition-Forschungen* empirisch fundiert wird (Rittelmeyer 2002, Kapitel 2; Rittelmeyer 2009a, 2009b). Dem Resonanzmodell zufolge wird beispielsweise die Mimik eines Gesichts zwar zentralnervös registriert: der Seheindruck gelangt über das Auge und den Sehnerv in das Gehirn. Würde er aber nur zentral registriert, wäre dies vermutlich ein die Ereignisse gleichgültig registrierender Sehakt – ein „stumpfes Hinschauen" auf die Phänomene. Das engagierte Wahrnehmen, das Bewerten, Akzentuieren (z.B. nach der Erlebnisqualität eines neugierigen oder konzentrierten Gesichtsausdrucks) kommt nach diesem Modell vielmehr erst dadurch zustande, dass ein zentralnervöser Impuls in die Peripherie erfolgt, wo sich beispielsweise der Muskeltonus oder die Hauttemperatur verändert. Durch Temperatur- und kinetische Sinne wird dieser periphere Prozess „zurückgespiegelt" in entsprechende Areale des Gehirns. Der periphere Leib fungiert, wie man in einem Bild sagen könnte, als eine Art *Resonanzkörper*, vergleichbar dem Resonanzboden der Violine, der die *Saitenschwingung* erst zum *Klang* verwandelt. Entsprechend werden Wahrnehmungen durch die synästhetische Aktivierung des gesamten Sinnessystems zu jener engagierten Weltzuwendung konfiguriert, die uns ein differenzierendes, akzentuierendes, ablehnendes oder zustimmendes, warmherziges oder kühles *Beurteilen* unserer Welt erst möglich macht. Eine sich auch neuroanatomisch manifestierende allseitige Sinnesbildung ist daher immer zugleich Bildung unserer Urteilsorgane. Damit wird die neurozentrische Blickfeld-Verengung zahlreicher Hirnforscher evident: So ist beispielsweise das „Feuern" sogenannter Spiegelneurone beim Ansehen eines weinenden Menschen wahrscheinlich weniger eine Spiegelung jenes beobachteten mimischen Phänomens als der dadurch aktivierten *eigenen leiblichen mimetischen und synästhetischen Wahrnehmung.* Wir bilden das physiognomische Gegenüber selber – wenn auch unmerklich – physiognomisch nach und kommen erst dadurch in die Lage, nicht „stumpf", sondern anteilnehmend und urteilend auf jenes Gesicht zu schauen. Auch diese Beispiele mögen deutlich machen, dass es unerlässlich ist, aus einer bildungstheoretischen Perspektive *stets den ganzen Menschen zu betrachten* und den pädagogischen Blick nicht auf Gehirnprozesse oder kognitive Fähigkeiten zu verengen.

Zur „visuellen Mimikry" beim Ansehen emotionaler physiognomischer Gesten anderer Menschen liegen inzwischen zahlreiche Untersuchungen vor; leitend ist dabei die Annahme, dass die peripheren motorischen Aktivitäten *Auslöser* der zentralen Repräsentationen *emotionaler* Erfahrungen sind (Singer 2006; Strack et al. 1988). Interessant ist in diesem Zusammenhang eine Studie, die in der Universität Amsterdam durchgeführt wurde und die mimetische Reaktionen sogar schon auf *verbale* Äußerungen zeigte. Eine Gruppe von Studenten las Wörter mit emotionalen Konnotationen wie „Lächeln", „Weinen" oder „frustrierend". Dabei wurde auf elektromyographischem Wege an bestimmten Gesichtsmuskeln, die bei fröhlichen oder traurigen Stimmungen für eine entsprechende Mimik verantwortlich sind, die Reaktion auf jedes Wort gemessen. Unter anderem wurde beim Wort „Lachen" der für diesen Emotionsausdruck bedeutsame Muskel betätigt; für das Wort „Weinen" zeigte sich indessen eine solche Reaktion nicht (Foroni/Semin 2009). In einer anderen Untersuchung, die sich mit neuronalen Reaktionen auf gehörte Schilderungen von Glück und Ärger befasste, wurden den Versuchsteilnehmern mimische Reaktionen der gleichen oder der gegensätzlichen Gefühlslage dargeboten. Zunächst zeigte sich auch hier eine stärkere neuronale Reaktion auf Texte, die Glücksgefühle darstellten; diese Reaktionen spielten sich in sehr verschiedenartigen, unter anderem auch motorischen Hirnregionen ab, so dass man von einer komplexen Verarbeitung ausgehen kann. Besonders intensiv wurden die Reaktionen auf die Glücks-Texte indessen, wenn gleichzeitig entsprechende mimische Visualisierungen angeschaut wurden (Johnstone et al. 2006). Auch hier dürften tatsächliche mimische Resonanzen eine maßgebende Rolle gespielt haben.

Auf solchen Einsichten aufbauend, sind jüngst einige Forschungsarbeiten erschienen, die sich mit der Frage befassten, welche Auswirkungen die *Unterbindung* mimischer Körper-Resonanzen auf empathische Fähigkeiten hat. Ein vielverwendetes kosmetisches Präparat namens *Botox* kam dabei zum Einsatz, das bestimmte faltenerzeugende Muskeln im Gesicht betäubt bzw. temporär lahm legt. Das Mittel soll die Bildung von Stirnfalten, Nasen-Mund-Falten und „Krähenfüßen" an den Augen verhindern oder abschwächen (Davis et al. 2010). Dies sind aber Muskeln, die in Gestalt von feinsten Mikrobewegungen als periphere Resonanzen aktiviert zu werden scheinen, wenn man beispielsweise die emotionale Botschaft eines anderen Gesichtes einfühlend nacherlebt. Tatsächlich zeigte einer dieser Versuche für die *Botox*-Gruppe, im Vergleich mit einer Gruppe ohne solche Paralysierungen der Gesichtsmuskulatur, eine Abnahme der emotionalen Erfahrungsintensität (dabei geht es um statistische Trends, die nicht notwendig jeden Einzelfall betreffen – die periphere Nachahmung gesehener emotionaler Botschaften erfolgt ja nicht nur über die Gesichtsmuskulatur). In einem anderen Versuch dieser Art ging es darum, Sätze mit eher positivem oder negativem Inhalt zu lesen. Auch bei der Lektüre emotional stark berührender Berichte und Erzählungen treten, wie frühere Studien gezeigt haben, sehr feine periphere Reaktionen in der Gesichtsmuskulatur auf, die vermutlich für das intensive Miterleben des literarischen Inhaltes maßgebend sind – neben der Körperhaltung beim Lesen und anderen körperlichen Verhaltensweisen (Speer et al. 2009; zur Bedeutung von Körperhaltungen für das Denken etwa beim Lesen: Price/Harmon-Jones 2011). Auch hier zeigte sich, dass die Ablähmung der Gesichtsmuskulatur durch Botox-Injektionen zu größeren Verständnisschwierigkeiten beim Lesen von Sätzen führte, die emotionale Zustände thematisierten (Havas et al. 2010).

Solche Studien machen auch einen interessanten Forschungsbefund erklärbar, der kürzlich in der Zeitschrift *Science* veröffentlicht wurde. Es geht in diesem Artikel um die empathiefördernde Wirkung der Lektüre belletristischer Literatur. David Comer Kidd und Emanuele Castano (2013) gingen in verschiedenen Experimenten der Frage nach, wie sich die Lektüre einer qualitativ hochstehenden „fiktionalen" Literatur, verglichen mit dem Lesen „populärer" Literatur, auf die sogenannte *Theory of Mind* (ToM) auswirkt. Mit diesem aus meiner Sicht etwas irreführenden Begriff wird die Fähigkeit bezeichnet, sich in die seelische Lage und in die Gedanken anderer Menschen hineinversetzen oder einfühlen zu können. Auch die Antizipation der Wirkungen des eigenen Handelns auf die Psyche des anderen Menschen wird der ToM zugerechnet. Die Empathie ist nach Meinung der Autoren (wie anderer U.S.-amerikanischer Forscher) eine Teilfähigkeit dieser ToM; ich sehe sie indessen als den übergeordneten Begriff an, der sowohl kognitive als auch emotionale Facetten der „Einfühlung" beinhaltet. Diese Fähigkeit, so die beiden Wissenschaftler, ist von fundamentaler Bedeutung für jede Gesellschaft und die Art des Zusammenwirkens ihrer Mitglieder.

Wesentliche Merkmale einer solchen grundlegenden Eigenschaft des Einfühlungsvermögens sind die Fähigkeiten, mögliche Widersprüche oder Wandlungen der Persönlichkeit anderer Menschen zu akzeptieren, sich verschiedene denkbare seelische Zustände anderer Menschen möglichst vielfältig vorstellen zu können, ungewohnte Verhaltensweisen als Ausdruck der fremden Persönlichkeit akzeptieren zu können, die Subtilitäten verschiedener Erlebnisformen imaginieren zu können, erlebte Bedeutungen bestimmter Handlungen als bestimmte unter vielen möglichen interpretieren zu können – um hier nur einige Beispiele zu nennen. Genau diese Eigenschaften aber beschreiben viele Romane, Erzählungen oder biographischen Berichte der belletristischen Literatur.

Die Autoren der *Science*-Studie unterscheiden, wie erwähnt, zwei Literaturgattungen: Eine *populäre fiktionale Literatur*, die für ihre Leser eher vertraute soziale und psychologische Situationen wie Menschen beschreibt (etwa Bestseller beim Buch-Internethändler Amazon). In diesen Erzählungen „werden die Welt und menschliche Charaktere eher in einer für die Leser gewohnten und vorhersagbaren Weise portraitiert". Die *anspruchsvoll-fiktionale*

Literatur dagegen appelliert ausgeprägter an die Phantasiekräfte und an die Kreativität der Leserschaft, sie beschreibt häufig sehr differenzierte und unvertraute psychologische Charaktere und fordert mitunter neue Sichtweisen auf die psychische Innen- wie die soziale Außenwelt (in den USA beispielsweise mit dem National Book Award ausgezeichnet; hierzulande könnte man an Bücher denken, die durch Marcel-Reich Ranickis „Kanon" positiv sanktioniert worden sind; die Autoren sprechen ebenso von einer „kanonischen" Belletristik).

Dieser Versuch scheint mir besonders interessant zu sein, wenn man ihn mit den vorhergehenden Überlegungen zur Bedeutung von Körperresonanzen in Verbindung bringt. Erinnert sei auch an die früher zitierte Studie holländischer Wissenschaftler, in deren Zusammenhang Studenten Wörter mit emotionalen Konnotationen wie „Lächeln", „Weinen" oder „frustrierend" lasen. Dabei wurde, wie erwähnt, auf elektromyographischem Wege an bestimmten Gesichtsmuskeln, die bei fröhlichen oder traurigen Stimmungen für eine entsprechende Mimik verantwortlich sind, die Reaktion auf jedes Wort gemessen. Unter anderem wurde beim Wort „Lachen" der für diesen Emotionsausdruck bedeutsame Muskel betätigt; für das Wort „Weinen" zeigte sich allerdings eine solche Reaktion nicht (Foroni/Semin 2009). Es ist interessant, dass in der *Science*-Lesestudie die vermutete Veränderung der Empathie-Werte mit zwei Test gemessen wurde: Einem Papier-und-Bleistift-Test und einem physiognomisch orientierten Bildertest (*Reading the Mind in the Eyes Test*). Mit dem erstgenannten traditionellen Test konnten keine Veränderungen der Empathie-Werte festgestellt werden, der zweite zeigte sie jedoch als Wirkung der Lektüre anspruchsvoller Literatur. Offenbar ist auch beim *Lesen* – neben der gesamtkörperlichen Beteiligung – speziell eine feinmotorische mimische Resonanz bedeutsam für die empathische Identifikationsleistung, die bei der Lektüre geübt wird. Man darf hier also die begründete Erwartung formulieren, dass unser empathisches Vermögen angeregt und geschult wird durch künstlerische Tätigkeiten wie das mit mimischen Mitteln arbeitende Theaterspiel oder durch das Lesen „anspruchsvoller" Erzählungen, in denen psychologische Charaktere differenziert und erlebnisnah beschrieben werden. In dieser Hinsicht besteht zwar noch ein erheblicher Forschungsbedarf, um solche komplexen Wirkungsprozesse aufzuklären und tiefergehend zu verstehen. Aber einige Wirkungsstudien dieser Art, auf die ich exemplarisch gleich zurückkomme, zeigen die grundsätzliche Richtigkeit dieser Erwartung.

3 Zur Bedeutung der „Körpererkenntnis" für die Lehrerbildung: Einige Hinweise

Die Bedeutung mimischer Gesten für die Ausbildung empathischer Fähigkeiten wird noch deutlicher erkennbar, wenn man die zu den Botox-Versuchen umgekehrte Frage stellt: Verbessern sich empathische Fähigkeiten, wenn z.b. die gefühls- und stimmungsanzeigende Mimik und damit entsprechende periphere Muskelaktivitäten geübt statt stillgestellt werden? Es ist natürlich nahliegend, hier insbesondere an Wirkungen des *Theaterspiels* zu denken. Da es bei dieser Kunstform unter anderem darum geht, sich gestisch und mimisch in bestimmte – unter Umständen von der eigenen Persönlichkeitskontur deutlich unterschiedene – Rollen zu versetzen, also fremde Charaktere durch Mimik und Körpergebärde nicht nur nachzuäffen, sondern möglichst authentisch zum Ausdruck zu bringen, wurde das Theaterspiel häufig mit dem *Erwerb empathischer Fähigkeiten* in Verbindung gebracht (z. B. Larson/Brown 2007). So hat eine Studie Glenn Schellenbergs (2004) für Kinder im Alter zwischen 6 – 11 Jahren nachweisen können, dass Theaterspiel-Gruppen, im Unterschied zu Kindern ohne solche Aktivitäten, über einige Monate hinweg einen wesentlich höheren Zuwachs an sozialen Fähigkeiten („soziale Intelligenz") erwerben konnten (vgl. *Abbildung 2*). Ähnliche Effekte kann man auch von kammermusikalischen Aktivitäten erwarten, bei denen die wechselseitig gezeigte, aber auch im Spiel manifestierte vielfältige Mimik eine große Rolle spielt, ebenso bedeutsam ist dabei auch eine ausgeprägte Sensibilisierung für den Ausdrucksgehalt der prosodischen Qualität von Klängen. Gerade diese Beschäftigung mit Klangfarben könnte, so die Erwartungen, bei musizierenden Menschen zu einer ausgeprägteren Identifikationsfähigkeit für die prosodisch artikulierten emotionalen Botschaften im Sprechen anderer Personen führen. Untersuchungen von Thompson und andern zeigten, dass Kinder mit musikalischer Vorbildung den emotionalen Gehalt traurig, fröhlich oder ängstlich gesprochener Sätze tatsächlich treffsicherer identifizieren konnten als Kinder ohne musikalische Vorbildung (Thompson et al. 2004, vgl. *Abbildung 3*). Obgleich Resultate aus Einzelstudien dieser Art ihrer situations- und experimentalspezifischen Einbettung wegen immer vorsichtig interpretier werden sollten, stehen sie im vorliegenden Fall der Empathiewirkungen doch prototypisch für zahlreiche weitere Transfereffekte dieser Art (Rittelmeyer 2012c).

Abbildung 2: Transferwirkungen des Theaterspielens auf die soziale Intelligenz bei Kindern im Alter von 6 Jahren.

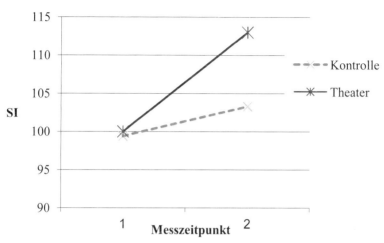

Quelle: Schellenberg (2004)

Abbildung 3: Mittelwerte der korrekten Einstufungen emotionaler Botschaften in gesprochenen Sätzen durch Studierende (in %) N = 20.

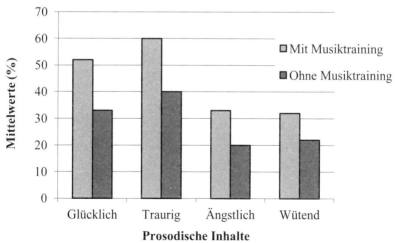

Quelle: Thompson et al. (2004)

Solche Erkenntnisse zur körperlichen Basis des Einfühlungsvermögens sind auch bedeutsam für die Aufklärung verschiedener Phänomene im Bereich sozialer Interaktionen von Jugendlichen, die in der psychiatrischen Fachliteratur als defizitäre Entwicklungen beschrieben werden. So gibt es beispielsweise erste Indizien dafür, dass die unberührte, gleichgültige oder sogar Vergnügen bereitende Betrachtung von Schmerzen, die anderen Menschen zugeführt werden (Aggressive Conduct Disorder, ACD), auf partiell fehlenden Spiegelungsprozessen des Gehirns – und deshalb möglicherweise auf einer fehlenden Leib-Resonanz, auf einem fehlenden physischen Mitgefühl dieser Schmerzen beruht (Decety et al. 2009; vgl. dazu auch Rittelmeyer 2009b). So wurden beispielsweise Versuchspersonen in einer empirischen Studie Videofilme oder Bilder gezeigt, auf denen schmerzhafte Situationen zu sehen waren: Eine Frau macht im Schwimmbad vom Sprungbrett einen Salto und schlägt mit dem Kopf auf das Brett, einem Fußballer wird von einem anderen heftig ans Bein getreten, ein Radfahrer stürzt vom Rad und schlägt mit dem Kopf auf die Straße, in einen menschlichen Arm wird eine Spritze eingedrückt, etc. Viele Betrachter berichteten, die beobachteten Schmerzen – wenn auch schwach in Gestalt eines „Prickelns" oder „nervösen Gefühls" – an den entsprechenden Körperstellen selber zu spüren; Hirnscans zeigten, dass tatsächlich die für diese Regionen maßgebenden Schmerzzentren im Gehirn aktiv waren. Es ist also ein kaum merkliches *körperliches* mimetisches Verhalten, das diese Spiegelungen kennzeichnet und damit ein Mitempfinden mit dem Leid des Anderen erst möglich macht (Osborn/Derbyshire 2010). Vermutlich wird man als hinreichend sensibler Mensch aber auch wissen, dass die *Beobachtung* etwa eines geschlagenen Kindes kaum ohne antipathische *Körpersensationen* erfolgt. Wären diese nicht vorhanden, käme es vermutlich über eine computergleiche Registrierung „geschlagenes Kind", also über einen gleichgültigen Wahrnehmungsakt im Sinne des ACD, nicht hinaus.

Allerdings gibt es auch eine *seelische und physiologische Abdämpfung* des nachahmenden Verhaltens, die sich mit zunehmendem Alter in der Regel stärker ausprägt. Wir würden anderenfalls unsere Mitmenschen dauernd imitieren, ohne seelische Distanz. Das wird als Krankheitsbild der Echolalie oder Echopraxie bezeichnet. Auch diese hemmenden Impulse, die uns den inneren Abstand und die Erkenntnisfähigkeit dem anderen Menschen gegenüber ermöglichen, sind von Neurologen und Psychologen erforscht worden (Zaboura 2009). In der heute verbreiteten mechanistischen Sprache der Hirnforschung wird von einem „Sperrmechanismus" gesprochen, der verhindert, dass wir uns mit dem anderen Menschen zu distanzlos identifizieren. Es ist jedoch offensichtlich, dass es hier um eine Ich-Tätigkeit geht, die je nach Situation stärker imitativ oder defensiv wirksam wird. Es geht im Leben ja darum, jeweils situationsangemessen und sozial nicht destruierend mal ein eher distanziertes, mal ein eher engagiertes Mitgefühl entwickeln zu können, statt auf eine der beiden Varianten fixiert zu sein.

Und um noch eine weitere praktische Perspektive anzudeuten: Einige Forschungen haben in den letzten Jahren gezeigt, dass vielen Studierenden der Medizin im Verlauf ihres Studiums empathische Fähigkeiten (in Gestalt des Einfühlungsvermögens in Patienten) unbeabsichtigt, aber offenbar systematisch abtrainiert werden (z. B. Hojat et al. 2009; Scheffer et al. 2010). (Es wäre eine interessante Forschungsfrage, ob dergleichen Effekte sich auch in der neueren, sehr körper- und kunstfernen staatlichen Lehrerbildung beobachten lassen). In der Medizinerausbildung gibt es, auf diesen Forschungserkenntnissen basierend, beispielsweise in den USA und in Deutschland einige Forschungs- und Praxisprojekte, die der Frage nachgehen, ob man die Einfühlung in bestimmte seelische Problemlagen von Patienten dadurch fördern kann, dass kleine Theateraufführungen oder theatralische Rollenspiele in die Ausbildung dieses Berufsstandes integriert werden, und zwar in Gestalt szenischer Thematisierungen bestimmter körperlich-psychischer Problemlagen (Shapiro/Rucker 2003; Shapiro et al. 2006). Solche Effekte konnten tatsächlich nachgewiesen werden. Einige Forscher betonen allerdings, dass noch nicht geklärt ist, ob diese Fähigkeiten auch im Berufsalltag wirksam werden. Alle Studien dieser Art zeigen jedoch, wie wichtig die Körperresonanz für das Einfühlungsvermögen in andere Menschen ist. Die Mimik wurde hier exemplarisch genannt für einen sehr viel weiteren Forschungsansatz, der Mimik, Gestik, Gebärden und Körperkonstellationen im Raum als Artikulationen einer gesamtkörperlichen Resonanz-Aktivität betrachtet (dazu auch die Forschungen und Überlegungen des italienischen Psychophysiologen Vezio Ruggieri, der sich unter anderem mit dem therapeutischen und identitätsbildenden Wert des Theaterspielens auseinandergesetzt hat, vgl. Ruggieri 2007).

Welche Folgerungen lassen sich nun aus der hier angedeuteten neuartigen anthropologischen Forschung und Theoriebildung für die pädagogische Ausbildung an Hochschulen ziehen? Ich möchte hier nur zwei Beispiele nennen. Zunächst einmal scheint mir wichtig zu sein, dass an die Stelle einer einseitig auf kognitive Fähigkeiten und das Gehirn fixierten Anthropologie ein „ganzheitlicheres" Paradigma tritt, von dem wir allerdings noch nicht wissen, ob oder in welchem Ausmaß es sich gegen die derzeit noch vorherrschenden technokratischen Bildungsvorstellungen durchsetzen wird (dazu auch Rittelmeyer 2012a und 2012b). Es ist aber zweifellos auch ein Anliegen vieler Forscherinnen und Forscher zur „Körpererkenntnis", die Unverzichtbarkeit einer auf unser ganzes Sinnessystem bezogenen, unsere gesamte Leiblichkeit berücksichtigenden Bildung gerade für kognitive Leistungen herauszuarbeiten.

„Unser Wissen wird immer wieder hervorgebracht durch partielle sinnliche und motorische Aktivitäten unseres Körpers, nicht durch nichtsinnliche bloße Beschreibungen solcher Zustände – wie es durch computer-analoge Theorien des menschlichen Geistes geschehen ist, die in den Kognitionswissenschaften des 20. Jahrhunderts dominierten." (Casasanto/Dijkstra 2010: 183).

Evident scheint mir ferner – gerade auch im Hinblick auf die zitierten Forschungsarbeiten zu den Effekten des Lesens, Theaterspielens und Musizierens – die grundlegende Rolle *künstlerischer Aktivitäten* in der Lehrerbildung zu sein. Dazu gibt es in den Ausbildungseinrichtungen der Waldorfpädagogik und auch in Ausbildungsstätten für Lehrkräfte in den künstlerischen Fächern ein reichhaltiges Angebot, nicht jedoch in der üblichen staatlichen Ausbildung für die nichtkünstlerischen Fächer in den Sekundarstufen I und II. Diese wie die zuvor genannte Folgerung aus den Resonanzforschungen lassen wohl erkennbar werden, wie folgenreich bestimmte anthropologische Erkenntnisse und Theorien für das Selbstverständnis in der Ausbildung stehender zukünftiger Lehrerinnen und Lehrer sind. Bedenkt man beispielsweise die Erkenntnisse über die Rolle peripherer Körperaktivitäten für das – in aller Pädagogik grundlegende – empathische Vermögen, so ergeben sich daraus andere didaktische und stärker körperbezogene Arrangements in der Lehrerbildung, als sie bisher dort vorfindbar sind.

Literatur

Bauer, Joachim (2014): Warum ich fühle, was du fühlst. Intuitive Kommunikation und das Geheimnis der Spiegelneurone. München: Heyne, 21. Auflage.

Casasanto, Daniel/Dijkstra, Katinka (2010): Motor action and emotional memory. In: Cognition, 115, S. 179-185.

Davis, Joshua I./Senghas, Ann/Brandt, Frederic/Ochsner, Kevin N. (2010): The Effects of BOTOX Injections on Emotional Experience. In: Emotion 10 (3), S. 433-440.

Decety, Jean/Michalska, Kalina J./Akitsuki, Yuko/Lahey, Benjamin (2009): Atypical empathic responses in adolescents with aggressive conduct disorder: A functional MRI investigation. In: Biological Psychology, 80, S. 203-211.

Decety, Jean/Ickes, William (Hrsg.) (2009): The Social Neuroscience of Empathy. Cambridge, MIT Press.

Dimberg, Ulf/Thunberg, Monika/Elmehed, Kurt (2000): Unconscious facial reactions to emotional facial expression. In: Psychological Science, 1, S. 86-89.

Foroni, Francesco/Semin, Gün (2009): Language that puts you in touch with your bodily feelings: The multimodal responsiveness of affective expressions. In: Psychological Science, 20, S. 974-980.

Gaschler, Katja (2006): Spiegelneurone. Die Entdeckung des Anderen. In: Gehirn und Geist Heft, 10, S. 26-33.

Goldin-Meadow, Susan/Beilock, Sian L. (2010): Action's Influence on Thought: The Case of Gesture. In: Perspectives on Psychological Science, 5, S. 664-674.

Halberstadt, Jamin/Winkielman, Piotr/Niedenthal, Paula/Dalle, Nathalie (2009): Emotional conception: How embodied emotion concepts guide perception and facial action. In: Psychological Science, 20, S. 1254-1261.

Hamilton, Antonia F./Grafton, Scott T. (2006): Goal Representation in Human Anterior Intraperietal Sulcus. In: The Journal of Neuroscience, 28, S. 1133-1137.

Havas, David A./Glenberg, Arthur M./Gutowski, Karol A./Lucarelli, Mark J./Davidson, Richard J. (2010): Cosmetic use of botulinum toxin-A processing of emotional language. In: Psychological Science, 21 (7), S. 895-900.

Hojat, Mohammed Reza/Vergare, Michael J./Maxwell, Kaye/Brainard, George/Herrine, Steven K./Isenberg, Gerald A./Veloski, Jon/Gonella, Josef S. (2009): The devil is in the third year: A longitudinal study of erosion of empathy in medical school. In: Academic Medicine, 77 (4), S. 323-328.

Isanski, Barbara/West, Catherine (2010): The Body of Knowledge. Understanding Embodied Cognition. In: Association for Psychological Science: Aps Observer, January (Internet journal), S. 1-4.

Johnstone, Tom/van Reekum, Carien/Oakes, Terry/Davidson, Richard (2006): The voice of emotion: An FMRI study of neural responses to angry and happy expressions. In: Social Cognitive Affective Neuroscience, 1, S. 242-249.

Kidd, David C./Castano, Emanuele (2013): Reading Literary Fiction Improves Theory of Mind. In: Science, 342, S. 377-380.

Koch, Sabine (2011): Embodiment. Der Einfluss von Eigenbewegung auf Affekt, Einstellung und Kognition. Berlin: Logos.

Larson, Reed/Brown, Jane (2007): Emotional Development in Adolescence: What can be Learned From a High School Theater Program? In: Child Development, 78, S. 1083-1099.

Niedenthal, P. M. (2007): Embodying Emotion. In: Science, 316, S. 1002.

Nummenmaa, Lauri/Glerean, Enrico/Hari, Riitta/Hietanen, Jari K. (2013): Bodily Maps of Emotion. In: PNAS (Proceedings of the National Academy of Sciences), 111(2), S. 646-651.

Osborn, Jody/Derbyshire, Stuart W. G. (2010): Pain sensation evoked by observing injury in others. In: Pain, 148, S. 268-274.

Price, Tom/Harmon-Jones, Eddi (2011): Approach motivational body postures lean toward left frontal brain activity. In: Psychophysiology, 48, S. 718-722.

Rittelmeyer, Christian (2002): Pädagogische Anthropologie des Leibes. Biologische Voraussetzungen der Erziehung und Bildung. Weinheim: Beltz.

Rittelmeyer, Christian (2009a): Der menschliche Körper als Erkenntnisorgan. In: Kraus, Anja (Hrsg.): Körperlichkeit in der Schule. Aktuelle Körperdiskurse und ihre Empirie. Oberhausen: Athena, S. 19-38.

Rittelmeyer, Christian (2009b): Der menschliche Leib als Resonanzorgan. Skizze einer Anthropologie der Sinne. In: Erziehungskunst, 72 (Heft 10), S. 11-16.

Rittelmeyer, Christian (2012a): Schule – Lehranstalt oder Bildungslandschaft? In: Vierteljahresschrift für Wissenschaftliche Pädagogik, 88, Heft 3, S. 464-468.

Rittelmeyer, Christian (2012b): Vom Nutzen und Nachteil der Gehirnforschung für die Pädagogik. In: Bilstein, Johannes/Brumlik, Micha (Hrsg.): Die Bildung des Körpers. Weinheim/Basel: Beltz, S. 233-246.

Rittelmeyer, Christian (2012c): Warum und wozu ästhetische Bildung? Über Transferwirkungen künstlerischer Tätigkeiten. Oberhausen: Athena, 2. Auflage.

Rittelmeyer, Christian (2014): Aisthesis. Zur Bedeutung von Körperresonanzen für die ästhetische Bildung. München: kopaed.

Ruggieri, Vezio/Fiorenza, Maria/Sabatini, Nicoletta (1986): Visual Decodification through microimitation. In: Perceptual and Motor Skills, 62, S. 475-481.

54

Ruggieri, Vezio (2007): L'identita in psicologia e teatro. Rom: Edizione Magi, 2. Auflage.

Scheffer, Christian/Edelhäuser, Friedrich/Tauschel, Diethard/Riechmann, Merle/Tekian, Ara (2010): Can final year medical students significantly contribute to patient care? A pilot study about the perception of patients and clinical staff. In: Medical Teacher, 32, S. 552-557.

Schellenberg, Glenn (2004): Music lessons enhances IQ. In: Psychological Science, 15 (3), S. 511-514.

Scheuerl, Hans (1982): Pädagogische Anthropologie: eine historische Einführung. Stuttgart, Kohlhammer.

Shapiro, Johanna/Rucker, Lloyd (2003): Can poetry make better doctors? Teaching the humanities and arts to medical students and residents at the University of California, Irvine, College of Medicine. In: Academic Medicine, 78 (10), S. 953-957.

Shapiro, Johanna/Rucker, Lloyd/Boker, John/Lie, Desiree (2006): Point-of-view writing: A method for increasing medical students empathy, identification and expression of emotion, and insight. In: Education for Health, 19 (1), S. 96-105.

Shapiro, Johanna (2010): Embodied Cognition. New York, Routldedge.

Sheets-Johnstone, Maxine (Hrsg.) (2009): The Corporeal Turn. An Interdisciplinary Reader. Exeter: Imprint Academic.

Simms, Eva (2008): The Child in the World. Embodiment, Time, and Language in Early Childhood. Detroit, Wayne State: University Press.

Singer, Tania (2006): The neuronal basis and ontogeny of empathy and mind reading: review of literature and implications for future research. In: Neuroscience Biobehavior Review, 30, S. 855-863.

Speer, Nicole K. /Reynolds, Jeremy R. /Swallow, Khena M./Zacks, Jeffrey M. (2009): Reading stories activates neural representations of perceptual and motor experiences. In: Psychological Science, 20 (8), S. 989-999.

Strack, Fritz/Martin, Leonard/Stepper, Sabine (1988): Inhibiting and facilitating conditions of the human smile: a nonobtrusive test of the facial feedback hypothesis. In: Journal of Personality and Social Psychology, 54, S. 768-777.

Thompson, William F./Schellenberg, Glenn/Husain, Gabriela (2004): Decoding speech prosody: Do music lessons help? In: Emotion, 4, S. 46-64.

Wigand, Paul: Der menschliche Körper im Munde des deutschen Volkes. Frankfurt a. M. 1899.

Wulf, Christoph (1996): Anthropologisches Denken in der Pädagogik 1750-1850. Weinheim: Beltz.

Wulf, Christoph (2004): Anthropologie, pädagogische. In: Benner, Dietrich/Oelkers, Jürgen (Hrsg.): Historisches Wörterbuch der Pädagogik. Weinheim/Basel: Beltz, S. 33-57.

Wulf, Christoph/Zirfas, Jörg (Hrsg.) (1994): Theorien und Konzepte der pädagogischen Anthropologie. Donauwörth: Auer.

Zaboura, Nadia (2009): Das empathische Gehirn, Wiesbaden: VS-Verlag.

Teil II: Persönlichkeitsbildung von Lehrpersonen zwischen Erziehungskunst und Expertise

Peter Loebell
Lehrerbildung für Waldorfschulen

Holger Kern
Die Bedeutung der Künste für die Persönlichkeitsentwicklung der Lehrpersonen

Hans Gruber & Birgit Eiglsperger
Wissen oder Können? Prozesse und Ergebnisse universitärer Lehrerbildung im Lichte empirischer Bildungsforschung

Lehrerbildung für Waldorfschulen

Peter Loebell

1 Menschliches Lernen

Die wenigsten Menschen erinnern sich daran, wie sie das Lesen und Schreiben erlernt haben. Eine Ausnahme bildet der Franzose André Stern; er erinnert sich, dass er als Dreijähriger beim Betrachten einer beschriebenen Seite laut ausgerufen habe: „Oh da sind Eier und Eierbecher!" Dabei habe er auf die Buchstabenkombination C und O gedeutet. Bald danach entdeckte er weitere Zeichen und hatte Freude am Auffinden bestimmter Buchstaben. Es gelang dem Dreijährigen, einzelne Worte zu entziffern. Danach verlor er sein Interesse an dieser Beschäftigung über mehrere Jahre. Erst mit etwa acht Jahren greift er sich ein Buch, das ihm die Mutter schon viele Male vorgelesen hat, und beginnt die Geschichten darin auswendig herzusagen. Er ist selbst erstaunt über die Leichtigkeit, mit der er die Worte erkennt, wenn er sie sieht.

Wie ist es möglich, dass der Junge erst mit acht Jahren lesen lernt? André Stern berichtet in seiner Autobiografie darüber, dass er nie zur Schule gegangen ist. Er wuchs in Frankreich auf, und seine Eltern bereiteten ihm eine Umgebung, in der es den Kindern möglich war, ihren eigenen Interessen ungehindert zu folgen. So konnte André basteln, ein Handwerk, Mathematik und Fremdsprachen erlernen, malen, musizieren und tanzen solange und so intensiv er wollte. Und das Leben ohne Schulabschluss hat ihm offenbar keine Nachteile bereitet.

„Allen Unkenrufen zum Trotz hat mich der Umstand, keine staatlichen Abschlüsse zu besitzen, niemals behindert. Keiner der Berufe oder Posten, die ich anstrebte, wurden mir versagt. Und das aus einem einfachen Grund: meine Kompetenz in dem jeweiligen Fachgebiet öffnete mir die Türen" (Stern 2013: 165).

Die Eltern interessierten sich für seine Lernfortschritte, brachten ihm Bücher, mit denen er seine Interessen vertiefen konnte, und unterstützten ihn, wenn er etwas erlernen wollte, was sie selbst nicht kannten. Im Rückblick ist André Stern der Überzeugung, dass jedes Kind ohne Schule alles Notwendige lernen kann. Seine Eltern waren nicht reich, aber sie förderten ihn durch ihr liebevolles Interesse und durch ihre Fürsorge.

„Jeder gut informierte und aufrichtig entschlossene Mensch kann sich ebenso für diesen Weg entscheiden; Voraussetzungen dafür sind nicht Bildung oder ein bestimmtes intellektuelles Niveau, sondern Überzeugung, Liebe, Beständigkeit, Aufgeschlossenheit, Respekt und Vertrauen" (Stern 2013: 172).

Menschen brauchen eine Umgebung, in der sie ungehindert das lernen können, was sie für ihr eigenes Leben benötigen. In der Reformpädagogik wurde dafür das Motiv der „negativen Erziehung" geprägt. Berühmte Philosophen und Pädagogen wie Jean Jaques Rousseau und Heinrich Pestalozzi haben das Verständnis dafür geweckt, wie der natürliche Lernantrieb von Kindern gefördert und unterstützt werden kann. In diesem Sinne gibt es einen Berührungspunkt zwischen Reformpädagogik und Waldorfschule. Rudolf Steiner hat die Rolle des Lehrers so beschrieben, dass er die „Umgebung des sich selbst erziehenden Kindes" zu bilden habe. Jede Erziehung sei Selbsterziehung. So wie die Eltern von André Stern dessen Lernfortschritte unterstützt und begleitet haben, ohne sie durch Lernziele, Belohnungen oder Strafen zu dirigieren, so bestehe die Rolle von Lehrerinnen und Lehrern darin, den eigenen Lernantrieb der Kinder auch in der Schule zu unterstützen.

Aber Eltern, die ihre Kinder einer Schule anvertrauen, erwarten mit Recht professionelle Lehrpersonen. Wie können in einem allgemeinbildenden Schulsystem Freiräume für die Entwicklung der Schülerinnen und Schüler geschaffen werden? Wie wäre es möglich, dass die jungen Menschen im gemeinsamen Lernen ihren eigenen Interessen folgen, von ihren Lehrern unterstützt werden, und in der Gemeinschaft die notwendige individuelle Begleitung erfahren?

2 Die Bedeutung der Lehrerpersönlichkeit

Unter dem Titel „Menschlichkeit evozieren" entwickelt der Bildungswissenschaftler Thomas Damberger Gesichtspunkte für eine menschliche Bildung in der Schule. Er geht davon aus, dass seit der Aufklärung der Mensch Subjekt seiner selbst sein müsse: „Er allein gilt als das zu Grunde liegende dessen, was er schafft" (Damberger 2014: 2). Bildung hat grundsätzlich die Aufgabe, den Menschen zur Freiheit von gesellschaftlichen Machtstrukturen zu verhelfen. Und „die Befreiung zum Menschsein kann in der Schule im Grunde nur durch den Lehrer stattfinden" (Damberger 2014: 9). Dazu muss der Lehrer eine besondere Art der Fürsorge gegenüber seinen Schülern aufbringen. Im Anschluss an den Philosophen Heidegger unterscheidet Damberger zwei Arten der Fürsorge. In der ersten Art, die Heidegger als „einspringendbeherrschend" bezeichnet, nimmt der Lehrer seinen Schülern die Probleme ab mit der Gefahr, sich selbst dabei zu vernachlässigen und krank zu werden.

Die zweite Art – von Heidegger „vorspringend-befreiend" genannt – ist durch eine Offenheit für die Möglichkeit des anderen gekennzeichnet. Der Lehrer hat dabei die Aufgabe, die Möglichkeiten des Schülers aufzuzeigen und ihn zu befähigen, diese Möglichkeiten zu ergreifen.

Der fürsorgliche Lehrer sei außerdem durch vier Motive gekennzeichnet, die von Otto Friedrich Bollnow in seinem Aufsatz „die pädagogische Atmosphäre" beschrieben wurden. Es handelt sich um Liebe, Vertrauen, Hoffnung und Geduld sowie Güte. Tritt ein Lehrer seinen Schülern mit diesen Qualitäten entgegen, so schafft er eine Atmosphäre, in denen die Schüler ihren eigenen Lernantrieb folgen können.

Einem vollkommen anderen wissenschaftlichen Ansatz folgt der neuseeländische Forscher John Hattie in seiner statistischen Auswertung von mehr als 800 englischsprachigen Metaanalysen über das schulische Lernen. Er geht davon aus, dass der schulische Lernerfolg mit entsprechenden Testverfahren gemessen werden kann, und versucht durch die Analyse dieser Messergebnisse die Faktoren für erfolgreiches Lernen zu bestimmen. Auf diesem Weg kommt auch er zu dem Ergebnis, dass die Lehrerpersönlichkeiten entscheidend für den Lernerfolg der Schülerinnen und Schüler sind.

Seine differenzierte Darstellung der lehrerspezifischen Einflussfaktoren führt zu der Erkenntnis, dass deren Fachkompetenz und Ausbildung allgemein nur von geringer Bedeutung für den Lernerfolg sind. Einen weit stärkeren positiven Effekt schreibt Hattie dagegen praktischen Unterrichtsversuchen und deren Reflexion („Micro-Teaching") zu. Außerdem haben die Qualität der Lehrer-Schüler-Beziehung, die Klarheit der Lehrpersonen, das Nichtetikettieren von Lernenden sowie die Lehrerfort- und weiterbildung eine überragende Bedeutung für die Lernprozesse (Hattie 2014: 129ff). Hattie fasst die wesentlichen Ergebnisse seiner umfassenden Arbeit in sechs „Wegweisern für Exzellenz im Bildungsbereich" zusammen. Seine Aufzählung beginnt mit der These, dass „Lehrpersonen (…) zu den wirkungsvollsten Einflüssen beim Lernen (gehören)" (Hattie 2014: 280). Dabei müssen sie „direktiv, einflussreich, fürsorglich und aktiv in der Leidenschaft des Lehrens und Lernens engagiert sein" (ebd.). Besonders wichtig sei außerdem, dass Lehrpersonen wahrnehmen, „was Lernende denken und wissen, um Bedeutung und sinnstiftende Erfahrungen im Lichte dieses Wissens zu konstruieren" (Hattie 2014: 280). Schließlich sei es auch wichtig, eine Atmosphäre zu schaffen, in der Fehler als Lerngelegenheiten willkommen sind.

Hatties monumentale Analyse wird durch Erfahrungen und Forschungsergebnisse aus der Hirnforschung unterstützt. So konstatiert der Neurobiologe Joachim Bauer in seinem Buch über Spiegelneurone, dass „die zwischenmenschliche Beziehung zwischen Lernenden und Lehrenden von überragender Bedeutung" sei (Bauer 2006: 122f.). Er betont darüber hinaus, „dass die persönliche Unterweisung, auch das Zeigen und Vormachen durch die lehrende Person, eine entscheidende Komponente des Lehrens und Lernens ist"

(Bauer 2006: 123). Der Neurobiologe Gerald Hüther beschäftigt sich darüber hinaus mit den Bedingungen für die Förderung der Resilienz von Kindern. Dabei handelt es sich um jene seelische Spannkraft, Elastizität und Strapazierfähigkeit, die einen Menschen in die Lage versetzt, schwere Belastungen im Leben gesund zu bewältigen. Um diese Merkmale zu fördern, muss die Schule nach Hüthers Auffassung eine Atmosphäre von Herausforderung, Schutz und Vertrauen schaffen:

„Nur unter dem einfühlsamen Schutz und der kompetenten Anleitung durch erwachsene ‚Vorbilder' können Kinder vielfältige Gestaltungsangebote auch kreativ nutzen und dabei ihre eigenen Fähigkeiten und Möglichkeiten erkennen und weiterentwickeln. Nur so kann im Frontalhirn ein eigenes, inneres Bild von Selbstwirksamkeit stabilisiert und für die Selbstmotivation in allen nachfolgenden Lernprozessen genutzt werden" (Hüther 2007: 54).

3 Menschenkunde

Die Lehrerpersönlichkeit sollte offenbar verschiedene Eigenschaften und Fähigkeiten besitzen. In meinen Beispielen habe ich biografische Erfahrungen, bildungsphilosophische Überlegungen, Ergebnisse einer evidenzbasierten Forschung und Befunde der Neurobiologie berücksichtigt. Daraus resultieren Merkmale einer Lehrerpersönlichkeit, bestimmte Fähigkeiten, die ein erfolgreicher Lehrer haben sollte, persönliche Eigenschaften und Kriterien für die Gestaltung von Lernszenarien.

- Biografische Erfahrungen (Stern): Überzeugung, Liebe, Beständigkeit, Aufgeschlossenheit, Respekt und Vertrauen
- Bildungsphilosophie (Damberger): Fürsorge, Liebe, Vertrauen, Hoffnung, Geduld und Güte
- Evidenzbasierte Forschung (Hattie): Klarheit, Nichtetikettieren von Lernenden, direktiv, einflussreich, fürsorglich und aktiv in der Leidenschaft des Lehrens und Lernens, Wahrnehmen, was Lernende denken und wissen; Bedeutung und sinnstiftende Erfahrungen; Fehler als Lerngelegenheiten
- Neurobiologie (Bauer): persönliche Unterweisung, Zeigen und Vormachen (Hüther): Herausforderung, Schutz und Vertrauen

Aber wie lassen sich Lehrer mit diesen Merkmalen ausbilden? Fachwissen, pädagogische Grundkenntnisse und praktische Unterrichtserfahrungen lassen sich vermitteln. Aber müssen Pädagogen auch bestimmte Grundüberzeugungen haben, um erfolgreich unterrichten zu können? Und lassen sich solche

Überzeugungen ausbilden, ohne dass Freiheit und Kritikfähigkeit der Studierenden eingeschränkt werden?

Jeder Mensch, der sich auf eine pädagogische Tätigkeit vorbereitet oder diese ausführt – das gilt auch für Erzieher(innen) und Eltern – geht von einem persönlichen, alltagsweltlichen Wissen über der Entwicklung des Menschen aus. Häufig ist in diesem Zusammenhang von einem „Menschenbild" die Rede. Die Grundhaltung, mit denen die Erwachsenen den Kindern gegenübertreten, hat – so muss man annehmen – eine wesentliche Wirkung. Das gilt für den Behaviorismus am Anfang des 20. Jahrhunderts, die kognitivistische Lernforschung, den Konstruktivismus oder handlungstheoretische Konzepte. Gegenwärtig dominiert das Menschenbild einer „evidenzbasierten" Lern-Wissenschaft, in der menschliche Fähigkeiten als „Humankapital", als Ressourcen wirtschaftlicher Entwicklung und nationale oder regionale Standortfaktoren angesehen werden. In diesem Zusammenhang ist nicht von Menschen als Subjekten ihrer Entwicklung, sondern von „learning brains" die Rede (Casale/Röhner/Scharschuck/Sünker 2010).

Explizite oder implizite Menschenbilder haben in der Bildungswissenschaft ihre Berechtigung jeweils für bestimmte Settings. Sie drücken sich in den konkreten pädagogischen Vollzügen aus und bestimmen die wesentlichen Elemente von Methodik und Didaktik. Die jeweiligen Grundannahmen haben sich im Laufe des 20. Jahrhunderts fundamental gewandelt, aber auch die früher maßgeblichen Lerntheorien sind in bestimmten Lehr-Lern-Zusammenhängen immer noch relevant.

Für die Waldorfpädagogik ist nicht ein bestimmtes Menschenbild charakteristisch, wir sprechen stattdessen von einer allgemeinen und einer individuellen Menschenkunde. Dabei geht es nicht um die Festlegung auf ein bestimmtes Erziehungskonzept oder Methoden, nicht um Unterrichtsinhalte oder didaktische Materialien. Der Lehrer, der sich als „Umgebung des sich selbst erziehenden Kindes" versteht, geht von der bewussten, reflektierten Wahrnehmung des lernenden Menschen aus und versucht auf dieser Grundlage eine Lehr- und Erziehungskunst zu praktizieren. Lehrinhalte, Lernziele, Methoden und Materialien werden dabei vom Lehrer selbst entwickelt oder ausgewählt. Dieser Zugang zum Menschen unter Verzicht auf vorschnelle Weltdeutungen entspricht der Phänomenologie Edmund Husserls. Deren wesentliche Prämisse liegt in der Verbundenheit von Subjekt und Objekt durch die Intentionalität des wahrnehmenden Menschen. Im Akt des Bewusstwerdens werden die Gegenstände konstituiert; d. h. der Lehrer erkennt das Kind stets vor dem Hintergrund seines lebensweltlichen Wissens. Er muss daher alle vorgefassten Setzungen ausklammern, um das Neue und Überraschende des anderen Menschen wahrzunehmen. Das Kind erscheint ihm als Rätsel, Erziehung und Unterricht sind stets durch die Suchbewegung des Pädagogen geprägt.

Dem scheint zu widersprechen, dass in der Anthroposophie Prämissen formuliert werden, die offenbar maßgeblich für ein Verständnis der Waldorfpädagogik sind. So ist ein Ausgangspunkt der Menschenkunde die geistige Existenz der menschlichen Individualität. In seiner Schrift „Theosophie" erklärt Steiner 1904:

> „der Mensch wird (daher) gewahr, dass er in einer dreifachen Art mit der Welt verwoben ist. – Die erste Art ist etwas, was er vorfindet, was er als eine gegebene Tatsache hinnimmt. Durch die zweite Art macht er die Welt zu seiner eigenen Angelegenheit, zu etwas, das eine Bedeutung für ihn hat. Die dritte Art betrachtet er als ein Ziel, zu dem er unaufhörlich hinstreben soll" (Steiner 1904/1987: 25).

Diese drei Formen der Weltbegegnung nennt er „Leib, Seele und Geist"; dabei ist es die zweite dieser drei Bewegungen, in der der Mensch „die Welt zu seiner eigenen Angelegenheit" macht, die dem Begriff der Intentionalität in der Phänomenologie entspricht.

Wie aber soll der Waldorflehrer von anthroposophischen Begriffen wie „Ätherleib" oder „Astralleib" ausgehen und dennoch alle vorgefassten Setzungen im Sinne von Husserls „Epoché" ausklammern?

Wenn wir annehmen, dass jedes Kind seinem eigenen Lernantrieb folgt und letztlich selbst die Ziele seines Lernens finden muss, so betrachten wir es nicht nur als Objekt der Belehrung durch Erwachsene. Die Prämisse, dass der Mensch selbst das zu Grunde liegende dessen sei, was er schafft, kann als Ausdruck seiner geistigen Existenz interpretiert werden. Auf der Grundlage dieser Annahme stellen Steiners Kategorien ein heuristisches Instrumentarium dar, das der einzelne Waldorflehrer sich selbst erschließen und in seiner pädagogischen Arbeit fruchtbar machen kann. Die anthroposophischen Begriffe erschließen Denkmöglichkeiten, die der Lehrer versuchsweise anwendet, um seine Wahrnehmung zu schärfen, seine Erziehungskunst zu entwickeln und die eigene Unterrichtspraxis selbstkritisch zu reflektieren.

In 14 Vorträgen entfaltet Rudolf Steiner vor der Gründung der Stuttgarter Waldorfschule die „Allgemeine Menschenkunde" als Grundlage der Erziehungskunst. Darin entwickelt er die Begriffsantinomie von Vorstellung und Wille: Im bewussten Denken zieht sich das Subjekt tendenziell aus der Mitwirkung in der realen Lebenswelt zurück, um diese in seinen Vorstellungen und Gedanken abzubilden und zu verstehen. Mit seiner Willenstätigkeit wirkt es dem gegenüber auf seine Umgebung ein, verändert die Objekte real, wobei Klarheit und Schärfe seines Bewusstseins abgedämpft werden bis hin zur gänzlichen Unbewusstheit in Routinehandlungen oder reflexartigen Bewegungen. Vorstellung und Wille bilden demnach eine äußerst spannungsreiche Polarität, in der sich die Welt der menschlichen Gefühle ausdifferenziert; diese erfasst das Subjekt mit einem traumartigen Bewusstsein. Sie bilden die eigentliche seelische Innenwelt, während der Mensch mit seinem Denken in allgemeine Gesetzmäßigkeiten eindringen und mit seinem Willen die reale, intersubjektive Welt verändern kann. Mit Hilfe dieser Termini beschreibt

Steiner in seinem umfangreichen Vortragswerk allgemeine Gesetzmäßigkeiten menschlicher Entwicklung und die Grundlagen der Pädagogik. So lässt sich die Begrifflichkeit von Denken, Fühlen, Wollen und den entsprechenden Bewusstseinszuständen als heuristisches Instrument für die Wahrnehmung auf verschiedenen, pädagogisch relevanten Ebenen verwenden.

Das reflektierende, konzentrierte Denken, die aktive Willenstätigkeit und das anteilnehmende Gefühl zum Beispiel beim Erzählen lassen sich leicht unterscheiden. Nun zeigt sich in der Entwicklung der Kinder während der ersten Lebensjahre tendenziell eine vorherrschende Willensbeteiligung durch das nachahmende Lernen, während sich Schülerinnen und Schüler in den ersten Schuljahren vorwiegend durch ihre Gefühle leiten lassen. Schon um das 12. Lebensjahr macht sich die Suche nach einem bewussten Verständnis von Zusammenhängen durch das eigene Urteil bemerkbar. Aber auch in der individualisierenden Betrachtung können die drei Kategorien fruchtbar werden, wenn man etwa auf die Unterschiede zwischen gedanklich geprägten gegenüber eher körperlich aktiven Kindern oder träumerisch veranlagten Kindern beachtet. Entscheidend bleibt bei jeder dieser Anwendungsmöglichkeiten die Offenheit angesichts überraschender Äußerungen und Verhaltensformen der Kinder und die selbstkritische Prüfung der eigenen Wahrnehmungen und Urteile.

Waldorfpädagogik ist inzwischen annähernd 100 Jahre alt. Ihre Stärke resultiert aus der Fruchtbarkeit von Rudolf Steiners Anthroposophie. Darin liegt einerseits ihr Kapital und andererseits eine Herausforderung. Vergleiche mit neueren Reformansätzen in den allgemeinbildenden Schulen zeigen, dass viele innovative Bestrebungen aus der Waldorfschule übernommen wurden. Für Waldorflehrer kann es befriedigend sein, dass in diesem Konzept alle wichtigen Erkenntnisse der Bildungswissenschaft bereits vorliegen. Aber Waldorfpädagogik verliert ihre Kraft, wenn sie sich darauf beschränkt, die alten, vielfach bewährten Praktiken zu tradieren. Wer die Lösungen schon kennt, muss sich nicht um Fortschritte und neue Entwicklungen bemühen. Damit entsteht eine Phase der Stagnation und die Gefahr, dass Waldorfschule ihre Zukunftsfähigkeit verliert. Zum Beispiel erfordert die weltweite Ausbreitung der Waldorfpädagogik in verschiedenen Kulturen eine beständige Reflexion über angemessene Lehrinhalte und Methoden. Die wissenschaftliche und forschungsfundierte Lehrerbildung geschieht daher in kritischer Auseinandersetzung mit Schriften und Vorträgen Rudolf Steiners sowie aktuellen bildungswissenschaftlichen Befunden.

Steiner selbst hat seine Hörer dazu aufgefordert, keiner Autorität zu folgen. Anthroposophie muss als ständige Herausforderung zum eigenständigen Denken begriffen werden. Ihre Kategorien sind jeweils kritisch auf ihre Anwendbarkeit zu prüfen und in Bezug zu aktuellen wissenschaftlichen Befunden zu setzen. Die Studierenden müssen sich daher ernsthaft mit den aktuellen wissenschaftlichen Erkenntnissen auseinandersetzen, ihre Ergebnisse nachvollziehen und in ihre eigenen Überlegungen einbeziehen. Es ist unbequem und anstrengend, die Denkangebote anderer Wissenschaftler ernsthaft zu diskutieren, wenn man glaubt, man habe die bessere Lösung bereits gefunden. Aber für die Kinder, die in Zukunft an den Waldorfschulen unterrichtet werden sollen, und für das Gespräch mit den Eltern ist es notwendig, dass Lehrerinnen und Lehrer ihren eigenen Weg in vollem Respekt vor den Leistungen anderer pädagogischer Konzepte begründen können. Waldorfpädagogik muss immer wieder neu erfunden werden, denn auch hier in Mitteleuropa ständig neue pädagogische Aufgaben zu ergreifen, die vor 100 Jahren noch gar nicht erkennbar waren. Anthroposophie bildet für die Waldorfpädagogik eine Grundlage, solange sie die innere Lebendigkeit und Wandlungsfähigkeit behält, um diese zukünftigen Perspektiven zu erfassen.

Nicht die Festlegung auf ein bestimmtes Menschenbild, sondern der Blick auf das allgemeine und individuelle Entwicklungspotential bildet die Grundlage für den Umgang des Lehrers mit den Kindern. Anders als bei André Stern, der allein aufgrund seiner individuellen Neigungen lernen konnte, müssen die Kinder in der Schule gemeinschaftlich angeleitet werden. Lehrer sollten deshalb sensibilisiert sein für die Möglichkeiten, Interessen und entwicklungsgemäßen Bedürfnisse des einzelnen Kindes und einer ganzen Klasse. Die Kinder sind besonders offen für bestimmte Themen, sie bemerken Besonderheiten in ihrer Umgebung, die sie auf dem Hintergrund ihrer lebensweltlichen Erfahrungen deuten können. In altersgemäßer Weise können sie sich mit den Gegenständen ihres Interesses verbinden; Kinder forschen, erkunden und entdecken, was ihre Neugierde weckt. Schließlich werden sie auch die Zusammenhänge zwischen verschiedenen Erscheinungen verstehen und eigene Theorien über die Wirklichkeit bilden. Menschenkunde bildet für die Lehrerinnen und Lehrer die Grundlage, um die Lernbemühungen ihre Schülerinnen und Schüler emphatisch wahrzunehmen und gezielt zu unterstützen. Da sie mit weitgehend altershomogenen Jahrgangsklassen arbeiten, werden die Pädagogen sich an denjenigen Elementen des Curriculums orientieren, die einen besonderen Bezug zu dem Entwicklungsalter ihrer Schülerinnen und Schüler haben. Für die Waldorfpädagogik ist daher das Verständnis der kindlichen Entwicklung von fundamentaler Bedeutung.

4 Die Entwicklung

Der Mensch strebt fortwährend über seinen gegenwärtigen Zustand hinaus, lernt Neues, wird erfahrener und erwirbt Kompetenzen. Die Tatsache, dass der Mensch sich selbst niemals gleich bleibt, sondern in jedem Moment ein anderer, neuer ist, kann vielleicht als das bedeutendste Merkmal seines Wesens bezeichnet werden. Das Menschsein wäre demnach nicht nur durch Entwicklung gekennzeichnet: Der Mensch verdankt vielmehr seine menschliche Existenz der Tatsache, dass er sich entwickelt (vgl. Loebell 2010).

Vergleicht man den neugeborenen Menschen mit höheren Tieren, so wird deutlich, dass der Mensch „als Lernwesen" nicht über eine Ausstattung mit Instinkten verfügt, die ihm nach der Geburt ein Überleben in natürlicher Umgebung ermöglichte. Das gilt in besonderer Weise für das Gehirn:

„Sicherlich gibt es einen Evolutionsdruck dahingehend, dass Organismen ‚so fertig wie möglich' das Licht der Welt erblicken. Menschliche Neugeborene schneiden unter diesem Gesichtspunkt sehr schlecht ab, und man muss fragen, worin wohl der Vorteil einer stark verzögerten Gehirnentwicklung besteht. Dieser Vorteil, so können wir formulieren, besteht in der Fähigkeit, komplexere Inputmuster zu verarbeiten zu verarbeiten. Je besser dies ein Organismus kann, umso besser wird er sich in der Welt (von der wir annehmen können, sie sei sehr komplex) zurechtfinden, d.h. überleben. Babys sind damit das Resultat eines Kompromisses zwischen fit sein von Anfang an und fit werden. Im Vergleich zu anderen Arten liegt die Betonung beim Menschen ganz eindeutig auf dem Werden, auf Potenz und Möglichkeit" (Spitzer 2002: 239).

Um die Dynamik der kindlichen Entwicklung zu verstehen und zu fördern, brauchen künftige Lehrerinnen und Lehrer Begriffe, durch die sie sich die elementaren Vorgänge erschließen können, ohne sie zu fixieren. Zum Beispiel hat der Lehrer verschiedene Möglichkeiten, den Eintritt in das Schulalter differenziert zu erfassen. Der Begriff „Schulreife" bezieht sich auf den Entstehungsprozess derjenigen Merkmale, die bei der Einschulung vorausgesetzt werden. Dabei sind es vor allem bestimmte Körpermerkmale, für die ein Reifungsvorgang im engeren Sinn unbestritten ist. Andererseits treten gleichzeitig mit bestimmten leiblichen Merkmalen auch die anderen, kognitiven und motivationalen Erscheinungen sowie neue Fähigkeiten im Sozialverhalten auf. Obwohl ein Zusammenhang von körperlicher Entwicklung und Lernfähigkeit eines Kindes stets zu beobachten war, wurde dieser empirisch kaum untersucht.

Dass der skizzierte Übergang nicht exakt im 7. Lebensjahr, sondern individuell und kulturell äußerst differenziert auftritt, ist offensichtlich. So wurde der Begriff der „Schulreife" inzwischen weitgehend ersetzt, weil das Konzept der Reifung suggerierte, dass ein Kind im 7. Lebensjahr grundsätzlich ohne äußere Förderung einschulungsfähig würde. Das ist aber nicht der Fall. Zum Beispiel zeigte sich, dass die sprachliche Kompetenz von schulpflichtigen Kindern in bildungsfernen Bevölkerungsschichten den schulischen Anforderungen oft nicht genügt. Seit den siebziger Jahren des letzten Jahrhunderts wird daher meist von „Schulfähigkeit" gesprochen. Damit sollte allein auf die Erfordernisse hingewiesen werden, denen der Schulanfänger ausgesetzt wird – unabhängig von der Art und Weise, wie die entsprechenden Eigenschaften entstehen. „Schulfähigkeit bezeichnet weniger das, was ein Kind von selbst wird, sondern das, was die Umwelt von ihm verlangt" (Schenk-Danzinger 2002: 203). Die Kompetenzen, die das schulfähige Kind zuvor ausgebildet haben muss, werden also in diesem Sinne ganz von den äußeren Anforderungen her bestimmt. Durch die in der Schule geschaffenen Lernanlässe werden vom Kind Kompetenzen gefordert, die zuvor entweder unbemerkt oder durch zielgerichtete Fördermaßnahmen entwickelt wurden.

Der Begriff „Schulbereitschaft" stellt dem gegenüber die subjektive Komponente des Kindes in den Vordergrund. Sie umfasst

„die Gefühle, Einstellungen, Interessen und Haltungen des Kindes der Schule gegenüber und ist von ebenso entscheidender Bedeutung für den Erfolg in den ersten Schuljahren (wie die Schulfähigkeit; d. Verf.)" (Schenk-Danzinger 1988: 33).

Ein Kind sei schulbereit, wenn es die im Vorschulalter angebotenen Lernmöglichkeiten ausgeschöpft habe und in der Auseinandersetzung mit der Welt nach neuen Ordnungsprinzipien verlange. In den drei Konzepten lassen sich verschiedene Dimensionen erkennen, die offenbar für die Entwicklung von Bedeutung sind:

Steiner bringt die Schulreife vor allem mit dem beginnenden Zahnwechsel in Verbindung; dieser wird als das sichtbare Zeichen dafür angesehen, dass die Formbildung des physischen Leibes und seiner Organe zum Abschluss gekommen ist (Kranich 1999: 125). Im 2. Gebiss, das im Alter von etwa sieben Jahren bereits in den Kieferknochen vollständig ausgebildet ist, wurde die härteste Substanz des menschlichen Leibes ausgeformt, wenn der sichtbare Zahnwechsel beginnt. Ungewöhnlich ist die anthroposophische Auffassung, dass die gestaltbildenden Kräfte des Leibes von diesem Zeitpunkt an für bewusste Denkvorgänge zur Verfügung stehen, die die Grundlage für das kognitive Lernen darstellen: Der Mensch betätigt nun „jene Bildekräfte, die früher den Leib in seinen Organen zu vollkommeneren Formen umgestaltet haben" (Kranich 1999: 133). In der Waldorfschule wird daher ab dem 1. Schuljahr Formenzeichnen unterrichtet, damit die Kinder die Formkräfte bewusst betätigen können.

Am Gebiss zeigt sich mehr als an allen anderen Organen das Form bildende Prinzip der doppelten Symmetrie; jedem Zahn hat auf der gegenüberliegenden Seite des gleichen Kieferknochens und oberhalb bzw. unterhalb seine Entsprechung, so dass alle vier Quadranten des Gebisses die gleiche Struktur aufweisen. Wenn – wie Steiner angibt – die Kräfte, die bis zum Beginn des Zahnwechsels die Formen des physischen Leibes ausgebildet haben, von nun die Grundlage der mentalen Tätigkeit bilden, müsste es in der Übergangszeit Kinder geben, die die Symmetrie äußerer Formen noch nicht korrekt wiedergeben können. Tatsächlich neigen viele Kinder im Alter von 5 bis 6 Jahren dazu, Buchstaben und Zahlen spiegelverkehrt zu schreiben, ohne dass sie dies selbst bemerken. Dieses Phänomen tritt besonders häufig bei solchen Zeichen auf, die eine Öffnung zur linken Seite aufweisen (1, 2, 3, 7, 9 sowie J und Z), während die meisten Buchstaben eine entgegen gesetzte Richtung zeigen. Auch wenn auf Buchstaben mit einer Öffnung nach rechts (z. B. „C") eine Zahl mit der entgegen gesetzten Richtung folgt („3"), wurde diese in einem Versuch von 73% der Kinder falsch herum geschrieben. Aus ihren Befunden schließen die Forscher, dass „die Spiegelschrift fünf- bis sechsjähriger Kinder (...) einer normalen Phase beim Erwerb der Schreib-kompetenz (entspricht)". Und: „Mit etwa sieben Jahren haben die meisten Kinder die bei uns übliche Schreibrichtung verinnerlicht und Sicherheit bei der Orientierung der Ziffern und Lettern gewonnen" (Fischer 2012: 25).

An diesem Beispiel wird deutlich, dass Rudolf Steiners Deutung der Schulreife als ein Freiwerden der leiblichen Bildekräfte nicht als Teil eines fixierten Menschenbildes verstanden werden sollte. Vielmehr versucht er mit seinem Hinweis auf bestimmte Aspekte des zu Grunde liegenden Entwick-lungsvorganges aufmerksam zu machen. Auf Grundlage der anthroposophi-schen Menschenkunde hat der Waldorflehrer die Möglichkeit, den Vorgang beim Eintritt in das Schulalter differenziert am einzelnen Kind wahrzuneh-men und auf die individuellen Bedürfnisse einzugehen.

5 Der Eigenbewegungssinn und Kunst in der Lehrerbildung

Es ist schon lange bekannt, dass die Wahrnehmung der körperlichen Zustän-de und Bewegungen anderer Individuen die eigene körperliche Nachahmung auslöst – so beim Laufen lernen und beim Erwerb der Muttersprache. Heute wissen wir sogar, dass im Gehirn eines Beobachters die gleichen neuronalen Strukturen wie bei der Ausführung der beobachteten Bewegung aktiviert werden; die entsprechenden Nervenzellen werden als „Spiegelneurone" be-zeichnet. Ergebnisse der neueren Embodiment-Forschung zeigen darüber hinaus, dass die Erfahrung der Eigenbewegung grundlegend ist für jegliche Tätigkeit im Denken und Wahrnehmen, beim Lernen, bei der Bildung des Gedächtnisses und der Intelligenz, bei der Entstehung von Affekten, Einstel-lungen und Verhaltensweisen (Koch 2013: 22). Die Tätigkeit des Willens durch Eigenbewegung und das Lernen durch Exploration beginnen aber be-reits vor der Geburt. Als Allererstes erfährt das ungeborene Kind nicht den eigenen Körper und Objekte in seiner Umgebung, sondern die eigene Bewe-gung. Ganz offenbar ist die kinästhetische Wahrnehmung der spontanen Selbstbewegung die Grundlage für die gesamte Sinnesentwicklung. Aus ihr erwachsen „körperbasierte Konzepte, die die Grundlage unseres Selbst- und Weltwissens bilden (kognitive Konzepte)" (Koch 2013: 38).

Inzwischen ist auch bekannt, dass die Eigenbewegung affektive Zustände im Subjekt bewirkt. Die eigene Willenstätigkeit in der Körperbewegung ist also nicht nur Ausdruck der subjektiven Befindlichkeit, sondern sie bewirkt eine Veränderung der Gefühle. Grundlegende Bewegungsqualitäten sind gekennzeichnet durch den rhythmischen Wechsel von Anspannung und Entspannung. Bewegungsformen haben ihre Wurzeln im Wechsel von Ein- und Ausatmung, Wachsen und Schrumpfen (Koch 2013: 75). In einer Reihe von Bewegungsstudien wurde zum Beispiel nachgewiesen, dass sich Personen, die sich leicht bewegen, signifikant an mehr positive Lebensereignisse erinnern als Personen, die sich kraftvoll bewegen (Koch 2013: 205). Auch die Rhythmen von Bewegungen wurden untersucht. Dabei wurden eher runde von eckigen Rhythmen unterschieden, und es wurde festgestellt, dass die Verwendung runder Bewegungsrhythmen zu positiveren, entspannten, spielerischen Affekten führen als die Verwendung eckiger Rhythmen.

„Runde Rhythmen scheinen den Organismus durchlässiger und empfänglicher zu machen, während eckige Rhythmen diese Durchlässigkeit zu verhindern und Defensivität zu fördern scheinen" (Koch 2013: 149).

Der Leib ist das Zentrum unserer Lebenswelt. Durch ihn erfahren wir Räumlichkeit, und die Begriffe der Räumlichkeit bilden gleichzeitig die Strukturen unseres Denkens. Die Embodiment-Forschung zeigt, wie wir durch unsere Eigenbewegung unser Denken formen können. Steiner sagt: Mit seinen Gliedmaßen denkt der Mensch, im Gehirn werden die Gedanken bewusst. Die dabei gewonnenen Erkenntnisse sind außerordentlich wichtig für die Pädagogik, aber auch für die Lehrerbildung. Sie geben einen Hinweis darauf, dass auch die Pädagogen selbst die Erfahrung und kompetente Führung ihrer Eigenbewegung schulen sollten, um sich selbst für ihre pädagogische Tätigkeit zu qualifizieren.

Wer Kinder in ihrer Entwicklung begleiten will, benötigt ein Höchstmaß an Sensibilität, Empathie und Wahrnehmungsfähigkeit. Bei der Ausbildung von Waldorflehrern haben diese Fähigkeiten einen besonders hohen Stellenwert. Lehrerbildung bedeutet Persönlichkeitsbildung, unter anderem durch eigene künstlerische Übungen und die Betätigung aller Sinne in der Musik, Sprachgestaltung und Schauspiel, beim Malen, Plastizieren und Eurythmie. Am Beispiel der Bewegungskunst Eurythmie lässt sich zeigen, wie die gezielte, seelisch erfüllte Bewegung des eigenen Körpers auf die eigenen Gefühle, das Denken und die Handlungsimpulse zurückwirken kann. Durch bewusst gestaltete Gebärden und Bewegungen im Raum werden verschiedene Wirkungen angestrebt: neben einer allgemeinen Sensibilisierung für die Qualitäten von Sprache, Musik und Bewegung sollen vor allem die Wahrnehmung der eigenen Bewegungen und dadurch auch Wahrnehmungsmöglichkeiten für die Bewegungen Anderer geschult werden.

Menschenkunde und Künste dienen der Persönlichkeitsbildung der künftigen Waldorflehrer. Nur in der Musik, beim Malen und Plastizieren bilden sie selbst den jeweiligen Unterrichtsgegenstand, außerdem werden Fachlehrer für Eurythmie darauf vorbereitet, ihr Fach in der Schule zu unterrichten. Im Übrigen haben sich die künftigen Klassenlehrer auf etwa zehn verschiedene Unterrichtsfächer vorzubereiten, die sie in der Schule vermitteln werden.

6 Fachlichkeit

In dem Bericht von André Stern ist es besonders eindrucksvoll zu erfahren, wie er als Kind die Möglichkeit hatte, seine eigenen Interessen zu entwickeln und ihnen ungehindert zu folgen, unterstützt von seinen Eltern und von anderen Erwachsenen. So berichtet er zum Beispiel davon, dass er von klein auf seinen Vater beim Fotografieren beobachtete und sich selbst dafür zu interessieren begann. Er durchforschte Bücher, bis er die komplizierten technischen Erklärungen verstand, fertigte Konstruktionszeichnungen für Fotoapparate an, baute selbst aus einfachen Materialien Kameras, entwickelte Filme und arbeitete drei Jahre lang in einem Fotolabor mit, bis er alles erlernt hatte, was er für die Einrichtung eines eigenen Labors wissen musste. Auf ähnliche Weise beschäftigte er sich meist über lange Zeit mit Metalltreiben, Tanz, Autos, Hieroglyphen, Gitarrenbau, Musik und Theater. Niemand schrieb ihm vor, was er lernen sollte. Aber durch alle seine Aktivitäten lernte er gleichzeitig Schreiben, Lesen, Mathematik und alle Grundfertigkeiten, die er für seine Beschäftigungen brauchte.

Das alles ist in einer allgemeinbildenden Schule in dieser Weise nur im Ausnahmefall möglich, so etwa bei den so genannten Jahresarbeiten in der Waldorfschule. Möglich ist es aber durchaus, auf die Interessen der Kinder einzugehen, insbesondere wenn sie sich in einer vorhersehbaren, altersgemäßen Weise entwickeln. Das Curriculum der Waldorfschule folgt dem Gesichtspunkt, dass die Unterrichtsinhalte den entwicklungsgemäßen Interessen der Kinder gerecht werden sollten. So zeigt sich beispielsweise, dass Kinder etwa im neunten Lebensjahr ein starkes Interesse an den elementaren Techniken entwickeln, durch die Menschen in allen Kulturen ihre Umwelt bearbeiten, formen und nutzbar machen. Die Herstellung von Nahrungsmitteln durch den Ackerbau, die Bearbeitung natürlicher Materialien im Handwerk und der Bau sicherer Behausungen – diese drei Themen üben auf Kinder in einer dritten Klasse auch heute noch eine starke Faszination aus. Wenn es gelingt, diejenigen Themen und Inhalte zu finden, die der inneren Entwicklung der jungen Menschen in einem bestimmten Lebensalter entsprechen, können sich die Kinder erkannt fühlen und mit Freude lernen. Außerdem bietet der Epochenunterricht die Möglichkeit, sich über längere Zeit in vertiefter Weise mit einem Unterrichtsgegenstand zu beschäftigen. In diesem Sinne hat der Waldorflehrer die Aufgabe, Zugänge zu den verschiedenen Fachbereichen zu schaffen, durch die Kinder ihre eigenen Interessen entdecken und die Bedeutsamkeit der verschiedenen Lebensbereiche erfahren können.

Wer das Ziel hat, Kinder zu unterrichten, wird sich die Fachinhalte von Anfang an anders erarbeiten, als jemand, der sich in erster Linie für sein wissenschaftliches Fachgebiet interessiert. Denn ein Wissenschaftler, der sein Fach beherrscht, kann es deshalb doch nicht so vermitteln, dass Kinder und

Jugendliche davon angeregt und interessiert werden. Was in der Wissenschaft die Objektivität garantieren soll, kann zu einer Verarmung des Erlebens führen. Die Wahrnehmung der Welt wird kümmerlich und uninteressant, wenn man versucht, das Element der subjektiven Betroffenheit auszuschließen (Rumpf/Kranich 2000). Wie aber muss eine Wissenschaft sein, damit sie als Vorbereitung auf die Schule taugt?

Gemeinhin soll das für die Kinder unverdauliche Handbuchwissen anschließend durch geeignete Vermittlungsmethoden in ein nahrhaftes Lebensmittel verwandelt werden. Aber diese Aufgabenteilung – erst anspruchsvolle fachbezogene Forschung, dann Zubereitung fürs Kind – hat sich auch nach jahrzehntelangen Bemühungen offenbar nicht bewährt. Das Problem liegt schon im allerersten Zugang auf die Erscheinungen der Welt: Die Art, wie Wissenschaft im Allgemeinen betrieben wird, verdirbt gewissermaßen den pädagogischen Charakter. Ernst-Michael Kranich unterstreicht: Wer die Welt seinen Schülern nahe bringen will, muss sie selbst auf eine Weise kennen lernen, die ihn seelisch ergreift.

Es geht also um eine Wissenschaft, die mit Betroffenheit und Neugier bei den einfachsten Fragen beginnt und den Forscher selbst verwandelt. Wer selbst nur gelernt hat, auf Expertenwissen zu vertrauen, läuft Gefahr, das eigene Fragen zu verlernen. Als Lehrer kann er den Kindern dann nicht glaubwürdig vermitteln, dass Betroffenheit und Staunen, eigenes Suchen und schließlich die selbst errungene Einsicht mehr bewirken als jedes fertige, aber sterile Wissen. Horst Rumpf zeigt, wie man aus „anfänglichen Aufmerksamkeiten" zu individuellen Erlebnissen innerer Erhellung gelangen kann. Er plädiert für eine Wissenschaftsgesinnung, die sich vom Staunen über anfängliches Fragen bis zur Evidenzerfahrung den Welterscheinungen annähert.

Der Waldorfpädagoge Kranich geht darüber hinaus: Wer in den Erscheinungen der Welt eine geistige Realität sucht, die mit dem eigenen Wesen verwandt ist, kann neben der Interessantheit auch eine tiefe Bedeutsamkeit der Dinge erfahren. Kranich betont vor allem die Bedeutung des Denkens im physiognomischen Erkennen (Rumpf/Kranich 2000: 61ff). Durch diese Art des Denkens werde die Erscheinungswelt geistig transparent (Rumpf/Kranich 2000: 66).

Zugänge zu verschiedenen Fächern schaffen ist vor allem die Aufgabe der Klassenlehrerin und Klassenlehrer. Ihre Ausbildung ist nicht durch ein spezifisches Fachstudium charakterisiert, sondern durch eine umfangreiche Allgemeinbildung, einen erkenntnistheoretischen Überblick und einen universellen Zugang auf die Bedeutung der verschiedenen Fachbereiche. An dieser Stelle sei an den Befund von John Hattie erinnert, nach dem die Fachkompetenz der Lehrer nur von geringer Bedeutung für den Lernerfolg sei. Die Lehrerfort- und weiterbildung habe demgegenüber eine weit größere Bedeutung für die Lernprozesse. Das gilt in besonderer Weise für die Klassenlehrer an Waldorfschulen. Wer acht Jahre lang eine Klasse in zehn verschiedenen

Fächern unterrichten soll, benötigt nach seinem Studium eine fortwährende Weiterbildung. So besuchen viele Klassenlehrer jedes Jahr im Sommer spezielle Vorbereitungsseminare für den Unterricht ihres kommenden Schuljahres.

Der Lehrer als Umgebung für das sich selbst erziehende Kind ist ein Universalist. Die Lehrerbildung für Klassenlehrer an Waldorfschulen beruht daher, anders als die staatliche Lehrerbildung, nicht in erster Linie auf dem Studium weniger Unterrichtsfächer. Menschenkunde, Kunst und die Vermittlung elementarer fachlicher Kenntnisse bilden die Voraussetzung dafür, dass Klassenlehrer ihren Schülern Zugänge zu den Unterrichtsinhalten, aber auch zu deren Bedeutung und Sinnhaftigkeit eröffnen können. Die Lehrerbildung für Waldorfschulen führt deshalb nicht zu dem Abschluss Master of Education, sondern Master of Arts. Das gilt auch für das Studium der Oberstufenlehrer, obwohl diese bereits ein akademisches Fachstudium absolviert haben müssen, bevor sie die Lehrerausbildung beginnen. Denn die Vorbereitung der Schüler auf staatliche Schulabschlüsse bedarf einer fachlichen Qualifikation, die nur durch entsprechende Fachstudien erreicht werden kann.

7 Schulpraxis

Der Zugang zu Kindern steht für die künftigen Lehrerinnen und Lehrer im Vordergrund. Die erste Begegnung mit anderen Menschen haben die Studierenden an der Freien Hochschule Stuttgart aber in einem heilpädagogischen Praktikum. In der Arbeit mit Menschen, die durch besondere Beeinträchtigungen daran gehindert sind, in voll verantwortlicher Weise für sich selbst zu sorgen, machen die Studierenden grundlegende Erfahrungen. Gerade in diesen Begegnungen erleben sie die Unhintergehbarkeit der menschlichen Würde. Daraus entstehen tief greifende und umfassende Fragen im Hinblick auf das Wesen des Menschen. In einer ersten Hospitation nehmen die Studierenden einen Hauptunterricht an Waldorfschulen wahr, und während der folgenden Jahre werden sie durch wiederholte Blockpraktika immer wieder die Gelegenheit haben, Unterricht zu beobachten, selbst vorzubereiten und durchzuführen.

Daneben entwickelt die Freie Hochschule momentan ein Modell der fortlaufenden Unterrichtspraxis in Zusammenarbeit mit der Freien Waldorfschule Uhlandshöhe. Studierende führen in Zweiergruppen eigenverantwortlich wöchentliche Übstunden mit Schülerinnen und Schülern durch. Dabei erfahren sie, mit welchen Fragen, Interessen und Verständnisschwierigkeiten die Kinder an die jeweiligen Unterrichtsinhalte herangehen. Die Studierenden müssen ihre eigene Unterrichtskonzeption fortwährend überprüfen, weiter entwickeln, anpassen. Sie lernen, auf welche Weise die Kinder sich ein Unterrichtsgebiet mit Hilfe der Erwachsenen erschließen können. Je zwei Studierende arbeiten mit fünf bis sechs Schülern in den Klassenstufen 6 und 7 zum Thema Bruchrechnen. In wöchentlichen Seminareinheiten tauschen sie ihre Erfahrungen mit der Methode der Intervision aus, außerdem finden in größeren Abständen finden Rückblicksgespräche mit den Lehrpersonen statt. Das Projekt entspricht dem sogenannten Micro-Teaching, dass John Hattie als einen der einflussreichsten Faktoren für den Lernerfolg der Schülerinnen und Schüler identifiziert hat (John Hattie 2014: 134 und 433).

8 Forschung

Die Freie Hochschule Stuttgart ist eine Einrichtung der Waldorfschulen für deren besondere Art der Lehrerbildung. Darüber hinaus haben zahlreiche Publikationen von Dozentinnen und Dozenten der Freien Hochschule zur Entwicklung der Waldorfpädagogik und zum wissenschaftlichen Diskurs beigetragen. Seit 2013 haben zwei wissenschaftliche Mitarbeiter mit Hilfe unseres Gastprofessors Guido Pollak von der Universität Passau begonnen, die Besonderheiten der Waldorflehrerbildung im Vergleich zur staatlichen Lehrerbildung systematisch zu untersuchen. Durch Befragung von Studienanfängern, Studierenden der Abschlussjahre und tätigen Lehrerinnen und Lehrern soll die Wirkung der verschiedenen Lehrerbildungskonzepte evaluiert werden. Dazu werden bewährte, standardisierte Forschungsinstrumente und offene Interviews durchgeführt. Unser Interesse richtet sich vor allem auf die Frage, ob das menschenkundliche Studium, die künstlerischen Übungen und die besondere Art der fachlichen Ausbildung eine angemessene Grundlage für die Persönlichkeitsbildung der Waldorflehrer darstellen, die auch für die staatliche Lehrerbildung interessant sein könnte. Wir wollen unsere eigene Arbeit verbessern und uns mit Wissenschaftlern und Studierenden staatlicher Lehrerbildungseinrichtungen austauschen. Mit diesem Symposium beginnt eine neue Form der Zusammenarbeit.

Literatur

Bauer, Joachim (2006): Warum ich fühle, was du fühlst. Intuitive Kommunikation und das Geheimnis der Spiegelneurone. München: Heyne Taschenbuch.
Casale, Rita/Röhner, Charlotte/Scharschuch, Andreas/Sünker, Heinz (2010): Entkopplung von Lehrerbildung und Erziehungswissenschaft: Von der Erziehungswissen-

schaft zur Bildungswissenschaft. In: Erziehungswissenschaft. Mitteilungen der Deutschen Gesellschaft für Erziehungswissenschaft (DGfE), 21,41, S. 43-66.

Damberger, Thomas (2014): Menschlichkeit evozieren. Zur humanen Dimension im Lehrer-Schüler-Verhältnis. In: Schulpädagogik heute, 5, 9, http://www. schulpaedagogik-heute.de/index.php/component/joomdoc/SH_9/Sh9_01_Basis_03_ Damberger.pdf/download

Fischer, Jean-Paul (2012): Rätsel Spiegelschrift. In: Gehirn und Geist, 12, S. 22-25.

Hattie, John (2013): Lernen sichtbar machen. Hohengehren: Schneider.

Hüther, Gerald (2007): Resilienz im Spiegel entwicklungsneurobiologischer Erkenntnisse. In: Opp, Günther/Fingerle, Michael (Hrsg.): Was Kinder stärkt. Erziehung zwischen Risiko und Resilienz. 2. Aufl., München und Basel.

Koch, Sabine (2011): Embodiment. Der Einfluss von Eigenbewegung auf Affekt, Einstellung und Kognition. Berlin: Logos.

Kranich, Ernst-Michael (1995): Wesensbilder der Tiere. Stuttgart: Verlag Freies Geistesleben.

Kranich, Ernst-Michael (1999): Anthropologische Grundlagen der Waldorfpädagogik. Stuttgart: Verlag Freies Geistesleben.

Loebell, Peter (2010): Die Signatur der menschlichen Entwicklung als Grundlage der Waldorfpädagogik. In: Paschen, Harm (Hrsg.): Erziehungswissenschaftliche Zugänge zur Waldorfpädagogik. Wiesbaden: VS-Verlag, S. 215-244.

Rumpf, Horst/Kranich, Ernst-Michael (2000): Welche Art von Wissen braucht der Lehrer? Stuttgart: Klett-Cotta.

Schenk-Danzinger, Lotte (1988): Entwicklung – Sozialisation – Erziehung. Schul- und Jugendalter. Stuttgart, Wien: Österreichischer Bundesverlag.

Schenk-Danzinger, Lotte (2002): Entwicklungspsychologie. Völlig neu bearbeitet von Karl Rieder. 1. Aufl., Wien: Österreichischer Bundesverlag.

Spitzer, Manfred (2002): Lernen. Gehirnforschung und die Schule des Lebens. Heidelberg, Berlin: Spektrum.

Steiner, Rudolf (1904/1987): Theosophie. Rudolf Steiner Verlag, Dornach (Schweiz); Gesamtausgabe Nr. 9.

Stern, André (2013): ...und ich war nie in der Schule. Geschichte eines glücklichen Kindes. Freiburg: Herder.

Den Erzieher erwecken, Persönlichkeit entwickeln

Holger Kern

1 Künste in der Lehrerbildung?

Die Diskussion, wie eine gute und sinnvolle Ausbildung für zukünftige Lehrer aussehen soll, wird seit langem geführt. Die Waldorfschulen leisten sich von Anfang an eine eigene vom staatlichen Erziehungswesen unabhängige Lehrerbildung (Vgl. hierzu den Beitrag von Loebell in diesem Band). Die früheren Darstellungen und Begründungen derselben (Gabert 1961, Kiersch 1978) in der Nachfolge des ersten Lehrerkurses (Steiner GA 293, 294, 295) wurden bisher nur wenig im erziehungswissenschaftlichen Umfeld wahrgenommen und diskutiert und wenn, tauchten sie in Beiträgen der Waldorfpädagogik-Kritiker auf. Die in der Erziehungswissenschaft heuristisch wirkende, anthroposophische Sichtweise wird erst in letzter Zeit hier und da diskutiert. Es gibt zwar bereits seit den 70er Jahren auf Initiative der Stuttgarter Hochschule das *Erziehungswissenschaftliche Kolloquium*, in dem sich Akteure beider Bereiche regelmäßig treffen, und in dem bereits u.a. auch über Fragen der Lehrerbildung diskutiert wurde (Rumpf/Kranich 2000, Buck/Kranich 1995). Neben jüngeren originären Darstellungen zur Waldorflehrerbildung (Kiersch 2001, Schiller 2008) wird diese nun auch im erziehungswissenschaftlichen Dialog – im Rahmen der allgemein sich z. Tl. wandelnden Haltung gegenüber der Waldorfpädagogik an sich[1] – zunehmend sichtbar (Randoll/da Veiga 2013, Willmann 2011). Auch dieser Band des Symposiums in der Stuttgarter Hochschule ist davon ein Zeugnis.

Von Seiten der Waldorfpädagogen wurde und wird hierbei immer wieder auf die Ausübung der Künste als elementarem Bestandteil einer sinnvollen Lehrerbildung hingewiesen (z.b. beginnend mit Steiner GA 308: 52ff; Steiner GA 310: 140ff), über Gabert 1961 zu Kranich 2000, Loebell/Kern 2007, Kiersch 1978, Kern 2009, Kern 2011a, etc.; oder in der Erwachsenenbildung

---

[1] Hier nur in kleiner Auswahl. Aus grundsätzlich kritischer Sicht: Prange 1985, Ullrich 1986, Vogt 1995; eher diskutierend: Hansmann 1987, Kowal-Summek 1993, Kayser und et al. 1996, Müller 1999, oder gar in abwägender Wertschätzung der heuristischen Möglichkeiten: Schneider 1992, Bauer 2006; die derzeit vermutlich umfassendste und kundigste Übersicht bietet: Frielingsdorf 2012a,b.

überhaupt: Rainer 1999). Diese positive Einschätzung der bildenden Wirkung von Kunstausübung in der Lehrerbildung hat sich seit Anbeginn der Waldorf-lehrerausbildung nur unwesentlich geändert. Damit diese für die allgemeine Lehrerbildung ungewöhnliche Sicht nachvollziehbar werden kann, soll nun erörtert werden, mit welchen Wirkungen der künstlerischen Betätigung in diesem Rahmen gerechnet wird.

Schaut man sich hierzu die inzwischen existierenden Metastudien zu den Transfereffekten künstlerischer Tätigkeiten (Bamford 2010; Rittelmeyer 2012, Winner/Goldstein/Vincent-Lancrin 2013) an, so ergibt sich folgendes Bild: Ja es gibt Transfereffekte, aber sie sind nicht so oft, so kausal oder so umfassend wie zumeist dargestellt nachweisbar. Oder sie sind inhaltlich so direkt und die Ergebnisse so offensichtlich, dass sie nicht viel weiter bringen (z.B. das Erlernen von Musik fördert die „Ausbildung auditiver Kompeten-zen; …Theaterunterricht beinhaltet die Analyse menschlicher Charaktere und überträgt sich auf die Fähigkeit, die Perspektiven anderer Personen zu verste-hen" (Winner et al. 2013: 11)). Es gibt an einigen wenigen Stellen aber auch sich widersprechende Ergebnisse. Andere sind wiederum methodisch nicht so gut erzielt, oder es sind nur Korrelationsstudien, so dass die Aussagekraft nicht eindeutig ist. Aber es gibt eben doch auch klare und weitreichendere Ergebnisse[2].

Im hiesigen Zusammenhang muss gesehen werden, dass davon kaum Studien auf die Wirkung von künstlerischer Übung auf den Erwachsenen zielen, denn die spannende Frage hier ist ja, ob das Schlüsselargument von Ellen Winner, „dass der hauptsächliche Beitrag, den kulturelle Bildung zu Innovationsgesellschaften leistet, in der Entwicklung umfassender und wich-tiger geistiger Kompetenzen liegt" auch noch für Erwachsene gilt. Dass „der Wert der Künste für die menschliche Erfahrung und Erkenntnis als Grund hinreicht, um ihre Präsenz in den Lehrplänen der Schulen zu rechtfertigen, ganz gleich, ob aus kultureller Bildung Transferwirkungen resultieren oder nicht" (Winner et al. 2013: 3), ist für eine Lehrerbildung allein für die meis-ten nicht mehr ausreichend.

Da man davon ausgehen darf, dass die Künste im schulischen Lernen und für die Entwicklung der Persönlichkeit in der Schulzeit hilfreich sind (vgl. auch Bastian 2001, 2005; Bamford 2009, 2010; Rittelmeyer 2012; Rumpf 2010, 2013), liegt der Gedanke immerhin nahe, dass sie auch im späteren lebenslangen Lernen, eine Rolle spielen können: Da Lernen doch wohl ein kontinuierlicher Prozess ist und sich im Laufe eines individuellen Lebens seine Wesensart nicht grundsätzlich, sondern nur in Intensität und Geschwin-digkeit verändert, darf daraus geschlossen werden, dass die Kräfte des künst-lerischen Tuns nicht nur bei Kindern, sondern auch im Erwachsenen-Lernen Wirkung zeigen.

---

2   Eine sinnvolle Kategorisierung und einen schnellen und guten Überblick erhält man in Winner et al. 2013, S. 6-11.

Christian Rittelmeyer bringt im vorliegenden Band im Zusammenhang mit der Embodied-Cognition-Forschung einen interessanten Verständnisansatz der nicht nur historisch-kulturelle Unterschiede überwinden kann, sondern möglicherweise auch einige ontogenetische Hürden. Er bezeichnet diesen sogar als anthropologisch ubiquitär, was mir nicht unberechtigt erscheint. So wundert es dann nicht, dass er seinen letzten Absatz damit beginnt:

„Evident scheint mir ferner – gerade auch im Hinblick auf die zitierten Forschungsarbeiten zu den Effekten des Lesens, Theaterspielens und Musizierens – die grundlegende Rolle *künstlerischer Aktivitäten* in der Lehrerbildung zu sein" (Rittelmeyer, in diesem Band).

Und in diesem Zusammenhang mit den bisherigen Ergebnissen der Embodied-Cognition-Forschung ergibt sich wie von selbst, was er bereits im Forschungsüberblick (Rittelmeyer 2012) betonte:

„Es kommt auf die künstlerische Betätigung an, nicht auf eine betrachtende Beschäftigung mit Kunst[3]. Denn in der physischen Eigentätigkeit macht der Mensch nicht nur seelische und geistige Erlebnisse, sondern eben mit dem ganzen Körper."

In Stuttgart werden in der Waldorflehrer-Ausbildung seit jeher die wissenschaftlichen, sowie die methodisch-didaktisch bzw. praxisorientierten Teile durch künstlerische Übungen mit ungefähr gleicher Gewichtung ergänzt. Die Erfahrungen damit sind nach wie vor positiv. Es soll sich aber für zukünftige Studienkonzepte nicht nur auf die praktisch-empirischen Erfahrungen verlassen werden. Daher gibt es aktuell diesbezüglich eine psychologische Wirkungsforschung zur Persönlichkeitsbildung in der Lehrerbildung mit empirisch-statistischen Mitteln, die besonders auch die Kunstausübung berücksichtigt. Im Fokus stehen dabei derzeit u.a. die Wirkungen der Künste auf Unsicherheitstoleranz und Empathie als Teilaspekte der Persönlichkeit. Die ersten Ergebnisse von Kuttner und Martzog (2016) deuten darauf hin, dass der oben behauptete Zusammenhang auch in dieser Weise mess- und aufzeigbar sein wird. Obwohl diese Ergebnisse auch nur auf korrelativen Daten beruhen, darf vermutet werden, dass im Zusammenhang mit den o.g. (Meta-)Studien eine Wirkung der künstlerischen Betätigung auf persönlichkeitsbildende Vorgänge auch im Erwachsenenalter besteht.

Erfahrung aus der bisherigen Hochschul-Lehrpraxis in der Lehrerbildung ist, dass die verschiedenen künstlerischen Betätigungsfelder ganz unterschiedliche Bereiche des menschlichen Seins ansprechen, ganz unterschiedliche persönliche Kräfte fordern und herausfordern. Dies tun sie relativ unabhängig von eventuellen individuellen Vorlieben oder Abneigungen zu einzelnen Künsten. Daher ist aus dieser Sicht auch eine dadurch differenziert-bildende Wirkung der unterschiedlichen Kunstsparten anzunehmen. Diese Sicht ist allerdings nicht ganz unabhängig vom Kunstverständnis, weshalb das hier

---

3 Ein unkreativer, auf Reflexion und (Meta-)Kognition abzielender Unterricht in den Künsten zeigt die hier aufgezeigten positiven Wirkungen nicht (Winner et al. 2013, S. 8f).

zugrunde liegende Verständnis kurz erklärt werden muss: Es geht in keiner der in der Lehrerbildung angewandten Künste um ein reproduzierend-konservierendes, rückwärtsgewandtes Kunstverständnis, das sich im Erlernen bestimmter erprobter Techniken erschöpft. Im Gegenteil, im Üben anhand z. Tl. ganz ursprünglicher, grundsätzlicher Übungen kann auf jedem Felde der einzelnen Künste die Aktualität des Zukünftigen im gegenwärtigen, künstlerischen Tun erfahrbar gemacht werden. Denn in diesem Verständnis wird in der Kunst Sinnliches in Form von Ideellem gestaltet, d.h. damit aber auch, dass im Moment des Gestaltens das letztendliche Ergebnis nicht gewusst werden kann, denn die Eigengesetzlichkeit und Eigendynamik des Materials muss erst im Prozess erspürt werden. Dieses, was da vom Material ausgeht, fließt somit in die schlussendliche Gestaltung mit ein. Es verwirklicht sich also nicht einfach stringent eine individuelle, vorgefasste Idee in das Sinnlich-Materielle, sondern das Materiell-Sinnliche wird in diesem „dialogischen" Prozess in die Form des Ideellen erhoben. Diese Wirksamkeit des Geistigen durch das „Wie" einer Kunst-Tätigkeit kann sich nur im Tun geltend machen, in der Kunstbetrachtung jedenfalls nicht gleichermaßen und aber schon gar nicht in Art eines rein betrachtenden und theoretisierenden Ästhetik-Unterrichts, der zwangsweise retrospektiv ist. Es ist, wie schon oben angedeutet wurde, die künstlerische Übung, das künstlerische Handeln das Entscheidende. Daher soll im Folgenden die Erlebniswelt der verschiedenen künstlerischen Handlungen in den unterschiedlichen Künsten ein Wenig erläutert werden. Die klare Trennung einzelner Sparten dient dabei nur der Klarheit der unterschiedlichen Kräftewirkungen und übergeht nur scheinbar alle heutigen Mischformen künstlerischen Schaffens. Vorerst muss aber das Üben in den Künsten in seiner Wirksamkeit noch näher beleuchtet werden.

2 Künstlerisches Üben: Zweckinstrument oder l'art pour l'art?

Die Künste werden im Sinne des weiter oben sich bereits andeutenden l'art pour l'art- Prinzips zwar um ihrer selbst Willen in der Lehrerbildung geübt, aber auch als Erlebnisfeld betrachtet, in dem man sich an sich selbst reibt, sich selbst übt und bildet. Die Erfahrung legt aber nahe, dass besonders und nur dann diese Wirkung eintritt, wenn sie nicht bewusst angestrebt wird, wenn die Künste nicht als Vehikel „missbraucht" werden, sondern nur, wenn die Kunst um ihrer selbst willen betrieben wird. Dieses scheinbare Paradoxon ist erklärungsbedürftig.

Es geht bei der künstlerischen Übung im Bildungsprozess weder um das Erschaffen zukünftiger und bleibender Kunstwerke, noch um die Entwicklung vorherbestimmter Persönlichkeitsmerkmale, sondern um den Reichtum an künstlerischen Erlebnissen durch den künstlerischen Prozess an denen man seine eigene Wirksamkeit, seine Wirkungsart und seine Schöpferfähigkeit erlebt. Im künstlerischen Schöpfungsprozess ist die betreffende Person innerlich frei und kann sich – quasi initiativ – bewusst und unbewusst – vor allem aber auch frei an diesen Erlebnissen bilden[4]. Daher wird aus verschiedenster Richtung gefordert, dass der Bildungswert der Künste an sich im Blick bleiben muss und nicht bloß als „Verstärker" für andere Fähigkeiten und Eigenschaften angesehen werden darf (Kern 2011b, Winner et al. 2013). Wäre es anders, müsste man fragen, warum man nicht einfacher ein spezifisches z.B. Selbstwirksamkeitstraining durchführt, wenn man z.B. Selbstwirksamkeit trainieren will.

Selbstwirksamkeitserwartung, Persistenz, Fehlerumgang und Reflexionsfähigkeit sind zweifelsfrei für beruflichen Erfolg und besonders auch im Lehrberuf wichtige Eigenschaften. Diese können nicht nur mit gezielten, isolierten Übungen entwickelt werden, sondern bei vielerlei Tätigkeiten, die die Chancen des Übens bieten. Das Überwinden von Hindernissen auf dem Weg zur Zielerreichung bedarf eines geschützten Raumes, bedarf einer gewissen Motivation, die sich aus dem Geist der Sache heraus gebiert und auf das eigene Innere zu übertragen vermag. Dies ist auf künstlerischem Felde gegeben. Dann übt sich mit wachsender Freude die Willenskraft, die im Zusammenhang mit dem Überwinden von Hindernissen, von unerwünschten Verhaltensweisen, Gewohnheiten und Emotionen gebraucht wird an der Sache und im direkten Kontakt mit konkreter Weltwirksamkeit. Es darf davon ausgegangen werden, dass die Kraft sich damit zu verbinden dann intensiver im Menschen wirkt, als wenn es Übungen sind, die von der Wirklichkeit losgelöst sind.

Das sei noch etwas erläutert: An den Resultaten der Kunst(aus)übung (wie auch seiner anderen Taten) begegnet der Mensch der Art, wie er gewöhnlich selbst etwas tut, in einem mehr oder weniger bleibenden Resultat. Diese Selbstbegegnung ist nicht immer angenehm, vergleichbar dem Erlebnis beim ersten Hören der eigenen Stimme in einer Tonaufnahme. Ist das Resultat einigermaßen gelungen bereitet es Freude, ist es nicht oder weniger Gelungen resultiert meist der Wunsch einer Veränderung beim nächsten Mal, um in Zukunft ein besseres Resultat zu erzielen. Dieser Umwandlungswunsch an das Resultat erfordert in der Konsequenz aber eine Umwandlung der eigenen Handlungsart: dies ein wunderbar intrinsisch motivierter Beginn einer Selbsterziehung, die – wenn, dann – rein aus freiem Willen ersteht. Die Nähe und Verwandtschaft dieser Motivation zum dem, was man gewöhnlich Kreativität, was man das Schöpferische nennt, scheint offensichtlich.

---

4 Es gibt im eigenen Hause wie auch in einer befreundeten (nicht-pädagogischen) Hochschule die Erfahrung, dass Studierende dagegen aufbegehren, wenn sie den Eindruck gewinnen, dass die künstlerische Betätigung nicht in diesem Sinne zweckfrei betrieben wird.

Die genannten Erscheinungen sind aber sozusagen nicht Ziel, sondern ein willkommener „Neben"effekt der künstlerischen Übung. Sie ermöglichen eine künstlerische Lebenseinstellung, Handlungs- und Denkensweise. Denn wenn die künstlerische Übung auf das eine Ziel diese Eigenschaften zu üben verengt wird, verliert es die charakteristische Ergebnisoffenheit eines echten künstlerischen Prozesses. Dieser findet nur dann als echt künstlerischer Prozess – in völliger *innerer* Freiheit von den von außen wirkenden Zielen – statt. Pablo Picasso drückt es so aus: „Wenn man vorher wüsste, was es wird, bräuchte man es nicht zu tun." Ich erlaube mir daher zu wiederholen: Nur wenn Kunst als L'art pour L'art praktiziert wird, kann das Ziel einer Persönlichkeitsbildung erreicht werden, von dem man eben noch nicht genau weiß, wie es aussehen wird.

2.1 Künstlerische und wissenschaftliche Haltung

Ein auf Wissen basierender Erkenntniserwerb ist selbstverständlich wichtig, aber etwas ganz anderes, ja gar etwas Gegensätzliches zur künstlerischen Haltung. Schauen wir uns daher an, wie der Mensch sich im künstlerischen Prozess bewusstseinsmäßig mit der Welt verbindet. Im künstlerischen Prozess, wie er hier gemeint wird, ist der Mensch mit wachen Sinnen und tiefer Anteilnahme in die jeweilige Handlung versunken. Diese Aufmerksamkeitshaltung steht im Gegensatz zur Bewusstseinshaltung beim wissenschaftlichem Denken und Beobachten. Bei Letzterem wird – zwar ebenso voll konzentriert – im Allgemeinen durch das den vorhandenen Dingen Gegenüberstehen versucht Objektivität, Erkenntnis und das intersubjektiv Vermittelbare zu erfassen. Es richtet der Mensch sein Bewusstsein auf das Vorhandene, auf dasjenige, was aus der Vergangenheit in das Jetzt hereinwirkt.

Im künstlerischen Akt muss der Mensch sich mit allen seinen Fähigkeiten mit der Sache verbinden, ganz der künstlerischen Wahrnehmung und Ausführung hingeben. Er muss mit dem vollen Bewusstsein *dabei, innerlich voll anwesend* sein und muss für die nächste Handlung eigene Regungen und Intentionen ebenso registrieren und berücksichtigen, wie die des Gegenstandes oder der Person, die mittut oder ihm gegenübersteht. Hier stehen wir vor einem Punkt eines künstlerischen Prozesses: dieser findet immer nur im Moment, im Jetzt statt und richtet sich auf ein Werdendes, auf ein noch unbekanntes Zukünftiges. Und das trifft sogar nicht nur für den Künstler selbst zu, sondern auch für den Betrachter, den Hörer oder anderweitigen Mitvollzieher. Denn erst in dem Moment, in dem das ‚Kunstwerk' durch einen Menschen wahrgenommen wird, er es in sich lebendig werden und damit wirken lässt, ist es eigentlich erst fertig und vermittelt. Und dasjenige was ggfs. materiell davon in der Welt verbleibt, ist eigentlich nur eine Art

Rest. Das Eigentliche, das Wesentliche des Momentes und des Prozesses lebt in den Seelen der Schöpfenden und der Wahrnehmenden weiter. Bei den Zeitkünsten (Musik, Eurythmie, Tanz, Schauspiel) wird diese seelisch wirkende Kraft ganz augen- bzw. „ohrenfällig" und damit die Nähe zur *Geistesgegenwart* offenbar.

2.2 Der künstlerische Moment als Handlungsimpuls

Wer aber nun bestimmte künstlerische Prozesse nicht mit der Leichtigkeit und Unbekümmertheit der Kindheit und Jugend erlebt und erübt hat, sondern erst in späterem Alter vollzog, kann aus eigenem Erleben vielleicht am besten beurteilen, was diese Prozesse dann später in ihm ausgelöst haben. Im fortgeschrittenen Alter ist das beobachtende und selbstkritische Bewusstsein in der Regel beteiligt und ganz anders in den Prozess involviert – und steht eben manchmal auch im Wege. Man trifft dann möglicherweise im ernsthaftem Suchen und Tasten auf im Moment unbeantwortete innere Fragen, auf ungewohnte und zum Teil erschütternde Erlebnisse, unter Umständen auf Einengungen oder Weitungen und Veränderungen der eigenen Weltsicht, vielleicht sogar eventuell auf Unsicherheitsgefühle, die als Anzeichen von einer mehr oder weniger starken Krisis gedeutet werden können. Krisis ist aber immer auch Ausgangspunkt für Entwicklung. Aber selbst wenn solche krisenhaften Erlebnisse schon früher durchgemacht wurden, steigert die immer wieder übende, künstlerische Betätigung die Sensibilität und die Urteilsfähigkeit für die einzelnen Prozesse, die sich hier vollziehen.

Schon das schlichte Stehen vor einer Gestaltungsaufgabe bei der man dem Material nicht einfach seine Vorstellung aufzwingt, sondern eine Gestaltungsaufgabe, die die Eigengesetzlichkeit des Materials mit einbeziehen soll, also das Stehen vor demjenigen, was das vorliegende Material einem als Aufgabe stellt, ist jeweils ein gewisses, kleines „Krisen"erlebnis. In den Zeitkünsten entsteht dieser Moment bereits aus der Unwägbarkeit und Unsicherheit des letztlich tatsächlich erzielten Resultats, das abhängig ist von dem situativen Erleben, von dem, was aus der Entwicklung des momentanen Geschehens heraus erst noch entstehen will und daher nicht vollständig und endgültig planbar ist.

Solcherart Aufgabenstellungen erfordern auch ein Loslassen-Können des bisher Erübten und Erlernten, der bisher erarbeiteten Vorstellungen, ein Loslassen desjenigen, an dem man sich sonst oft festzuhalten gewohnt ist. Eine solche Arbeit gelingt nur dann, wenn man sich – auf den Prozess einlassend – dasjenige zu erspüren versucht, was mir – als dem Ausführendem – aus dem Material oder aus dem im Moment Entstehenden entgegenkommt, wenn man also das ertastet, was erst noch im Werden ist und was noch Werden will. Die hier benötigt Fähigkeit fördert im besonderen Maße die Geistesgegenwart auf der reagiblen Beziehungsebene, eine im Lehrberuf dringend erforderliche Eigenschaft. Sie kann in intensivierter Weise am wahrhaften künstlerischen Prozess entwickelt werden und bildet eine der Grundlagen für eine Erziehungskunst. Das Sich-Üben in solchen Situation löst Verfestigtes, macht Handlungsmöglichkeiten geschmeidig und gibt Zuversicht und Sicherheit auch in Zukunft in völlig neuen Situationen mehr oder weniger angemessen passende Handlungsweisen finden zu können.

Die an den Künsten entwickelte Selbsterkenntnis und die erübten Wahrnehmungs- und Handlungsfähigkeiten sind demnach von unschätzbarem Wert und kommen nahezu direkt dem späteren Unterricht zugute, denn Unterricht ist Prozess; Unterrichten braucht prozessuales Wahrnehmen, Denken und Handeln.

Nach diesen mehr allgemeinen Gedanken zu dem künstlerischen Prozess soll nun im Folgenden noch auf dasjenige geblickt werden, was in den einzelnen künstlerischen Bereichen dazu geeignet ist, besondere Nuancen der künstlerischen Fähigkeit anders oder stärker zu fordern und zu entwickeln als in anderen Künsten, bzw. anderen Bereichen des Lebens und Lernens.

3   Die Künste als Erfahrungsraum und Übfeld

Die folgenden Darstellungen erheben in diesem Rahmen nicht den Anspruch der Vollständigkeit, sondern wollen nachvollziehbar machen, was in der Regel in der aktiven Auseinandersetzung mit ihr erlebbar werden kann.

3.1 Plastik – plastisches Üben

Das elementare Kräftewirken in der plastischen Kunst wird schon erlebbar in einer der Grundübungen: wenn zum Beispiel an einer aus Ton geformten Kugel Veränderungen vorgenommen werden, die zur Erscheinung bringen, dass man sich in die Kugel hineinversetzt und als Kraft irgendwo von innen nach außen drückt und drängt. (Interessanterweise sehen – diese Aufgabe in einer Gruppe gestellt – die Ergebnisse der einzelnen Personen zumeist sehr unterschiedlich aus und tragen erkennbar Spuren der Individualität, die daran gearbeitet hat) Aber auch in der umgekehrten Aufgabe: einer von außen drückenden Kraft auf eine Kugel oder eine Fläche, kann das diese Gestalt Bewirkende miterlebt werden. Wie anders sieht das Ergebnis dann aber aus, wenn die Kraft nicht von außen oder innen drückt, sondern ein Saugen von innen oder von außen auf die Außenfläche wirkt! Es entwickelt sich im Tastenden Erarbeiten dieser Gestalten, aber auch im anschließenden Betrachten der unterschiedlichen Resultate ein Gespür für das differenzierte Raumergreifen im Ausdehnen und Zusammenziehen und für das Einwirken der unterschiedlich von Innen und von außen auf einen Körper wirkenden Kräfte, für das Wachstums- und Formungsgeschehen. Bei entsprechender Reflexion der Ergebnisse und des Erlebten bildet sich ein mehr als bloß sinnliches Verständnis: man kann sagen, es bildet sich ein Organ für die formbildenden Kräfte, wie sie eben auch in der Ausprägung der individuellen Körpergestalt eines Menschen zum Ausdruck kommen. Indem man sich erlebend in das formende, plastizierende Gestalten von Massen und Volumina (z. B. mit Ton) hineinstellt, erfährt man etwas von den Bildekräften und -bewegungen und damit von dem, was sich und wie sich etwas im Raum lebendig ausbreitet, wächst, zurückzieht, gehemmt, geformt oder angeregt wird. „Deshalb sollte Modellieren vor allen Dingen Seminarwissenschaft sein; dann fängt man an, den Bildekräfteleib[5] zu begreifen" (Steiner GA 310: 141).

3.2 Malen – malendes Üben

Im malenden Üben beschäftigt sich der Mensch weniger intensiv mit den formenden Kräften als im Plastizieren. Die Farbflächen finden im Aneinanderstoßen zwar auch ihre Grenzen und bilden so Formen aber durchaus auch mal Übergänge. Günstigerweise wird mit fließenden Farbflächen gearbeitet, damit das von der Linie ausgehende Zeichnen sich nicht störend in die Tätigkeit einmischt: Denn mit der Linie erscheint zuerst die formende und einengende Grenze, die wenn sie nicht meisterhaft gesetzt ist, schnell kreativitätstötende Kraft entfaltet. Kann die Farbe aber mit dem Pinsel über das Blatt geschoben werden, dehnt sich die von ihr eingenommene Fläche nach und nach aus und findet erst allmählich ihre Form. Das seelische Empfinden kann so mit der Farbe mitgehen, beweglich bleiben und die Fläche zunehmend ergreifen. Im Umgang mit den bildgestaltenden, sich ausbreitenden Farbflächen kann schon in den Grundübungen mit wenigen Farben die Wirkungen der Farben im Sinne der sinnlich-sittlichen Wirkungen der Farbe (im Sinne J. W. v. Goethes) erfahren werden. Der Übende schwingt im Malprozess ständig hin und her zwischen den Bilde- und Formprinzipien einerseits und ande-

---

5   Steiner geht davon aus, dass auch die menschliche Leibesgestalt von Bildekräften gestaltet wird. Physiologische Erklärungen desselben zeigen auf, dass diese Bildkräfte über die Gene vermittelt werden, aber über das rein Materielle hinausgehen.

rerseits demjenigen, was man in den seelischen Stimmungen der Farben erleben kann.

Das malerische Gestalten von Stimmungen – ohne dabei in die konkrete Abbildung von etwas Gewordenem oder Vorhandenen zu gehen – ermöglicht jedem in diese Erlebnisbereiche einzutauchen. Das Spiel mit Kontrast und Übergang, mit Grenze und Farbverlauf ist ein Spiel des Interesse- und Wachheit-Erregens mit dem verträumt in die Tiefe der Farben Versinkens. Hier befindet sich der Malende fortwährend auf einer Suche nach einem Gleichgewicht zwischen den Farben, der Komposition, sowie der Differenzierung der Zwischentöne ohne dabei aus einer vorher gefassten Vorstellung heraus zu malen.

3.3 Musik – musizierendes Üben

Musik ist zuerst einmal vorstellungsfrei, was ihren Inhalt angeht. Andererseits kann man ohne eine Klangvorahnung, eine Tonvorstellung nicht einmal einen ersten Ton singen. Mit dem Ton bringt man das Innerste eines Wesens oder Gegenstandes zur Erscheinung. Dieses wird im Innersten eines anderen erfahrbar und trifft dort mehr oder weniger auf Resonanz.

Das innere musikalische Erlebnis kann uns mit seinen fein differenzierten und sich in ständigem Fluss veränderten seelischen Gefühlsfärbungen und Regungen in direkten Kontakt mit unserem, aber auch mit einem fremdem Gefühls- und Empfindungsleben treten lassen, so dass wir die Chance bekommen, beide in anschließender Reflektion zu verstehen (vgl. Steiner GA 310: 141; Steiner GA 309: 47f). Es muss aber ein wirkliches, innerliches Erleben der wirkenden, der inneren musikalischen Kräfte sein (Steiner GA 310: 144), nicht bloß das alltägliche Hören einer vorbeirieselnden Beschallung oder ein bloßes Genießen der eigenen von Musik ausgelösten Assoziationen und persönlichen Empfindungen.

Im Musikalischen hat der Mensch die Möglichkeit seelisch sich im Immateriellen und in den rein prozessualen Vorgängen zu erleben. Hier übt man sich empfindend in Spannung und Entspannung, in Aufbau- und Abbauprozessen, die sich in der Zeit vollziehen und emotional stark wirken können. Die hier wirkenden Kräfte sind nur im fühlenden, inneren (Mit-)Gestalten, nur in sich fortwährend verändernder seelischer Tätigkeit erfahrbar. Daran kann sich das erlebende Verständnis für die Gefühlswelt des Menschen entwickeln, vertiefen und differenzieren. Dieses Verständnis wird sich in ein Wahrnehmungsorgan für die eigene und fremde Gefühlwelt umwandeln.

Wenn hier von Musikerlebnis gesprochen wird, ist zwar bisher das hörende und das selbst-musizierende Erlebnis gemeint. Dennoch ist allein schon aus eigenen Erfahrungen heraus deutlich, dass das eigene aktive Musizieren in seiner Rückwirkung auf den Menschen das intensivere Erlebnis und somit die tiefergehende Erfahrungsmöglichkeit am musikalischen Ereignis darstellt oder wenigstens darstellen kann (vgl. auch Spitzer 2005: 169ff). Im musikalischen Tun liegt dann auch wiederum ein Motivationsquell, der nicht hoch genug einzuschätzen und besonders geeignet ist, den Menschen in seiner Willensbildung zu unterstützen durch das wiederholentliche Tun, durch Aufgaben, die bewusst ergriffen, möglichst über einen längeren Zeitraum jeden Tag auszuführen sind (vgl. Bollnow 1978, Steiner GA 293: 76f). Hier in der Zeitkunst fällt dem individuellen Übeprozess im künstlerischen Element eine hervorragende Rolle zu, da der Fortschritt im Künstlerischen, besonders aber im Musikalischen und in der Eurythmie, noch mehr auf der regelmäßigen Übung beruht als in den anderen Künsten. Diese künstlerische Betätigung bereitet darüber hinaus immer wieder auch Freude und motiviert damit gleichzeitig für die erneute Übung am nächsten Tag (vgl. Steiner GA 293: 76f; Steiner GA 294: 177). Dies kann man auch als Erwachsener an sich selbst beobachten.

Daneben übt man im gemeinsamen Musizieren und Singen immer auch das differenzierte Integrationsvermögen in ein soziales Ganzes, denn ohne diese Integration kann der gemeinsame musikalische Prozess nicht gelingen. Es ist unter anderem auch ein Integrieren der eigenen Stärken und Schwächen, aber auch derjenigen der anderen. Aber auch das Einfühlen in die Empfindungswelt der anderen und deren Integrieren ist hier gefordert im gegenseitigen Aufeinander Horchen. Und nicht zuletzt sei hier noch die Übung in Hingabefähigkeit genannt, die für jedes erfüllte Musizieren Bedingung und Ziel gleichermaßen ist.

3.4 Sprachgestaltung – sprechendes Üben

Genauso wenig wie das plastische Gestalten, das Malen oder die Musik in der Lehrerbildung primär deshalb unterrichtet werden, weil man sie vielleicht nachher im „Rhythmischen Teil" des eigenen Unterrichts anwenden kann, so ist auch der Sprachgestaltungsunterricht nicht vorrangig Ausbildungteil zur Ausbildung des Lehrerwerkzeugs „Stimme" (vgl. Steiner GA 310: 144; Steiner GA 309: 47), damit diese Pflege und Stärkung erfährt.

Mit der Sprache haben wir ein Element, das durch sein häufiges Hineingezogen-Sein in den Alltag, in die konkrete Informationsübermittlung vielleicht am stärksten seinen intuitiv-künstlerischen und universellen Ursprung verloren hat. Geht man ganz auf die einzelnen Elemente der Sprache zurück, ist dies am ehesten nachvollziehbar.

Die primäre Lautschicht der Sprache hat pantomimischen oder gebärdenhaften Charakter und ist in diesen Gebärden in jeder Sprache gleichartig. Die seelische Regung bei einer spontanen Lautäußerung beim Ertönen eines „Aaah" ist eine ganz andere als beim „Oooh", sie ist aber andererseits erstaunlich universell verständlich. Dies ließe sich jetzt für alle weiteren Vokale und Konsonanten weiter differenzieren und sogar noch innerhalb einzelner Vokale. Über diese Schicht wirkt die Sprache unbewusst auf den Hörer. Jeder Vokal und jeder Konsonant ist ein wesenhaftes Element des Kunstwerkes Sprache mit einem Eigenleben und eigenen Gesetzmäßigkeiten, mit denen umzugehen ein künstlerischer Prozess ist, der viel Hingabe und Übung erfordert. Ergebnis dieser Übung, mit Bewusstsein und seelischer Präsenz ausgeführt, sind erfahrbare Wirkungen bis ins Habituelle und sogar bis ins Leibliche hinein. In der Sprachgestaltung, in dem künstlerisch gestalteten Sprechen wird somit dem rein begrifflich-symbolhaften Verständnis von Laut und Wort eine neue Erfahrung hinzugefügt.

Darüber hinaus spürt man aber im künstlerisch gestalteten Sprechen vorhandener Dichtung auch dem schöpferischen Prozess des Dichters nach. Es wird über dieses Nachschaffen Bewusstsein für die Gestaltungskräfte und geistige Wirkungen der Sprache errungen und es bildet sich an der Übung in der Sprache und an der Struktur der Sprache ein Erlebnis und durch Reflexion auch ein Bewusstsein für die Ich–Organisation des Menschen (vgl. Steiner GA 308, S 54f).

Zu all dem kommt eine weitere essentielle Erfahrung, die eine starke Herausforderung für die Selbst-bewusste Führung der eigenen Handlung wird: Jeder, der schon versucht hat, im Alltag an der Deutlichkeit seiner Aussprache oder seinen Sprechtempo momentan oder dauerhaft etwas zu verändern, weiß was hier gemeint ist: derjenige weiß, wie schwer dies ist, und welche Aufmerksamkeit, Selbstkontrolle und Übung das erfordert! Besonders dann, wenn es seine klangliche „Natürlichkeit" wieder erlangen und in Zukunft Gewohnheit werden soll. In der bewussten Gestaltung der Laute, Worte und der gesamten lebendigen Sprache ist dies eine immerwährende Aufgabe, die die eigenen Ich-Kräfte herausfordert.

3.5 Eurythmie – eurythmisches Üben

In der als Bühnenkunst entstandenen Eurythmie werden die Stimmungen, der Inhalt und die Intention von Dichtung (Lauteurythmie) und Musikstücken (Toneurythmie) in bewusst gestalteten, individuellen Gebärden und Bewegungen des eigenen Leibes im Raum sowie in Gruppenchoreographien dargestellt. Durch die eigenen – quasi großformatigen eigenen – Bewegungen stellt sich unmittelbar eine Sensibilisierung für die Qualitäten von Sprache, Musik und Bewegung ein. Deren feineren inneren Bewegungen werden leichter und differenzierter erfahrbar. Andererseits eröffnen sich mit den

intensivierten Wahrnehmungen der eigenen Bewegungen, auch die Wahrnehmungsmöglichkeiten an den Bewegungen Anderer (Kommilitonen, Schüler, Kollegen ...).

Die bewusste Auseinandersetzung mit der eigenen Bewegung stellt den
Studierenden unter anderem die Frage, inwieweit sie in der Lage sind, die
eigene Gestalt mit dem Umkreis in eine wirksame Beziehung zu setzen. Sie
sehen sich vor der Aufgabe, die eigenen Bewegungen mit Empfindung zu
durchdringen und gestisch-sprechend werden zu lassen und dabei gleichzeitig
die Wahrnehmungsfähigkeit für die in einem Raum sich befindenden Bewegungen und Stimmungen zu schärfen (vgl. Steiner GA 304: 117). Natürlich
helfen die eurythmischen Übungen auch, sicherer und in Bezug auf die Wirkung der eigenen Gestalt bewusster vor Schülern zu stehen und letztlich mit
seelisch erfüllten und intentionalen Bewegungen in kommunikative und
räumliche Beziehung einzutauchen. Eine aber noch tiefere Wirkung beschreibt Steiner, indem er aufzeigt, dass im physischen Tun der Toneurythmie bewusst an der Ausgestaltung des seelischen Menschen gearbeitet wird
und in der Lauteurythmie an der Ausgestaltung des geistigen Menschen (vgl.
Steiner GA 308: 55), was mit den bei diesen Künsten geschilderten Kräftewirkungen korrespondiert.

Mit diesen fünf Beschreibungen sollten Eckpunkte aufgezeigt sein. Auch
wenn noch Zeichnen, Formenzeichnen, darstellende Übungen (Theaterspiel),
und ggfs. sogar Installationen oder „Land-art" (u.s.w.) fehlen, die alle in
diesem Reigen bedeutend mitzuwirken in der Lage sind, soll es hier dabei
bleiben. Rudolf Steiner selbst stellte in seinen Vorträgen sogar nur drei Künste als „Lehrerkünste" in den Mittelpunkt: das plastische, das musikalische
Schaffen und die Sprachgestaltung und zeigte ihren engen Zusammenhang
mit der Wahrnehmungsorgan-Bildung für Lebendig-Formbildendes (Plastik),
für Beseelt-Empfindendes (Musik) und Geistig-Ichhaftes (Sprachgestaltung)
auf (vgl. Steiner GA 308: 52ff; Steiner GA 310: 140ff). Diese Reduktion auf
drei Künste wäre aber falsch verstanden, wenn sie so aufgefasst würde, dass
damit die anderen Künste oder Mischformen aus diesem Wirkungsreigen
ausgeschlossen werden.

4 Künstlerischer Unterricht als Ausgangspunkt und Ziel der Erziehungskunst

Wenn Pädagogik als in Interaktion stattfindend betrachtet wird, liegt ihre
enge Beziehung z. B. zu den Zeitkünsten auf der Hand; diese zählen als
Künste an sich nicht umsonst zu den Sozialkünsten, weil sie Verlauf und

Entwicklung beinhalten. Aber auch künstlerische Prozesse an einer weißen Fläche, an einem Tonklumpen, wenn quasi aus dem Nichts etwas entstehen soll, sind etwas, wo man noch nicht (genau) weiß, was es werden wird. Entsteht dieser Moment im Prozess, übt man immanent Offenheit übt für das, was mir aus dem Material oder aus dem erst entstehenden Gegenüber entgegenkommt, um dieses in den Gestaltungsprozess mit einzubeziehen. Auch hier drängt sich die Nähe und Analogie zu Unterrichtsvorgängen auf. Des Weiteren mutet die Fähigkeit z.B. die Rhythmen des Unterrichts zu erleben, die Stimmungen im Klassenraum zu spüren, musikalisch an. Auch die Fähigkeit, verschiedene Handlungsstränge gleichzeitig in einer Art kontrapunktischer Polyphonie zu verfolgen und zu steuern und in ein harmonisches Ganzes zusammenlaufen lassen zu können, kann man nicht anders als musikalisch begreifen und beschreiben. Dies sind sicherlich unbestrittene Voraussetzungen für eine Unterrichtsführung, die sich zu einer Erziehungskunst entwickeln will.

Die seelischen Wirkungen künstlerischer Übung sind wie bereits dargelegt tiefgreifend. Sie steigen metamorphosiert aus dem Innersten auf andern Gebieten menschlicher Betätigung als grundlegende Fähigkeiten der Persönlichkeit auf und stehen dann dem Unterrichtsprozess zur Verfügung. Z.B. wirkt die Auseinandersetzung in der Sprachgestaltung mit dem, was im Sprachgeist lebt und dem, was man im Umwandeln der eigenen Sprache erlebt, letztlich auch auf eine besondere Strahlkraft des sprachlichen Ausdrucks einer Lehrperson. Aber auch die positive Wirkung auf die Willensbildung im Erwachsenenalter durch das künstlerische Üben wird im Lehrberuf eine große Hilfe darstellen. Wie bereits schon zur Musik ausgeführt, steckt in diesem Motivationsquell eine sich scheinbar selbst perpetuierende, eine sprudelnde Kraft. Kreativität, Einsatzfreude und Engagement sind zweifellos Eigenschaften, die im Lehrberuf äußerst hilfreich sind.

Ein fundamentaler Punkt scheint mir aber auch folgender zu sein: Die Konfrontation und Auseinandersetzung mit der Sache und mir selbst, die im künstlerischen Üben zur Wirkung kommt, findet in einem Freiraum statt, der Freiheit ermöglicht und somit vermag, dass ich mich als Mensch, als schöpferisches Wesen in meinem innersten, kreativen Pol angesprochen und aufgefordert erlebe, um Welt zu gestalten. Ein Üben aus diesem innersten Pol heraus stärkt nicht nur die Kreativkraft, sondern auch die Fähigkeit, die eigenen Impulse im angemessenen Verhältnis zu vorliegenden Bedingungen der Außen- und Umwelt zu verwirklichen. Die Wahrnehmung des Anderen und das Umsetzen der daraus erstehenden Impulse sind zwei gegensätzliche innere Tätigkeiten, die im künstlerischen Üben in feiner Weise und ständiger Abwechslung ineinander wirken und sich gegenseitig befruchten und verstärken. Vereinseitigungen hierbei zur einen oder zu anderen Seite werden im künstlerischen Üben schnell sichtbar und als Störfaktor erlebbar.

Es ist unschwer zu erkennen, dass das hiermit Beschriebene eine frappierende Ähnlichkeit zu pädagogischen Lehr-Lernprozessen aufweist. In der pädagogischen Situation tritt zu diesen Prozessen noch der berechtigte Eigenwille des Gegenstandes, also des sich entwickelnden Menschen zu dem hinzu und damit ggfs. so manches, was an Störungen in das pädagogische Geschehen einwirken kann. All das gilt es in das erziehungskünstlerische Handeln einzubeziehen und gewissermaßen zu harmonisieren. Das kann und sollte nicht erst am lebendigen „Versuchsobjekt" ausprobiert und geübt werden, wenn eine Ausbildung zum Lehrerberuf verantwortungsvoll auf den Umgang mit den Heranwachsenden vorbereiten will.

4.1 Ernsthaftes Üben – gefahrloses Spiel

Hier greift ein anderer wesentlicher Vorteil der künstlerischen Übung in der Lehrerbildung: die sich entwickelnde, übende, zukünftige Lehrkraft kann und darf hier neben der Selbstentwicklung – ohne großen Schaden anzurichten – Fehler machen, um daran zu lernen, welche eigene Eigenart zu dem Fehler geführt hat. Ein im Folgenden sich anschließendes Üben gegen diesen Fehler ist ein Üben gegen die Art und Weise wie man selbst eine solche Aufgabenstellung angeht und damit ein sukzessives Umwandeln dieser Eigenart. Gelingt diese Umwandlung zunehmend, darf damit gerechnet werden, dass die betreffende Person in der Lage sein wird, diese Verwandlung des eigenen Handelns, Fühlens und Denkens auch auf zukünftige Situationen mit vergleichbaren Aufgabenstellung zu übertragen. Zumindest, wenn sie weiterhin ein übender, sich selbst weiter entwickelnder Mensch bleibt. Damit besteht die Hoffnung, dass die nicht vorwegnehmbare Phase des Ausprobierens in der konkreten pädagogischen Situation deutlich verkürzt wird, denn auch trotz künstlerischer Übung wird die eigentliche Ausbildung zum Lehrer durch die Schüler stattfinden.

Hiermit konnte vermutlich sichtbar werden, dass nicht nur in Bezug auf den Kreativ-Quell im eigenen Inneren, sondern auch in Bezug auf das „Objekt" des Handelns für das Verständnis des künstlerischen Vorgangs bei allem ihm innewohnenden Ernst der Begriff des „Spiels" im Sinne Schillers als passend angesehen werden kann. Ernsthaftes Üben und gefahrloses Spiel sind demnach kein Widerspruch sondern bedingen sich im künstlerischen Üben gegenseitig.

5 Einspruch

Es bleibt zu fragen, ob das hier Dargelegte je (mono-)kausal mit empirisch-statistischen Mitteln zu beweisen sein wird. Derzeit gibt es etliche Studien mit korrelativen Ergebnissen und mehr oder weniger plausible Erklärungen. Das mag aus wissenschaftlicher Sicht mit dem Ziel verallgemeinerbarer Ergebnisse nicht ganz befriedigend sein. Die verwandelnden Prozesse im künstlerischen Üben, die darzulegen hier versucht wurde, verlaufen aber eben multifaktoriell individualisiert und stellen sich damit einer messenden Wissenschaft im gewissen Maße entgegen. Hinzu tritt die Unberechenbarkeit der Kreativität des einzelnen Ich. Wiederholbare oder gar vorhersagbare Ergebnisse werden dadurch weiter erschwert. Zumindest scheint der Aufwand immens, methodisch gesichert umfassende und gleichzeitig lebensgemäße Aussagen zur Wirkung der Künste zu treffen.

Pädagogen, die mit den Künsten zu tun haben, behaupten jedoch immer wieder, dass sie die Wirkungen der Kunstausübung bei sich und bei den Lernenden beobachten. Da tritt in das Interessenfeld die Frage, inwieweit es sich hier nur um Einbildungen oder um den Effekt einer self-fulfilling prophecy handelt. Diese Frage soll hier nicht geklärt werden und offen bleiben. Aber als Pädagoge darf man in Bezug auf die Möglichkeit einer self-fulfilling prophecy auch sicherlich (vorerst) antworten: Angenommen, der bildende Effekt der Künste in der Lehrerbildung tritt an der entsprechenden Hochschule nur als Pygmalion-(Rosenthal-)Effekt ein: Sei es drum! Er ist möglich und das wäre dann das Entscheidende. Gewiss, das ist wissenschaftlich nicht befriedigend. Aber, auch wenn ein statistisch-wissenschaftlicher Beweis sicherlich beruhigende Sicherheit ausstrahlen würde, im Pädagogischen gilt es positiv nach vorne zu schauen, Lernende positiv zu unterstützen und zu motivieren: da darf auch ein Pygmalion-Effekt hilfreich sein; oder: als Künstler und Pädagoge möchte ich die Beweislast umkehren und „unwissenschaftlich" und frech, aber vielleicht menschlich angemessen fragen: Worin liegt denn der Schaden einer künstlerischen Betätigung? Und wer kann das gesichert nachweisen?

6 L'art pour l'art in der Waldorflehrerbildung

Abschließend: Es wurde dargestellt, dass die künstlerische Übung in der Lehrerbildung nur dann in dem hier gemeinten Sinne ihre Wirksamkeit erreicht, wenn sie quasi als „L'art pour L'art", also um des Ausübens Willen selber, betrieben wird und nicht nur wegen der Entwicklung vorher zu bestimmender Persönlichkeitsmerkmale. Rudolf Steiner rückte daher die künstlerische Tätigkeit und Fähigkeit mit der voranschreitenden Entwicklung der ersten Waldorfschule in Stuttgart zunehmend ins Blickfeld der Lehrerbildung. Insbesondere die sogenannten „Lehrerkünste" zum besseren inneren Verständnis der menschlichen Wesensglieder bildeten dabei den Mittelpunkt (vgl. Steiner GA 307: 83) der Aufmerksamkeit. Ihm war aber neben dieser damit anvisierten Organbildung auch die Selbsterziehung der Lehrer wichtig, denn aus seiner Sicht entstehe durch sie das richtige Lehrer-Bewusstsein, aus dem heraus unterrichtet werden kann, und mit der auch ein notwendiges Seelenstudium. Bereits im Jahr 1907, noch weit vor der Gründung der ersten Waldorfschule, postulierte Steiner:

„Seelenstudium ist das wichtigste Element der Lehrerbildung. Nicht wie die Seele entwickelt werden soll, soll man wissen, sondern man muss sehen, wie der Mensch sich wirklich entwickelt. Und jedes Zeitalter stellt andere Forderungen an den Menschen, so dass allgemein gültige Schemen wertlos sind. Zum Lehrer gehört nicht Wissen und Beherrschen der Methoden der Pädagogik, sondern ein bestimmter Charakter, eine Gesinnung, die schon wirkt, ehe der Lehrer gesprochen hat. Er muss, bis zu einem gewissen Grade, eine innere Entwicklung durchgemacht haben, er muss nicht nur gelernt, er muss sich innerlich verwandelt haben" (Steiner GA 55: 136f).

Eine Lehrerbildung in diesem Sinne muss demnach als „Herzstück" die künstlerische Erfahrung und Übung ermöglichen – gleichberechtigt neben der Vermittlung der wissenschaftlichen Erkenntnis und den handlungspraktischen, methodisch-didaktischen Kenntnisse. Denn damit kann Beziehungsfähigkeit ermöglicht, Lehrergesinnung angelegt und den Studierenden Anlässe geboten werden, Verwandlungsbereitschaft zu üben. Sie können anfangen sich umzugestalten und damit das von Steiner als wichtigstes Element der Lehrerbildung geforderte Seelenstudium beginnen, um so zu wirksamer Menschenerkenntnis zu gelangen. Damit wird dieser so übende Mensch zum Erzieher im Sinne der Waldorfpädagogik und Lehrerbildung kann auf diesem Felde ihre Mission erfüllen: „In jedem Menschen ist ein Erzieher; aber dieser Erzieher schläft, er muß aufgeweckt werden, und das Künstlerische ist das Mittel zum Aufwecken" (Steiner GA 217:162).

Literatur

Bamford, Anne (2006): The wow factor – global research compendium on the impact of the arts in education, Münster: Waxmann.
Bamford, Anne/Liebau, Anke (Übers) (2010): Der Wow-Faktor – Eine weltweite Analyse der Qualität künstlerischer Bildung, Münster: Waxmann.

Bastian, Hans Günther (2001): Kinder optimal fördern – mit Musik: Intelligenz, Sozialverhalten und gute Schulleistungen durch Musikerziehung, Mainz: Schott Music.

Bastian, Hans Günther (2005): Kinder optimal fördern – mit Musik, Basel.

Bauer, Horst Philipp (2006): Waldorfpädagogik – Perspektiven eines wissenschaftlichen Dialoges, Wien.

Bollnow, Otto Friedrich (1978): Vom Geist des Übens – Eine Rückbesinnung auf elementare didaktische Erfahrungen, Freiburg.

Buck, Peter/Kranich, Ernst-Michael (Hrsg.) (1995): Auf der Suche nach dem erlebbaren Zusammenhang, Weinheim: Beltz.

Bund der Freien Waldorfschulen (2008): Waldorflehrerbildung im Bologna-Prozess, Stuttgart: Bund der freien Waldorfschulen.

Frielingsdorf, Volker (2012a): Waldorfpädagogik in der Erziehungswissenschaft, Weinheim u.a.: Beltz Juventa.

Frielingsdorf, Volker (2012b): Waldorfpädagogik kontrovers. Ein Reader, Weinheim: Beltz Juventa.

Gabert, Erich (1961): Lehrerbildung im Sinne Rudolf Steiners, Stuttgart: Freies Geistesleben.

Götte, Wenzel/Schad, Albrecht/Hutter, Walter/Kern, Holger (2009): Der Mensch selbst soll Methode werden – Zur Oberstufenlehrerausbildung in Stuttgart. In: Erziehungskunst, 73, 3, S. 312-315.

Hansmann, Otto (Hrsg.) (1987): Pro und Contra Waldorfpädagogik, Würzburg: Königshausen und Neumann.

Kayser, Martina/Wagemann, Paul-Albert (1996): Wie frei ist die Waldorfschule? – Geschichte und Praxis einer pädagogischen Utopie, München: CH Links.

Kern, Holger (2011a): Wir haben die Kunst, damit wir nicht an der Wahrheit zugrunde gehen – Künstlerische Übung als Lehrerbildung. In: Willmann, Carlo (Hrsg.), Waldorfpädagogik studieren. Wien, Berlin, Münster: Lit, S. 73-88.

Kern, Holger (2011b): Mozart ist nicht dazu da, schlau zu machen – Erst durch künstlerische Tätigkeit wird der Mensch vollständig. In: Erziehungskunst, 75, S. 10, 13-15.

Kiersch, Johannes (1978): Freie Lehrerbildung – Zum Entwurf Rudolf Steiners, Stuttgart: Freies Geistesleben.

Kiersch, Johannes (2001): Alternative Konzepte für die Lehrerbildung, Bd. 2., Akzente, Bad Heilbrunn: Klinkhardt.

Kowal-Summek, Ludger (1993): Die Pädagogik Rudolf Steiners im Spiegel der Kritik, Pfaffenweiler: Centaurus Verlag.

Kranich, Ernst-Michael (2000): Welche Wissenschaft braucht der Lehrer? – Gedanken zu einem heiklen Thema. In: Rumpf, Horst/Kranich, Ernst-Michael (Hrsg.), Welche Art von Wissen braucht der Lehrer? Stuttgart: Cotta, S. 41-76.

Loebell, Peter/Kern, Holger (2007): Auf dem Weg nach Bologna. In: Erziehungskunst, 71, 12, S. 1359-1361.

Martzog, Philipp/Kuttner, Simon/Pollak, Guido (2016). A Comparison of Waldorf and non Waldorf student Teachers social emotional Competences: Can Arts engagement explain Differences? In: Journal of Education for Teaching, S. 42, 1-14.

Müller, Walter (1999): „Ver-Steiner-te" Reformpädagogik oder: Ist die Waldorfschule trotz Anthroposophie eine gute Schule?; In: Oelkers, Jürgen; Böhm, Winfried (Hrsg.), Reformpädagogik kontrovers, Würzburg: Ergon, S. 105-125.

Prange, Klaus (1985): Erziehung zur Anthroposophie – Darstellung und Kritik der Waldorfpädagogik, Bad Heilbronn: Klinkhardt.

Rainer, Marlies (1999): Künstlerische Tätigkeit in der Erwachsenenbildung. In: Houten, Coenraad v. (Hrsg.), Erwachsenenbildung als Willenserweckung, Stuttgart: Freies Geistesleben, S. 189-193.

Randoll, Dirk/Veiga, Marcelo da (Hrsg) (2013): Waldorfpädagogik in Praxis und Ausbildung – Zwischen Tradition und notwendigen Reformen, Wiesbaden: Springer.

Rittelmeyer, Christian (2012): Warum und wozu ästhetische Bildung? Über Transferwirkungen künstlerischer Tätigkeiten. Ein Forschungsüberblick. 2. Aufl, Oberhausen: Athena Verlag.

Rumpf, Horst (2010): Was hätte Einstein gedacht, wenn er nicht Geige gespielt hätte?, Weinheim: Beltz Juventa.

Rumpf, Horst (2013): Theaterlernen – sich einlassen auf fremde Welten, Baltmannsweiler: Schneider Verlag.

Rumpf, Horst/Kranich, Ernst-Michael (2000): Welche Wissenschaft braucht der Lehrer?, Stuttgart: Cotta.

Schiller, Hartwig (2008): Physiognomie der Lehrerbildung – Menschen, Ideen und Praxis an der Freien Hochschule Stuttgart, Bund der Freien Waldorfschulen: Stuttgart: Edition Waldorf.

Schneider, Wolfgang (1992): Das Menschenbild der Waldorfpädagogik, Freiburg: Herder.

Spitzer, Manfred (2005): Musik im Kopf, New York: Schattauer.

Steiner, Rudolf (GA 55): Die Erkenntnis des Übersinnlichen in unserer Zeit und deren Bedeutung für das heutige Leben.

Steiner, Rudolf (GA 217): Geistige Wirkenskräfte im Zusammenleben von alter und junger Generation – Pädagogischer Jugendkurs. Dreizehn Vorträge, Stuttgart 1922.

Steiner, Rudolf (GA 293): Allgemeine Menschenkunde als Grundlage der Pädagogik.

Steiner, Rudolf (GA 294): Erziehungskunst – Methodisch-Didaktisches.

Steiner, Rudolf (GA 295): Erziehungskunst – Seminarbesprechungen und Lehrplanvorträge.

Steiner, Rudolf (GA 304): Erziehungs- und Unterrichtsmethoden auf anthroposophischer Grundlage.

Steiner, Rudolf (GA 307): Gegenwärtiges Geistesleben und Erziehung.

Steiner, Rudolf (GA 308): Die Methodik des Lehrens – und die Lebensbedingungen des Erziehens.

Steiner, Rudolf (GA 309): Anthroposophische Pädagogik und ihre Voraussetzungen.

Steiner, Rudolf (GA 310): Der pädagogische Wert der Menschenerkenntnis und der Kulturwert der Pädagogik.

Ullrich, Heiner (1986): Waldorfpädagogik und okkulte Weltanschauung, Weilheim/München: Beltz Juventa.

Vogt, Jürgen (1995): Der Klingende Kosmos, Mainz: Schott Music.

Willmann, Carlo (Hrsg.) (2011): Waldorfpädagogik studieren, Berlin-Münster-Wien-Zürich-London: Lit.

Winner, Ellen/Goldstein, Thalia R./Vincent-Lancrin, Stéphan (2013): Kunst um der Kunst Willen? – Ein Überblick, Paris: OECD Publishing.

Wissen oder Können? Prozesse und Ergebnisse universitärer Lehrerbildung im Licht empirischer Bildungsforschung

Hans Gruber & Birgit Eiglsperger

1 Einleitung: Finnland als Bildungsmotor – forschungsorientierte Lehrerbildung

Noch größer als der PISA-Schock, der – berechtigt oder unberechtigt – Deutschland nach Veröffentlichung der ersten OECD-PISA-Studie erfasste, war das Staunen über das herausragende Ergebnis, das Finnland erzielte. Gerade Finnland! Ein an Europas äußerstem Rand gelegenes Land, dessen Sprache nirgendwo (außer in Estland) verstanden wird, das vor allem durch seine endlose Seen- und Waldlandschaft bekannt ist und das sich – eingekeilt zwischen Schweden und Russland, die sich über Jahrhunderte die Vormachtstellung im Ostseeraum streitig machten – durch den verzweifelten Kampf um Neutralität auszeichnet, die beispielsweise dazu führte, dass die ersten Konferenzen der Organisation für Sicherheit und Zusammenarbeit in Europa (OSZE) in Finnland stattfanden und mit der Schlussakte von Helsinki 1975 Geltung fanden. Mochte das Abschneiden Finnlands in der ersten PISA-Studie noch als Zufall abgetan werden – nachdem sich das Ergebnis in den folgenden Studien replizieren ließ, wurde das Interesse am finnischen Bildungsweg doch international geweckt (dabei sei angemerkt, dass die Finninnen und Finnen über das Ergebnis wenigstens ebenso überrascht waren wie die internationale Gemeinschaft). Es ließen sich – zur allgemeinen Enttäuschung – keine didaktischen Zaubertricks finden, die bisher der internationalen Erziehungswissenschaft verborgen geblieben wären. Auch zeichneten sich die finnischen Lehrkräfte nicht durch ein besonderes Charisma aus. Was aber bemerkenswert war und ist, ist der offenkundig hohe Stellenwert, der der Bildung im Allgemeinen und der Schulbildung im Besonderen in Finnland beigemessen wird.

Dieses Renommee gründet vor allem auf der Expertise der Lehrkräfte: „The Finnish advantage: The teachers" – so die Überschrift zum dritten Kapitel in Sahlbergs (2011) Buch „Finnish lessons. What can the world learn from educational change in Finland?" Dieses Kapitel wird so eingeleitet:

"Many factors have contributed to Finland's educational system's current fame, such as its 9-year comprehensive school (*peruskoulu*) for all children, modern learning-focused curricula, systematic care for students with diverse special needs, and local autonomy and shared responsibility. However, research and experience suggest that one factor trumps all others: the daily contributions of excellent teachers" (Sahlbergs 2011: 70).

Es werden drei Faktoren genannt, die dazu beitragen, dass Exzellenz bzw. Expertise entstehen können: a) Selektive Aufnahme von Studieninteressierten in das Lehramtsstudium. Schon bei der Bewerbung müssen angehende Studierende belegen, dass sie Fähigkeiten und Fertigkeiten einer Lehrkraft besitzen und dass sie Wege zur Überprüfung ihrer Fähigkeiten und Fertigkeiten kennen und nutzen. Der Numerus Clausus für Lehramts-Studiengänge steht in Finnland dem für Medizin-Studiengänge nicht nach. b) Enge Kooperation zwischen Fach- und Erziehungswissenschaften im Studium. c) Ausdrückliche Forschungsorientierung des Lehramtsstudiums. Das Lehramtsstudium endet mit einer Masterarbeit, die als empirische Forschungsarbeit konzipiert wird und inhaltlichen und methodischen Qualitätskriterien wie jede andere Forschungsarbeit unterliegt. Im Studium werden die Studierenden mit dem Gedanken vertraut gemacht, dass sie ihre künftige Berufstätigkeit nach wissenschaftlichen Gesichtspunkten planen und evaluieren werden und dass sie als Lehrkräfte im ständigen wechselseitigen Austausch mit Universitäten stehen werden, wodurch sie zum Bindeglied neuer wissenschaftlicher Entwicklungen und ihrer pädagogischen Umsetzung werden. Auf diese Weise wird der Wissenschaft der Spiegel der Praxis ebenso permanent vorgehalten wie der Praxis der Spiegel der Wissenschaft:

"The research-based teacher education that is the heart of Finnish teacher education and formalised by the writing of the masters' thesis, is directed at critical thinking and autonomous decision making, and thus for action guided by a gradually elaborated practical theory" (Westbury/Hansen/Kansanen/Björkvist 2005: 479).

Erstaunlicherweise wird in der Bildungsforschung der enge Zusammenhang zwischen Forschung und Praxis häufig nicht nur kaum beachtet, sondern sogar gezielt in Frage gestellt, indem Theorie und Praxis gegeneinander ausgespielt werden, wenn beispielsweise bei der Besetzung schulpädagogischer Professuren die Kriterien "eigene schulische Lehrerfahrung" und "wissenschaftliche Leistung" als widersprüchlich bezeichnet werden. "Die Rede vom Theorie-Praxis-Verhältnis suggeriert, dass Theorie und Praxis unabhängig voneinander existieren. Das ist eine zu undifferenzierte Unterstellung. Es gibt keine theorielose Praxis, und Wissenschaft ist eine Realisierungsform gesellschaftlicher Praxis" (Heid 2015: 390). Heid macht hier deutlich, dass es natürlich reichlich Möglichkeiten gibt, Bildungspraxis durch Bildungsforschung zu beeinflussen, dass es hierfür aber notwendig ist, die Adressaten von Forschung angemessen einzubeziehen – dass also die Analyse der Nutzbarkeit von Forschung für die Praxis am professionellen Handeln der Lehrkräfte ansetzen muss. Hierfür ist zu klären, welche Kriterien besondere Beachtung erhalten und wie deren Umsetzung erfasst werden kann.

Hiermit steht es in Einklang, dass das Kernstück der Wissenschaftsorientierung im finnischen Bildungssystem die strikte Orientierung an überprüfbaren Arbeitszielen und deren Evaluation ist (vgl. Jakku-Sihvonen 2002). Evaluation, also „Be-Wertung" setzt Klarheit über relevante, überprüfbar formulierte Werte voraus. Dabei besteht durchaus eine Vielfalt möglicher Werte – hierin liegt gerade eine Stärke des finnischen Bildungssystems: Es lässt unterschiedliche Wege zum Erreichen hoher Qualität zu, weswegen der normativen Festlegung im Gegensatz zu der empirischen Bewährung weniger Gewicht beigemessen wird.

Die herausragende Bedeutung von systematischer Evaluation kennzeichnet das gesamte finnische Bildungssystem, ohne eine bestimmte Prozedur zu favorisieren. Daher stellt die Notwendigkeit von Evaluation keinen Eingriff in die Freiheit in der Gestaltung von Bildungsbemühungen (z. B. Curricula, Unterrichtsformen, Schulraumgestaltung) dar, sondern betont vielmehr die Überprüfung der Ergebnisse von Bildungsbemühungen und die Nutzung von Evaluation als Feedback. Das Einräumen kompensatorischer Vorgehensmöglichkeiten sorgt dafür, dass landesweit vergleichsweise geringe Leistungsunterschiede zwischen Schulen bestehen, obwohl Schulen unterschiedliche Profile und Zielsetzungen verfolgen.

2 Professionalität und Qualität erlernen: Kriterien hoher Expertise

Die Wissenschaftsorientierung von Lehrerbildung und Lehrtätigkeit und die Orientierung an überprüfbaren Kriterien erfolgreichen Bildungshandelns ist keine Erfindung des finnischen Bildungssystems. Vielmehr wird die damit implizierte Verknüpfung von Wissen und Können in der Lehr-Lern-Forschung schon seit langem untersucht, am ausdrücklichsten wohl in der Forschung zum „Lehrer als Experten" (vgl. Bromme 1992). Der zentrale Erkenntnisweg der Expertiseforschung besteht darin, Menschen, die ihren Beruf in besonders hervorragender Weise ausüben, genauer unter die Lupe zu nehmen. Die Analyse geht also nicht von abstrakten didaktischen Modellen, Lehr-Strategien oder Klassenführungsmodellen aus, sondern von besonders erfolgreicher, nachhaltiger Praxis. Im Gegensatz zu früheren Forschungsarbeiten, die Expertise entweder (zum Beispiel in der Musik oder beim Schach-spiel) auf besonderes Talent, Begabung bzw. Genie oder (zum Beispiel bei Lehrkräften) auf besondere Persönlichkeitszüge zurückführten, also auf ver-gleichsweise stabile, schwer veränderbare und schwer erlernbare Merkmale, konnte die Expertiseforschung in einer Vielzahl äußerst unterschiedlicher Bereiche bzw. Domänen Belege bereitstellen, dass herausragende Leistungen üblicherweise domänenspezifisch sind und aus sehr langen, sehr intensiven und sehr gezielten Lernprozessen hervorgehen (vgl. Ericsson/Charness/ Feltovich/ Hoffman 2006).

Die Herangehensweise der Expertiseforschung lässt sich auch auf die Lehrerbildung übertragen – es wird dann zu einer zentralen Aufgabe, wenn die Qualität der Lehrerbildung erhöht werden soll, „harte" (messbare) Krite-rien für gutes Lehren zu definieren und zugrunde zu legen. Dies muss nicht heißen, dass die Bedeutsamkeit solcher Kriterien vollkommen unstrittig sein muss, vielmehr kann sie natürlich kontrovers sein. Ein konstruktiver Umgang mit der Kontroverse kann aber nur sein, die Qualität verschiedener Maßstäbe auf den Prüfstand zu stellen. Das oft gehörte Argument, dass „man nicht messen könne, was eine gute Lehrkraft ausmacht", ist destruktiv und inak-zeptabel – allerdings ist die Qualität der Messung zu überprüfen und gegebe-nenfalls in Frage zu stellen. Im Berufsfeld selbst scheinen viele Akteure of-fenbar problemlos imstande zu sein, zumindest implizit klare Kriterien zu verwenden. Die bisherigen – auch in anderen Domänen gewonnenen – Be-funde der Expertiseforschung können auf die Lehrerbildung transferiert wer-den, wenn der Mut zur – sei es auch vorläufigen – Festlegung auf harte Krite-rien für gutes Lehren aufgebracht wird. Dies kann Wege eröffnen, effektive Übeformen zu identifizieren, die Rolle von Mentoren bzw. Ausbildern neu zu identifizieren und das Hineinwachsen in professionelle Netzwerke zu unter-stützen.

Ein provokantes Plädoyer für eine solche Vorgehensweise wurde von au-ßerhalb der Forschung an die Lehrerbildung herangetragen, wie Stamouli, Schmid und Gruber (2010) beschrieben:

„Am 17. März 2009 legte der Wissenschaftlich-Technische Beirat (WTB) der Bayerischen Staatsregierung einen Bericht über den Status-Quo der Lehrerinnen- und Lehrerbildung in Bayern vor, der für ‚helle Empörung bei den Lehrerverbänden'(…) sorgte. In dem Bericht wird beschrieben, dass das derzeitige System Personen bevorzuge und auswähle, die sich nur aus Verlegenheit um das Lehramt bemühten oder lediglich aus dem Interesse heraus, rasch ein lebenslanges Beamtenverhältnis zu erreichen. In der Präsentation des Berichtes wurde gemutmaßt, dass die Lehrkräfte ein besseres Image hätten, wenn bei der Auswahl der Studierenden so strenge Kriterien angelegt würden wie bei der Pilotenauswahl der Fluglinien. Es wurde gefordert, künftige Lehrkräfte besser für ihre zentralen Aufgaben vorzubereiten, nämlich als temporärer Familien- und Elternersatz sowie als Bildungs- und Erziehungsmanager. Ziel sei es, damit letztendlich glückliche Lehrkräfte auszubilden anstatt solcher, die später feststellen, dass es nichts für sie ist, vor 30 Pubertierenden zu stehen" (Stamouli/Schmid/Gruber 2010: 79 f).

Der Vorschlag des WBT legt es ausdrücklich nahe, sich in der Lehrerbildung auf die Expertiseforschung zu beziehen, die sich ja gerade mit der Beschreibung und Erklärung hervorragender beruflicher Leistung beschäftigt. Auch wird explizit angesprochen, dass es für das Verständnis der Expertiseentwicklungsprozesse hilfreich sein kann, den Blick über den Tellerrand hinaus zu werfen und Befunde, Modelle, Auswahl- und Evaluationsverfahren aus anderen Domänen zu übertragen zu versuchen.

Ericsson, Roring und Nandagopal (2007) beklagten, dass in vielen Berufen zu wenig Wert auf replizierbare, zuverlässige Maße für Expertenleistungen gelegt wird, die die Überlegenheit von Experten in realen Berufssituationen und -aktivitäten widerspiegeln. Hierzu müssen repräsentative Aufgaben gefunden werden, die mit der Gesamtheit der Expertenleistung überprüfbar korrelieren. Das Problem vieler Ansätze zur Lehrerbildung besteht genau darin, dass sie die Berufstätigkeit als solche beschrieben, ohne auf Kriterien zu verweisen, die in standardisierten Situationen wiederholt gemessen werden und als repräsentative Leistungen gelten können. Es lassen sich aber Untersuchungen finden, in denen explizit festgelegt wurde, worin die Leistungsstärke der Experten besteht. In Bezug auf die Lehrerbildung wurden z. B. hohe Schülerleistungen, konfliktfreies *classroom management* oder hohe Lernfreude von Schülerinnen und Schüler genannt. Bezüglich anderer Optionen gibt es noch kaum gesicherte empirische Erkenntnisse. Es wurde schon postuliert, Lehrkräfte wurden (1) Motivationsstrategien kennen, die sich positiv auf den Lernerfolg auswirken, (2) Lernende bei der Planung von Unterricht mit einbeziehen, (3) Gefährdungen des Kindeswohls sowie Präventions- und Interventionsmöglichkeiten kennen, (4) Lernhindernisse erkennen, (5) kriteriumsorientierte Beurteilungsverfahren anwenden, (6) den eigenen Unterricht regelmäßig evaluieren, (7) zur Binnendifferenzierung einsetzen oder (8) sich präzise und gewandt ausdrücken.

Nur wenige Arbeiten entwickelten repräsentative Aufgaben zur Operationalisierung dieser mutmaßlichen Komponenten expertenhaften Handelns. Bromme (1992) zeigte expertisegradabhängige Unterschiede in der Wahrnehmung vereinheitlichter Videoaufzeichnungen von Unterricht. Nur selten wurden bisher moderne Messverfahren zur Erfassung expertisegradabhängiger Unterschiede eingesetzt, etwa die Analyse von Augenbewegungen bei der Betrachtung unterrichtlichen Geschehens (vgl. Wolff/Jarodzka/van den Bogert/Boshuizen in Druck; Wolff/van den Bogert, Jarodzka/Boshuizen 2015).

Wir resümieren vorläufig: Es ist reizvoll und naheliegend, die Verwertbarkeit der Expertiseforschung für die Lehrerbildung zu prüfen, aber es gilt, einige Schwierigkeiten zu überwinden, die diese Domäne auszuzeichnen scheinen. Insbesondere ist das Problem der Definition von Leistungskriterien zu nennen, das weniger im vermeintlichen Fehlen objektivierbarer Ziele liegt, sondern in der Existenz recht willkürlicher „hidden criteria", die auf einer zumeist unbrauchbaren Beschreibungsebene verbleiben und bildungspolitisch und interessengruppengeleitet gegeneinander ausgespielt werden. Bevor mögliche Kriterien für die Lehrerbildung im Kontext der Expertiseforschung thematisiert werden, soll im Folgenden ein Überblick über die wichtigsten Forschungsrichtungen und Befunde der Expertiseforschung allgemein gegeben werden. Es wird dann zu überprüfen sein, welche davon unter welchen Bedingungen auf die Lehrerbildung zu übertragen sind. Zum Schluss wird dann exemplarisch aufgezeigt, wie der Transfer in Bezug auf das Lehren, Lernen und Erziehen im künstlerischen Bereich möglich ist.

3 Begriffe, Methoden und Befunde der Expertiseforschung

Ein Experte erbringt in einem beruflichen Bereich, einer Domäne, dauerhaft herausragende Leistungen; die Expertiseforschung bemüht sich um die Beschreibung, Erklärung und Förderung von Expertise. Während frühere Arbeiten das heute noch im Alltag oft tradierte Bild zugrunde legten, dass es sich bei solchen Personen um Genies oder Hochbegabte handeln müsse, liefert die Expertiseforschung viele Argumente dafür, dass prinzipiell jeder Mensch Experte in einer beliebigen Domäne werden kann, wenn er eine jahrelange, mühevolle, intensive und zielgerichtete Beschäftigung mit dem Gegenstandsbereich wagt. Aus pädagogischer Sicht ist diese Perspektive weitaus tragfähiger als der Begabungsansatz, der als Spiegelbild die Annahme der fehlenden Begabung, der unbegabten Person, in sich trägt. Gruber und Mandl (1992) postulierten deshalb: „Der Experte hat den Begabten abgelöst." In der Forschungspraxis werden meist die folgenden drei Stufen bzw. Expertisegrade unterschieden (vgl. Boshuizen/Schmidt 2008; Gruber/Jarodzka in Druck): Experte, Intermediate, Novize.

Als Experte wird eine Person bezeichnet, die auf einem bestimmten Gebiet dauerhaft, also nicht zufällig und nicht nur ein einziges Mal, herausragende Leistung erbringt (vgl. Ericsson/Lehmann 1996). Das differentialpsychologische Element der Definition besteht im notwendigen Vergleich des Experten mit anderen Personen zur Bestimmung seiner Leistungsstärke, das allgemeinpsychologische Element besteht im Bezug auf eine bestimmte Domäne.

Intermediates haben sich einen Großteil des Wissens angeeignet, das auch Experten haben. Allerdings ist dieses Wissen in einer ineffizienten Struktur im Gedächtnis gespeichert. Das bedeutet, dass diese Personen oft Schwierigkeiten haben, auf ihr Wissen schnell und effizient zuzugreifen, wenn sie mit einer komplexen Aufgabe konfrontiert werden, und es in Folge dessen oft noch fehlerhaft anwenden. Das kann in manchen Fällen sogar dazu führen, dass diese Personen bei einer Aufgabe selbst schlechter abschneiden als Novizen – man spricht hier vom *intermediate effect* (vgl. Rikers, Schmidt/ Boshuizen 2000).

Im Gegensatz zum Experten ist ein Novize eine Person, die in einer Domäne geringe Leistungsstärke aufweist. Wie der Begriff bereits nahelegt, handelt es sich um eine Person, die in dem Gebiet „neu" ist, d. h. noch keine spezifischen Erfahrungen besitzt. Somit ist es nicht möglich zu entscheiden, ob der Novize aufgrund geringer Begabung oder aufgrund fehlender Übung, fehlender Lernerfahrung und fehlender Praxis hohe Leistungsstärke noch nicht erreicht hat oder gar nicht erreichen kann.

Die zentrale Methode der Expertiseforschung ist der quasiexperimentelle Experten-Novizen-Vergleich, der auch kontrastiver Ansatz genannt wird (Voss/Fincher-Kiefer/Green/Post 1986). Durch die Gegenüberstellung von Personen, die im Expertisegrad maximal differieren, sollen interindividuelle Unterschiede verschärft und analysiert werden. Aus dem Vergleich wird Erkenntnis über Unterschiede bzw. Ähnlichkeiten in kognitiven Strukturen und Informationsverarbeitungsprozessen von Experten, Intermediates und Novizen erwartet.

Es gibt zahlreiche Messinstrumente die zu diesem Zwecke bereits erfolgreich eingesetzt wurden: Beobachtungen (vgl. Clancey 2006), kognitive Aufgabenanalyse (vgl. Schraagen 2006), Lautes-Denken-Protokolle (vgl. Ericsson/Simon 1980) oder die Blickbewegungserfassung (*eye tracking*, vgl. Holmqvist et al. 2011).

Als erklärungsmächtigster Faktor von Expertise stellte sich in vielen Untersuchungen eine gut organisierte Wissensbasis heraus; Experten und Novizen unterscheiden sich in der Art und dem Umfang des im Gedächtnis gespeicherten Wissens sowie in dessen Nutzung beim Lösen von Aufgaben und Problemen. Experten sind Novizen in der Fähigkeit überlegen, Chunks, also Gedächtniseinheiten, zu bilden und nutzen. Die Chunking-Theorie (vgl. Chase/Simon 1973) postuliert, dass Experten durch jahrelange Erfahrung und intensives Üben große Chunk-„Datenbanken" im Langzeitgedächtnis anlegen, die durch Schlüsselreize schnell abgerufen werden können. Experten können unter Nutzung solcher Chunks neue Gegebenheiten beim Bearbeiten domänenspezifischer Anforderungen schneller erkennen, speichern, mit Gedächtnisinhalten in Verbindung bringen und diese rasch in Handlungsvorschlägen umsetzen. Experten haben differenziertere und stärker automatisierte Schemata, die sie in ihrer Wahrnehmung, Informationsverarbeitung und beim Handeln in domänenrelevanten Situationen unterstützen.

Diese Merkmale entstehen durch fortwährendes gezieltes Üben und Trainieren. Ericsson, Krampe und Tesch-Römer (1993) postulierten, dass Expertiseerwerb die Folge von *deliberate practice* ist. *Deliberate practice* bezeichnet eine Form von Übung, die darauf abzielt, die eigene Leistung zu verbessern; hierfür ist es erforderlich, der der eigene Umgang mit der zu lernenden Tätigkeit immer wieder rückwirkend analysiert wird, um Fehler oder Verbesserungsmöglichkeiten zu entdecken. Letztere müssen dann gesondert einstudiert werden. Wichtig ist, dass die Lernprozesse in der Aus- und Fortbildung von Personen gesteuert werden, die sich auf dem Gebiet gut auskennen, zum Beispiel Trainer von Sportmannschaften, Musiklehrer oder andere Fachleute, die das Lernen systematisieren. Da diese Personen oft im Hintergrund agieren, ersannen Gruber, Lehtinen, Palonen und Degner (2008) für sie die Bezeichnung *persons in the shadow*. Solche Personen sind auch für Experten noch notwendig, die schon hohen Expertisegrad erreicht haben. Oft sind deren „Mängel" so klein und ist deren mögliche Entwicklung – die ja schon von einem hohen Niveau ausgeht – so anspruchsvoll, dass sie die relevanten Punkte nicht selbst entdecken und sie nur mit Hilfe kontinuierlicher Reflexion bearbeiten können. Hier wird deutlich, dass Üben nicht gleich Üben ist. Wenn beispielsweise ein gewöhnlicher Musiker Klavier spielt, versucht er in der Regel, den einmal erreichten Standard zu halten. Ein herausragender Musiker wird hingegen darauf abzielen, jeden noch so kleinen Fehler zu beheben, immer noch ein wenig besser zu werden oder ganz neue Leistungsbereiche zu erobern. Die Fehler, die Experten begehen, sind oft komplex, kompliziert zu verstehen und in der im Allgemeinen herausragenden Leistung gut verborgen: Ihre fortwährende Analyse und die Konzeption von Gegenmaßnahmen ist anspruchsvoll, aber für „echte" Experten unabdingbar (vgl. Gartmeier/Gruber/Hascher/Heid 2015).

Ein weiterer Ansatz ist der des *cognitive apprenticeship* (vgl. Collins/ Brown/Newman 1989). Dabei lehrt ein Meister einen Lehrling, indem er verschiedene didaktische Methoden anwendet, wie Modellierung, Coaching, Scaffolding oder Ausblenden instruktionaler Maßnahmen. Währenddessen lernt der Lehrling selbst aktiv durch Artikulation (eigenes Wissen artikulieren und diskutieren), Reflektion (eigene Vorgehensweise mit denjenigen anderer vergleichen und sich mit der eigenen kritisch Vorgehensweise auseinandersetzen) und Exploration (eigenes Vorgehen hinterfragen sowie Schwierigkeiten herausarbeiten). Falls Expertise in einem stark visuellen Bereich aufgebaut werden soll, können die genannten instruktionalen Maßnahmen mit Hilfe von IT angepasst werden, z. B. kann die Modellierung mit Hilfe von *eye movement modeling examples* erfolgen (vgl. Jarodzka/Van Gog/Dorr/ Scheiter/ Gerjets 2013).

Experten unterziehen sich also einer besonderen Form des Lernens durch zielgerichtetes, intensives, bewusstes Üben, das von *persons in the shawdow* begleitet wird. Dementsprechend spielen professionelle Netzwerke eine wichtige Rolle (vgl. Hakkarainen/Palonen/Paavola/Lehtinen 2004; Rehrl/ Gruber 2007). Wichtig ist, dass Schwächen erkannt und analysiert werden, um diese erfolgreich eliminieren und Entwicklungsmöglichkeiten wahrnehmen zu können (vgl. Gruber/Jossberger 2015). Der Meister oder die Meisterin sieht, weiß und versteht zugleich und kann den Lehrling daher gezielt fördern. Diese Förderung ist ein kontinuierlicher Austausch und ein Prozess der reflektierten Auseinandersetzung mit der professionellen Erfahrung. Während der Neuling zunächst versucht, die Vorgehensweise des Meisters oder der Meisterin unter genauer Anleitung und nach deren Vormachen nachzuahmen, übernimmt er/sie im Laufe der professionellen Entwicklung immer mehr komplexere Aufgaben selbständig (vgl. Eiglsperger/Gruber 2012).

4 Transfer der Befunde der Expertiseforschung auf die Lehrerbildung?

Wie oben ausgeführt, fehlte es in der Geschichte der Erziehungswissenschaft nicht an fundierten Beschreibungen, was gute Lehrerinnen und Lehrer auszeichnet oder was das Berufsbild einer Lehrkraft ausmacht. Dennoch bestehen beträchtliche Unschärfen in der Definition, was einen Lehrer zum Experten macht (vgl. Gruber/Stöger 2011). Zwar beschäftigen sich Pädagogik, Erziehungswissenschaft und Psychologie schon lange mit der Frage, welche Merkmale auf Seiten des Lehrers dazu beitragen, dass die Ziele von Schule und Unterricht erreicht werden, aber die Forschung fokussierte lange Zeit eher auf Persönlichkeitsmerkmale (und somit eher auf dispositionale Charakteristika) von Lehrern, auf Beschreibungen pädagogischen Handelns, auf die Wirksamkeit allgemein-didaktischer Modelle und auf Auswirkungen von Unterricht auf die kognitive und soziale Entwicklung von Schülern. Seit einiger Zeit finden sich aber auch Auseinandersetzungen mit Lehrerexpertise (vgl. Berliner 2001, 2004; Bromme 1992, 2008; Ropo 2004). Die Bezeichnung des „Lehrers als Experte" (Bromme 1992) ist dennoch nach wie vor umstritten; dies liegt vermutlich an der damit implizierten Entmystifizierung durch die Abkehr vom Bild des „geborenen Pädagogen", von der Annahme der „Berufung" und von einem in den biologischen Anlagen verankerten „pädagogischen Eros", aber auch an Widerständen gegenüber der Vorstellung, dass – ähnlich wie im Sport – die Aufrechterhaltung der Leistungsfähigkeit der permanenten gezielten Übung, des Trainings und der kritischen Reflexion der eigenen Tätigkeit bedarf. Diese Tendenz zum Verzicht auf Training und Weiterbildung ist, zumindest im deutschsprachigen Raum, offenbar in der Gestaltung des Berufsfelds Lehrer angelegt. Altrichter und Eder (2004) argumentierten, dass das Autonomie-Paritäts-Muster, das den Lehrerberuf kennzeichnet, einer veränderungsbewussten Sicht auf die eigene Tätigkeit zuwiderläuft. Das Autonomie-Paritäts-Muster gründet auf einer zentralen und allgemein offenbar akzeptierten Voraussetzung von Schulunterricht, nämlich der Autonomie des Unterrichts und der Parität aller Lehrer. Autonomie des Unterrichts bedeutet, dass kein Erwachsener in den Unterricht eines Lehrers eingreifen darf. Unterricht besteht somit aus der Interaktion eines Lehrers und mehrerer Schüler, ohne dass eine stetige Kontrolle oder Evaluation des Lehrers vorgesehen ist. Eine solche Form der Autonomie hat viele Vorteile, denn sie begünstigt einen langfristigen, intensiven und vertrauensvollen Aufbau sozialer Beziehungen in der Schulklasse. Die Hindernisse für die Expertiseentwicklung von Lehrern sind allerdings ein hoher Preis, der für diese Autonomie zu bezahlen ist. Parität besagt, dass alle Lehrer gleichberechtigt sind und es daher keinem ansteht, sich in die professionelle Tätigkeit eines Peers einzumischen. Dies vermindert zugleich die Möglichkeiten zu professionellem, kontinuierlichem Peer-to-Peer-Feedback, das so viele andere Berufe kennzeichnet.

Die Expertiseforschung kann aber helfen, die Aufgaben der Lehrkräfte besser zu verstehen und in der Lehrerbildung entsprechend zu berücksichtigen. Theoretisch und empirisch fundierte Ansätze, Lehrerexpertise, professionelle Kompetenz und Standards zu operationalisieren, sind seit längerem vorhanden (vgl. Baumert/Kunter 2006; Klieme et al. 2003; Oser/Baeriswyl 2001; Seidel/Shavelson 2007). Oser (2002) spricht von professionellen Standards des Lehrerberufs,

„wenn Lehrpersonen in komplexen Situationen des Unterrichts ein abgrenzbares, zieladäquates, effektives und ethisch gerechtfertigtes Einflusshandeln zeigen, das Lernen von Schülern und Schülerinnen differenziell fördert" (Oser 2002: 8).

Solche Personenstandards beschreiben demnach professionelle Kompetenzen einer Lehrkraft, die diese benötigt, um den beruflichen Anforderungen in der Schule gewachsen zu sein. Richtet man den Blick auf angehende Lehrkräfte, definieren Standards die Ziele und angestrebten Kompetenzen des Lehramtsstudiums. Standards liegen mehrdimensionale Kompetenzmodelle zugrunde (vgl. Klieme et al. 2003). Den Dimensionen zugeordnete Niveaus lassen erkennen, zu welchem Grade entsprechende Kompetenzen vorhanden sind.

Eine zentrale kognitive Kompetenz von Lehrern, ihr Professionswissen, lässt sich nach Shulman (1986, 1987) in Fachwissen, fachdidaktisches Wissen und allgemeines pädagogisches Wissen unterteilen. Shulman schlug ursprünglich sogar eine differenziertere Unterscheidung von Wissensformen vor; er benannte zusätzlich noch Curriculumwissen, Wissen über Lerner und Lernermerkmale, Kontextwissen sowie wertbezogenes Wissen. Baumert und Kunter (2006) ergänzten zudem spezifisches Organisations- und Interaktionswissen sowie Beratungswissen, das vor allem zur Kommunikation mit Laien erforderlich ist. In einer Reihe von Überblicksarbeiten (Berliner 2001; Bromme 2008; Baumert/Kunter 2006) konnte gezeigt werden, dass Experten den Verlauf des Unterrichts flexibler steuern als Novizen. Sie sind in der Lage, auf Antworten und Fragen der Schüler zu reagieren und daher den Stundenverlauf spontan den jeweiligen Gegebenheiten anzupassen, während

Novizen auf dem geplanten Verlauf einer Stunde zu verharren versuchen, da ihnen jene automatisierte Handlungsroutinen abgehen, die es Experten erlauben, kognitive Kapazität für spontanes Verhalten bereitzustellen.

Es lassen sich also einige Charakteristika von Lehrerexpertise festhalten, die darauf beruhen, dass die erfolgreiche Tätigkeit von Lehrern auf Wissen und Können basiert, das in der Ausbildung in theoretischen und praktischen Phasen implementiert und später durch die Berufserfahrung weiter entwickelt wird (vgl. Berliner 2001; Bromme 2008). Großer Erfahrungsschatz, viel nutzbares Wissen für die Kerntätigkeiten des Lehrens und vertiefte domänenspezifische Einsichten sowie effizientes Problemlösen gehören zu einer Signatur des Expertenlehrers.

Die zielorientierte Übung zur Verbesserung des eigenen Handelns ist daher aus Sicht der Expertiseforschung eine notwendige Anforderung an Lehrkräfte, die nur über die Integration aktueller erziehungswissenschaftlicher Erkenntnisse gehen kann, ohne die Praxistätigkeit aus dem Blick zu verlieren. Obwohl die Lehrerbildung in Deutschland „die wohl anspruchsvollste, aufwendigste und längste der Welt" (Terhart 2004: 562) ist, liegen bisher im Berufsfeld nur selten objektive Messgrößen für Lehrerleistungen vor, deren Erreichen evaluiert wird.

„Die historische Konstruktion ‚Lehrerbildung' zielt auf Wirksamkeit, ohne dass je kontrolliert worden wäre, *was genau* sie ausmacht und so auch, was sie *nicht* ausmacht" (Oelker 2001: 61).

Nach kurzer Initialphase im Beruf wird von Lehrkräften volle Berufstüchtigkeit erwartet, das qualifizierte Training ist beendet. Professionelle Entwicklung wird nicht systematisch betrieben, sondern ist weitgehend Privatsache, übrigens nicht nur in Deutschland: „The majority of professional development opportunities are attended on a volunteer basis" (Lawless/Pellegrino 2007: 580). Die mit *deliberate practice* verbundene Anstrengung, um Leistungsexzellenz zu erreichen, wird den meisten Lehrkräften nicht einmal auf freiwilliger Basis ermöglicht, weil sie nirgendwo eine *person in the shadow* finden können. Ohne jahrelange harte Arbeit, *deliberate practice* und Führung durch Experten ist Expertise jedoch nicht zu haben.

5 Und es geht doch! Ansätze zur Expertiseforschung in der Lehrerbildung am Beispiel Kunsterziehung

Die Wahrnehmung ästhetischer Qualitäten und die Bewertung gestalterischer Entscheidungen ist im bildnerischen Naturstudium eine Herausforderung. Die Fähigkeit zur differenzierten Wahrnehmung – die Analyse elementarer Merk-

male einer Gestalt und die Durchdringung der Relationen – ist grundlegende
Voraussetzung für das Verstehen von Ursachen und Wirkungen. Worin die
Fähigkeit differenzierter Wahrnehmung bei Künstlerinnen und Künstlern
besteht, was Studierende der Kunsterziehung tun müssen, um diese Fähigkeit
zu verbessern, und wie sie dabei unterstützt werden können, all dies ist Gegenstand der Arbeit der Regensburger Forschergruppe „tap" (*the art project*),
in der Kunsterziehung und Erziehungswissenschaft kooperieren (vgl. Eigls-
perger/Gruber 2012, 2015).

Die wissenschaftliche Analyse und empirische Überprüfung von Prozessen des Wahrnehmens und Gestaltens zielt auf die Konzeption forschungsba-
sierter Lehr- und Lernformate in der universitären Ausbildung ab. Das Projekt „Studien zur Bildhauerei. Analyse expertisegradbedingter Unterschiede
in differenzierter Wahrnehmung und plastischer Gestaltung" ist Teil von
„Forschungsfonds Kulturelle Bildung. Studien zu den Wirkungen Kultureller
Bildung" – ein Projekt vom Rat für Kulturelle Bildung e.V., gefördert durch
die Stiftung Mercator. Das wissenschaftlich begründete Verständnis von
differenzierter Wahrnehmung mündet unmittelbar in Förderungsmaßnahmen
nach dem *cognitive-apprenticeship*-Ansatz am Beispiel des plastischen Gestaltens.

Plastiken und Skulpturen fordern heraus, sich mit Formen genauer zu befassen. Die Domänen Bildhauerei, Design oder Architektur suchen und studieren Formbildungen, ihre Prinzipien und Wirkungen. Das differenzierte
Wahrnehmen und das daraus resultierende produktive Umsetzen ist eine
fundamentale Kompetenz für die bildnerische Arbeit und für analysierendes
Betrachten und Verstehen des Verhältnisses von Ursache und Wirkung, das
den Formen zu Grunde liegt (vgl. Eiglsperger 2013a). Die Form einer Plastik
oder Skulptur gibt Aufschluss über Zustände, Bewegungen und Entwicklungen. Es geht in der Bildhauerei um Ausdruck. Künstler suchen in ihren Werken nach der Form und untersuchen ihre Regeln, Ursachen und Wirkungen
(vgl. Eiglsperger 2011).

Differenziertes Wahrnehmen im plastischen Gestalten zeichnet sich
grundlegend durch das fortwährende intentionale Umschalten des künstlerischen Blicks zwischen Gesamtgestalt und elementaren Merkmalen in ihrer
räumlichen Ausdehnung aus, also durch den systematischen Wechsel zwischen synthetischer und analytischer Perspektive (vgl. Eiglsperger 2000).
Elementare Merkmale eines dreidimensionalen Objektes im plastischen Gestalten sind Konturen, Kanten, Flächen und Schattierungen. Flächen treten als
ebene, als positiv gewölbte (konvexe) oder negativ gekrümmte (konkave)
Flächenzonen in Erscheinung, die ein charakteristisches Licht-Schatten-Spiel
erzeugen (vgl. Eiglsperger 2013b). Im Grundlagenstudium stehen die Studierenden des Faches „Kunsterziehung" innerhalb einer Lehrveranstaltung im
Bereich des plastischen Naturstudiums vor komplexen Problemen.

Elementare Merkmale stehen untereinander in vielfachen Beziehungen und ergeben ein komplexes Formengefüge. Deren analysierende Wahrnehmung ist nicht trivial, sondern muss sich durch gezielte Arbeit am plastischen Modell herausbilden. Die kunsterzieherische Anregung und Begleitung spielt hierbei eine wichtige Rolle. Damit die Relationen nach und nach durchdrungen werden können, müssen mehrere Perspektiven berücksichtigt und miteinander kombiniert werden. Maßverhältnisse von Höhen, Längen und Breiten sind abzuschätzen, Ausdehnungs-, Richtungs- und Volumenverhältnisse zu beurteilen. Dies gilt sowohl für die Gesamtform als auch bezogen auf Teilformen. Die synthetische und die analytische Wahrnehmung beeinflussen sich dabei wechselseitig. Erkenntnisse und Fähigkeiten systematisch auszubilden, stellt Studierende vor erhebliche Schwierigkeiten. Dies rechtfertigt das Plädoyer für eine wissenschaftlich und künstlerisch begründete Unterstützung durch die Lehrenden.

Vorrangige Absicht des Lehrens im plastischen Gestalten ist die Förderung der Eigenständigkeit beim künstlerisch-praktischen Tun. Die Lernenden sollen durch die Lehrenden angeregt, unterstützt und befähigt werden, die Differenzierung der Wahrnehmung dreidimensionaler Faktoren mit der Sensibilisierung für Raumphänomene zu koppeln (vgl. Eiglsperger 2009). Eiglsperger (2000) zeigte, dass der *cognitive apprenticeship*-Ansatz für die Verbesserung des differenzierten Wahrnehmens im Kunstunterricht fruchtbar ist, weil sowohl grundlegende handwerkliche Techniken und deren Anwendung gefördert werden als auch das Erfinderisch-Schöpferische in zunehmender Eigenständigkeit zur Entfaltung gelangt. Das durch *cognitive apprenticeship* geförderte Zusammenspiel von Elementar- und Gestaltwahrnehmung spielt hierfür eine wesentliche Rolle. Dabei lassen sich Anforderungen an die Lernenden von denen an die Lehrenden unterscheiden.

Zu den Anforderungen an die Lernenden gehören Artikulation, Reflexion und Exploration. Die Lernenden müssen während des Lernens eigene Absichten und Probleme artikulieren und reflektieren lernen, damit z. B. ein intensives und effektives Beratungsgespräch in Gang kommen und sich ein reflexives Verständnis entwickeln kann. Sie sollen komplexe Aufgabenstellungen explorieren, um tiefe Strukturen der Problemstellung zu durchdringen und eigene Fragen zu entwickeln.

Bei den Anforderungen an die Lehrenden lassen sich unterschiedliche Aktivitätsgrade und unterschiedlicher Einbezug der Lernenden unterscheiden. Zu Beginn übernehmen die Lehrenden einen großen Teil der sichtbaren Aktivitäten. Sie demonstrieren anschaulich wesentliche Vorgänge, kommentieren ihr Tun und verbalisieren die intern ablaufenden kognitiven Prozesse. Später stehen die Lehrenden stehen während des Lernens den Lernenden betreuend zur Seite, sie treten ihnen zunehmend die Zuständigkeit und Verantwortung für einzelne Schritte ab, sind aber noch eng an dem Geschehen beteiligt. Dann ziehen sich die Lehrenden peu à peu zurück, fordern zu eigenen Entscheidungen auf und stellen weiterhin ein „Gerüst" (*scaffold*) dar – zum Beispiel durch das Bereitstellen spezieller Materialien und Werkzeuge, ohne deren konkrete Verwendung nahezulegen –, das den Lernenden Sicherheit bietet. Letztliche Absicht des Lehrenden ist es, sich auszublenden, damit die Lernenden immer selbständiger agieren können.

Die Lehr- und Lerninhalte im plastischen Naturstudium spannen ein weites Feld auf. Dieses beinhaltet das figürliche Gestalten und Aktstudium eines menschlichen Modells, das sowohl die Nähe zur anatomischen Vorgabe als auch die Suche nach persönlichem Ausdruck erfordert. Während für Studierende in Einführungsveranstaltungen die Annäherung an anatomische Vorgaben meist eine große Herausforderung darstellt, versuchen Fortgeschrittene auf der Basis ihrer entwickelten Fähigkeit in differenzierter Wahrnehmung Freiheiten im Thema auszuloten, zum Beispiel durch gezielte Steigerung der Spannungsverhältnisse in der Volumenbildung oder im Einsatz von Richtungskontrasten in Hinblick auf den intendierten Ausdruck.

6 Schlusswort: Expertise als Kernkonzept der professionellen Lehrerbildung

Die Lehrerbildung wird maßgeblich von zwei Positionen geprägt, die sich diametral gegenüber stehen (vgl. Gruber/Hascher 2011).

Einerseits geht es in Ansätzen zur „Lehrerpersönlichkeit" darum, die dealen Merkmale (z. B. Widerstandsfähigkeit, Intelligenz, soziale Interessen) eines Lehrers zu identifizieren, damit Erfolg und Misserfolg im Lehrberuf zu erklären und – vor allem in aktuellen Entwicklungen – eine Selektion für die Lehrerbildung zu legitimieren. Hier wird also der Input gesteuert: Zur Ausbildung sollen diejenigen Personen zugelassen oder nach einer Art Probezeit definitiv aufgenommen werden, die über die entsprechenden Merkmale verfügen. Dahinter steht die Idee, anhand ausgewählter Eintrittskriterien einen günstigen Studienverlauf und den späteren Berufserfolg von Individuen vorhersagen zu können.

Andererseits beruht der am Output orientierte multidimensionale Ansatz der Kompetenz- und Standardorientierung auf der Annahme, dass im Verlauf der Ausbildung definierte, für die spätere Berufstätigkeit essentielle Kompetenzen erworben werden, die zur Erfüllung von Standards beitragen. Dieser Ansatz ist von der Vorstellung getragen, die sehr umfassende und hochkomplexe Kompetenzentwicklung angehender Lehrer ließen sich treffsicher analysieren und diagnostizieren.

Das Paradigma der Expertiseforschung vermag hier eine Brücke zu bauen, da es sowohl den Mythos einer geeigneten Lehrerpersönlichkeit zu entkräften als auch konkrete Anregungen für eine qualitätsvolle Ausbildung und Begleitung von Lehrern zu geben vermag. Eine Zunahme an Erkenntnissen über ihren Erwerbsprozess und dessen Gelingensbedingungen ermöglicht direkte Schlussfolgerungen für die Gestaltung der Lehrerbildung. Das Beispiel aus der Kunsterziehung zeigt, wie es gehen kann.

Literatur

Altrichter, Herbert/Eder, Ferdinant (2004): Das Autonomie-Paritäts-Muster als Innovationsbarriere? In: Holtappels, Heinz Günter (Hrsg.), Schulprogramme – Instrumente der Schulentwicklung: Weinheim: Juventa, S. 195-221.

Baumert, Jürgen/Kunter, Mareike (2006): Stichwort: Professionelle Kompetenz von Lehrkräften. In: Zeitschrift für Erziehungswissenschaft, 9, S. 469-520.

Berliner, David C. (2001): Learning about and learning from expert teachers. In: International Journal of Educational Research, 35, S. 463-482.

Berliner, David C. (2004): Describing the behavior and documenting the accomplishments of expert teachers. In: Bulletin of Science, Technology & Society, 24, S. 200-212.

Boshuizen, Henny P. A./Schmidt, Henk G. (2008): The development of clinical reasoning expertise: Implications for teaching. In: Higgs, Joy/Jones, Mark/Loftus, Stephen/Christensen Nicole (Hrsg.), Clinical reasoning in the health professions. Oxford: Butterworth-Heinemann/Elsevier, S. 113-121.

Bromme, Rainer (1992): Der Lehrer als Experte. Zur Psychologie des professionellen Wissens. Bern: Huber.

Bromme, Rainer (2008): Lehrerexpertise. In: Schneider, Wolfgang/Hasselhorn, Markus (Hrsg.), Handbuch der pädagogischen Psychologie. Göttingen: Hogrefe, S. 159-167.

Chase, William, G./Simon, Herbart A. (1973): Perception in chess. In: Cognitive Psychology, 4, S. 55-81.

Clancey, William J. (2006): Observation of work practices in natural settings. In: Ericsson K. Anderson/Charness, Niel/Feltovich, Paul, J./Hoffman, Robert, R. (Hrsg.), Handbook on expertise and expert performance. Cambridge: Cambridge University Press, S. 127-146.

Collins, Allan/Brown, John S./Newman, Susan E. (1989): Cognitive apprenticeship: Teaching the crafts of reading, writing, and mathematics. In: Resnick L. B. (Hrsg.), Knowing, learning, and instruction. Hillsdale: Erlbaum, S. 453-494.

Eiglsperger, Birgit (2000): Differenziertes Raumwahrnehmen im plastischen Gestaltungsprozess. Eine Untersuchung zur Anwendung des „Cognitive-Apprenticeship Ansatzes" beim Modellieren eines Selbstporträts. München: Utz.

Eiglsperger, Birgit (2009): Lernumgebungen für Gestalten im Raum. In: Eiglsperger, Birgit/Mittlmeier, Josef/Nürnberger, Manfred (Hrsg.), Stufen des Gestaltens. Zeichnung – Malerei – Plastik (Reihe Bildende Kunst: Praxis, Theorie, Didaktik, Bd. 1. Regensburg: Universitätsverlag Regensburg, S. 75-128.

Eiglsperger, Birgit (2011): Formprinzipien in der Plastik – Analyse von Formentwicklungen bei C. Brancusi und A. Giacometti. In: Eiglsperger, Birgit/Mittlmeier, Josef/Nürnberger, Manfred (Hrsg.), Werkanalyse. betrachten. erschließen. deuten (Reihe Bildende Kunst: Praxis, Theorie, Didaktik, Bd. 2). Regensburg: Universitätsverlag Regensburg, S. 55-73.

Eiglsperger, Birgit (2013a): Dreidimensionales Gestalten im Kunstunterricht. In: Brünger, P. (Hrsg.), Praxis Grundschule. Dreidimensionale Kunst. Braunschweig: Westermann, S. 4-7.

Eiglsperger, Birgit (2013b): Wahrnehmens- und Schaffensprozesse: Entwicklung und Lehre. Differenziertes Raumwahrnehmen im plastischen Gestaltungsprozess. In: Eiglsperger, Birgit/Greenlee, Mark/Jansen, Petra/Schmidt, J./Zimmer, A. (Hrsg.), Spaces – Perspektiven aus Kunst und Wissenschaft (Reihe Kunst und Wissenschaft, Bd. 2). Regensburg: Universitätsverlag Regensburg, S. 29-39.

Eiglsperger, Birgit/Gruber, Hans (2012): Das Auge des Meisters. In: Blick in die Wissenschaft, 25, S. 34-40.

Eiglsperger, Birgit/Gruber, Hans (2015): Differenziertes Wahrnehmen. Förderungsmöglichkeiten im plastischen Gestalten. In: BÖKWE – Fachblatt für Bildnerische Erziehung, Technisches Werken, Textiles Gestalten, 4_2015, S. 50-54.

Ericsson, K. Anders/Charness, Niel/Feltovich, Paul J./Hoffman, Robert R. (Hrsg.) (2006): The Cambridge handbook of expertise and expert performance. Cambridge: Cambridge University Press.

Ericsson, K. Anders/Krampe, Ralf, T./Tesch-Römer, Clemens (1993): The role of deliberate practice in the acquisition of expert performance. In: Psychological Review, 100, S. 363-406.

Ericsson, K. A./Lehmann, Andreas, C. (1996): Expert and exceptional performance: Evidence of maximal adaption to task constraints. In: Annual Reviews in Psychology, 47, S. 273-305.

Ericsson, K. Anders/Roring, Roy, W./Nandagopal, Kiruthiga (2007): Giftedness and evidence for reproducibly superior performance: An account based on the expert performance framework. In: High Ability Studies, 18, S. 3-56.

Ericsson, K. Anders/Simon, Herbert, A. (1980): Verbal reports as data. In: Psychological Review, 87, S. 215-251.

Gartmeier, Martin/Gruber, Hans/Hascher, Tina/Heid, Helmut (Hrsg.) (2015): Fehler: Ihre Funktionen im Kontext individueller und gesellschaftlicher Entwicklung. Münster: Waxmann.

Gruber, Hans/Hascher, Tina (2011): Lehrer/innenexpertise zwischen Wissen und Können. In Enzyklopädie Erziehungswissenschaft Online (EEO), Fachgebiet Schulpädagogik, hrsg. von Rahm Sibylle/Nerowski Christian. Weinheim: Juventa.

Gruber, Hans/Jarodzka, Halszka (in Druck) Expertise. In Rost, Detlef/Sparfeldt, Jörn/Buch, Susanne (Hrsg.), Handwörterbuch Pädagogische Psychologie (5. Aufl.). Weinheim: Beltz PVU.

Gruber, Hans/Jossberger, Hellen (2015): Der Weg zur Leistungsexzellenz: Vom Neuling zur Expertin/zum Experten. news & science. In: Begabtenförderung und Begabungsforschung, 39(1), S. 38-41.

Gruber, Hans/Lehtinen, Erno/Palonen, Tuire/Degner, Stefan (2008): Persons in the shadow: Assessing the social context of high abilities. In: Psychology Science Quarterly, 50, S. 237-258.

Gruber, Hans/Mandl, Heinz (1992): Begabung und Expertise. In Hany Ernst/ Nickel, Horst (Hrsg.), Begabung und Hochbegabung: Theoretische Konzepte – empirische Befunde – praktische Konsequenzen. Bern: Huber, S. 59-73.

Gruber, Hans/Stöger, Heidrun (2011): Experten-Novizen-Paradigma. In: Kiel, Ewald/ Zierer, Klaus (Hrsg.), Basiswissen Unterrichtsgestaltung, Band 2: Unterrichtsgestaltung als Gegenstand der Wissenschaft. Hohengehren: Schneider, S. 247-264.

Hakkarainen, Kai/Palonen, Tuire/Paavola, Sami/Lehtinen, Erno (2004): Communities of networked expertise: Educational and professional perspectives. Amsterdam: Elsevier.

Heid, Helmut (2015): Bildungsforschung im Kontext gesellschaftlicher Praxis. Über (soziale) Bedingungen der Möglichkeit, Bildungspraxis durch Bildungsforschung zu beeinflussen. In: Zeitschrift für Pädagogik, 61, 390-409.

Holmqvist, Kenneth/Nyström, Marcus/Andersson, Richard/Dewhurst, Richard/ Jarodzka, Halszka/van de Weijer, Joost (2011): Eye tracking: A comprehensive guide to methods and measures. Oxford: Oxford University Press.

Jakku-Sihvonen, Ritva (Hrsg.) (2002): Evaluation and outcomes in Finland. Main results in 1995-2002. Helsinki: Finnish National Board of Education.

Jarodzka, Halszka/Van Gog, Tamara/Dorr, Michael/Scheiter, Katharina/Gerjets, Peter (2013): Learning to see: Guiding students' attention via a model's eye movements fosters learning. In: Learning and Instruction, 25, S. 62-70.

Klieme, Eckhard/Avenarius, Hermann/Blum, Werner/Döbrich, Peter/Gruber, Hans/ Prenzel, Manfred…/Vollmer, Helmut, J. (2003): Zur Entwicklung nationaler Bildungsstandards. Eine Expertise. Berlin: Bundesministerium für Bildung und Forschung (BMBF).

Lawless, Kimberly, A./Pellegrino, James, W. (2007): Professional development in integrating technology into teaching and learning: Knowns, unknowns, and ways to pursue better questions and answers. In: Review of Educational Research, 77, S. 575-614.

Oelkers, Jürgen (2001): Die historische Konstruktion „Lehrerbildung". In: Oser, Fritz/ Oelkers, Jürgen (Hrsg.), Die Wirksamkeit der Lehrerbildungssysteme. Von der Allrounderbildung zur Ausbildung professioneller Standards. Chur: Rüegger, S. 37-65.

Oser, Fritz (2002): Standards in der Lehrerbildung. Entwurf einer Theorie kompetenzbezogener Professionalisierung. In: Journal für Lehrerinnen- und Lehrerbildung, 2, S. 8-19.

Oser, Fritz/Baeriswyl, Franz J. (2001): Choreographies of teaching: Bridging instruction to learning. In: Richardson V. (Hrsg.), Handbook of research on teaching (4. Aufl., S. 1031-1065). Washington: American Educational Research Association.

Rehrl, Monika/Gruber, Hans (2007): Netzwerkanalysen in der Pädagogik – Ein Überblick über Methode und Anwendung. In: Zeitschrift für Pädagogik, 53, S. 243-264.

Rikers, Remy, M. J. P./Schmidt, Henk G./Boshuizen, Henny P. A. (2000): Knowledge encapsulation and the intermediate effect. In: Contemporary Educational Psychology, 5, S. 150-166.

Ropo, Eero (2004): Teaching expertise. Empirical findings on expert teachers and teacher development. In: Boshuizen, Henny, P. A./Bromme, Rainer/Gruber, Hans (Hrsg.), Professional learning: Gaps and transitions on the way from novice to expert. Dordrecht: Kluwer, S. 159-179.

Sahlberg, Pasi (2011): Finnish lessons. What can the world learn from educational change in Finland? New York: Columbia University, Teachers' College.

Schraagen, Jan M. (2006): Task analysis. In: Ericsson, K. Anders/Charness, Niel/Feltovich, Paul, J./Hoffman, Robert R. (Hrsg.), Handbook on expertise and expert performance. Cambridge: Cambridge University Press, S. 185-201.

Seidel, Tina/Shavelson, Richard, J. (2007): Teaching effectiveness research in the past decade: The role of theory and research design in disentangling meta-analysis results. In: Review of Educational Research, 77, S. 454-499.

Shulman, Lee, S. (1986): Those who understand: Knowledge growth in teaching. In: Educational Researcher, 15, 2, S. 4-14.

Shulman, Lee, S. (1987): Knowledge and teaching: Foundations of the new reform. In: Harvard Educational Review, 57, 1, S. 1-22.

Stamouli, Elena/Schmid, Christoph/Gruber, Hans (2010): Expertiseerwerb – jagt die Lehrerinnen- und Lehrerfortbildung einem Phantom hinterher? In: Müller, Florian, H./ Eichenberger, Astrid/Lüders, Manfred/Mayr, Johannes (Hrsg.), Lehrerinnen und Lehrer lernen. Konzepte und Befunde zur Lehrerfortbildung. Münster: Waxmann, S. 107-122.

Terhart, Ewald (2004): Lehrer. In: Benner, Dietrich/Oelkers, Jürgen (Hrsg.), Historisches Wörterbuch der Pädagogik. Weinheim: Beltz, S. 548-564.

Voss, James, F./Fincher-Kiefer, Rebecca, H./Green, Terry, R./Post, Timothy A. (1986): Individual differences in performance: The contrastive approach to knowledge. In Sternberg, Robert, J. (Hrsg.), Advances in the psychology of human intelligence. Hillsdale: Erlbaum, S. 297-334.

Westbury, Ian/Hansen Sven-Eric/Kansanen, Perrti/Björkvist, Ole (2005): Teacher education for research-based practice in expanded roles: Finland's experience. In: Scandinavian Journal of Educational Research, 49, S. 475-485.

Wolff, Charlotte, E./Jarodzka, Halszka/ van den Bogert, Niek/Boshuizen, Henny, P. A. (in Druck): Teacher vision: Expert and novice teachers' perception of problematic classroom management scenes. In: Instructional Science.

Wolff, Charlotte, E./van den Bogert, Niek/Jarodzka, Halska/Boshuizen, Henny, P. A. (2015): Keeping an eye on learning: Differences between expert and novice teachers' representations of classroom management events. In: Journal of Teacher Education, 6, S. 68-85.

Teil III: Aktuelle Herausforderungen an die Lehrerbildung

Welche Kinder und Jugendlichen unterrichten wir? Heterogenisierung von Schülerinnen und Schülern als Impuls, über Gerechtigkeit in der Schule nachzudenken.

Robert Schneider

1 Überblick

Die These dieses Textes ist, dass Kinder und Jugendliche als Menschen und damit „verschiedene Gleiche"[1] in der Institution „Schule" lernen und leben. Dieses Menschenbild hat jedoch weitreichende Konsequenzen und führt logisch an gerechtigkeitstheoretische Überlegungen heran. Nicht das diese Perspektive schon *die* Lösung wäre, doch kann sie dabei helfen im Denken zu einer Orientierung zu gelangen (vgl. Mittelstraß 1978).

Um diese These nachvollziehbar zu machen, werden zunächst (1) aktuelle (schul-) pädagogische Herausforderungen aufgezeigt, die allesamt die „Heterogenität" von Schülerinnen und Schülern akzentuieren. (2) Weil die Argumentation nachvollziehbarer wird, erfolgt die Darstellung einer bildungstheoretischen Lesart, an welche sich (3) die Bestimmung von Menschen als „verschiedene Gleiche" anschließt. (4) Die Idee der Gerechtigkeit folgt an diese Einsicht logisch und wird im Kontext der Institution „Schule" entwickelt. (5) Was Gerechtigkeit für humane Praxis, damit auch pädagogisches Handeln (vgl. dazu Benner 2005, Kap. 2), bedeutet, wird Inhalt des abschließenden fünften Kapitels sein.

---

1   Diese Bezeichnung ist der Versuch Aristoteles' und Arendts Anthropologie zu verknüpfen, sind doch die Menschen unter gerechtigkeitstheoretischer Perspektive für Aristoteles primär Gleiche (als Bürgerinnen und Bürger), für Arendt – den Prozess betonend – Verschiedene. Obwohl Arendt (1958/2014, S. 213) Gleichheit und Verschiedenheit als „Faktum menschlicher Pluralität" (ebd.) ausweist, könnte anstelle von „verschiedene Gleiche" im Anschluss an die Philosophin auch „unterschiedliche Gleiche" als Denomination herangezogen werden, um den Prozess des Verschiedenseins durch Handeln und Sprache als Akte des Unterscheidens zum Ausdruck zu bringen (vgl. ebd., S. 214f.). Weil aber für diesen Prozess „Gleichheit" fundamental ist (sonst wäre etwa Verstehen nicht möglich), wird mit diesem Terminus das „Gleiche" gegenüber dem „Verschiedenen" akzentuiert.

116

2 „Heterogenität" als Brennpunkt aktueller schulpädagogischer Diskurse

Die *Verschiedenheit* von Schülerinnen und Schülern wird nicht erst seit kurzer Zeit innerhalb der Erziehungswissenschaft thematisiert. Ob bei Platon, Aristoteles, in der Spätantike bei Augustinus, der Renaissance z.b. bei Comenius, der Aufklärung bei Rousseau oder Humboldt sowie dann später im Rahmen der Reformpädagogik, immer spielte die Verschiedenheit – wenn überhaupt explizit, dann meist als Differenz (vgl. Budde 2012: 522f.) ausgedrückt – eine bedeutsame Rolle. Verschieden waren dabei die Konnotation, die Erklärung und der Erklärungswert, die Idee ihrer Funktionalität sowie der Umgang in der pädagogischen Praxis. Ganz prominent ist diese *Differenz* schon früh von Herbart (1807, zit. in. Meyer 2001: 324) auf den Punkt gebracht worden: „Die Verschiedenheit der Köpfe ist das große Hindernis aller Schulbildung. Darauf nicht zu achten ist der Grundfehler aller Schulgesetze".

Seit dem ist die Verschiedenheit immer wieder – in unterschiedlichen Qualitäten – thematisiert worden. In der Schulpädagogik der letzten fünfzig Jahre wurde „Differenz" – später als „Heterogenität" (vgl. Cameron/ Kourabas 2013: 261-266) – in verschiedenen Diskursen mehr oder weniger explizit zum Thema: In didaktischen Belangen im Rahmen der (inneren) Differenzierung (vgl. z.B. Kaiser 1991: 731-738), im Zuge von Schulstrukturkritik und der sogenannten „Durchlässigkeit" (vgl. Preuss-Lausitz 1993: 82-85; Geißler 2006, bes.: 280-287; Arens 2007), als Aspekt von Geschlechterpädagogik sowie im Zuge des Aufkommens Integrativer Pädagogik und letztlich im Zusammenhang mit Interkultureller Bildung (vgl. dazu jeweils Preuss-Lausitz 1993, Kap. 6-8; Prengel 2006).[2] Aktueller und kontrovers ist die Verschiedenheit von Schülerinnen und Schülern – vielmehr der Umgang damit[3] – im Zuge der Ergebnisse der PISA-Studie aus dem Jahr 2000 (vgl. PISA-Konsortium 2001; 2002) sowie im Zusammenhang mit der Inklusionsdebatte, die durch die Ratifizierung der UN-BRK ausgelöst wurde, diskutiert.

Bereits dieser knappe Überblick legt die Einsicht nahe, dass „*Heterogenität*" im Zusammenhang mit der Art zu lernen, sich „Wissen" anzueignen und den damit zusammenhängenden Lernresultaten „benutzt" und dabei häufig, aber nicht immer, dichotom interpretiert wird.[4] Diese Dichotomie

---

2 Dazu sind immer wieder auch Schwerpunktthemen in einschlägigen Zeitschriften publiziert worden: z.B. Zeitschrift für Pädagogik 4/2013, 4/2007; Pädagogik 9/2013, 11/2010, 12/2007; Zeitschrift für Erziehungswissenschaft 4/2014, 3/2011, 2/2009; Sonderpädagogische Förderung heute 1/2015.
3 Eine Kritik dazu findet sich bei Budde (2012).
4 Diese Tendenz ist im Kontext einer Pädagogik der Differenz noch größer, ist aber auch in Heterogenitätsdiskursen nicht von der Hand zu weisen, sofern ein „Anderes" konstruiert wird.

dominiert jedenfalls die Verschiedenheit im Geschlecht, der (kulturellen) Herkunft und der Frage nach dem „Vorliegen" einer Behinderung.[5] Zunehmender rückt auch die „Heterogenität" sozialer Herkunft in den Fokus (Budde 2012: 527) und aktuell wird die Idee der Diversität[6] – im Rahmen Inklusiver Pädagogik – etabliert (siehe z.b. Walgenbach 2014; Schuppener/Hauser/ Bernhardt/Poppe 2014; Allemann-Ghionda 2011: 24f.).

Wenn Schmelzer in diesem Band den bildungsrelevanten Konnex von Waldorfpädagogik und Interkultureller Pädagogik herausarbeitet, wird nun auf Basis *pädagogischer Anthropologie und Bildungstheorie* versucht, den Zusammenhang von Gleichheit und Verschiedenheit zu entwickeln. Die von Schenz (dieser Band) skizzierte „demokratisch-inklusive" Schule liegt diesen Überlegungen durchaus nahe und könnte möglicherweise um Überlegungen zum Menschenbild Inklusiver Pädagogik ergänzt werden.

3 Bildungstheoretische Akzentuierung der Erziehungswissenschaft

Nicht zuletzt, da Bildung (und Erziehung) als Aufgabe(n) der gesellschaftlichen Institution „Schule" verfassungsmäßig festgelegt (z.b. Verf BW: Art. 11, 12; Verf Bay: Art. 131) sind, lohnt es sich, die *Idee der Bildung* knapp zu rekonstruieren.[7] Diese bildungstheoretische Herangehensweise wird dann auch dazu führen, dass das Verhältnis von Gleichheit[8] und Verschiedenheit

---

5   Zwar ist auch hier die Dichotomie zunächst als eine von „behindert oder nicht behindert" gegeben, steigert sich dann aber innerhalb der ersten Gruppe nochmals in Gruppen, denen dann vielfach noch einen Mangel an Integrationsmöglichkeiten zuschreibt (z.b. Menschen mit Beeinträchtigungen in der geistigen Entwicklung).

6   Z.B. Sen (1992, S. xi): „We are deeply diverse in our internal characteristics (such as age, gender, general abilities, particular talents, proneness to illnesses, and so on) as well as in external circumstances (such as ownership of assets, social backgrounds, environmental predicaments, and so on). It is precisely because of such diversity that the insistence on egalitarianism in one field requires the rejection of egalitarianism in another. The substantive importance of the question 'equality of what' relates, thus, to the empirical fact of pervasive human diversity."

7   Die Entwicklung einer Idee von Bildung kann hier allerdings nur skizzenhaft erfolgen. Viele der nachfolgenden Gedankengänge sind vor dem Hintergrund sogenannter „moderner Pädagogik" kaum zu verstehen, setzt ja z.b. idealistisch-philosophisches Denken wesentlich an der Lernvorstellung als Mneme an. Einen guten Überblick des Problemzusammenhangs dieser „neueren" Pädagogik als eine der „Metrisierung" geben Binder und Boser (2011).

8   Gleichheit wird im Weiteren häufig als „Affinität" bezeichnet und meint im Anschluss an Kant (Anth, B 83ff.) eine Art Verwandtschaft und Synthese, ein Ganzes, das die Elemente

und damit die Frage der Gerechtigkeit entwickelt werden kann. Dies ist *eine* Lesart dieses Problemzusammenhangs, wenngleich eine zutiefst pädagogische.

Bildung, so kann mit Bieri (2005) erhellt werden, liegt lediglich als Prozess vor, dessen Ziel erst im Werden näherungsweise bestimmbar[9] wird. Als allgemeine Form des Werdens (siehe dazu die Form-Materie-Theorie Aristoteles': Aristoteles, Met, z.b. 1042a-1044a; zusätzlich auch: 1069b 15-20, 1070a 1-5) wird damit – ganz allgemein – *die Art* als Mensch zu leben bezeichnet. Bildung als jene Form sich als Mensch zu bestimmen, charakterisiert sich wesentlich über das Eingehen von *Verhältnissen*: Verhältnisse zum eigenen Selbst, zu Mitmenschen und zu Sächlichem i.w.S. (vgl. Humboldt 1792/1960; Guardini 1939/1988; Petzelt 1957/1986; Giesinger 2010; dazu Benner 2005; Dickopp 1983; Zdarzil 1997; Heitger 2011; Bieri 2005; Poenitsch 2008: 56).

Dieses Ins-Verhältnis-Setzen ist ein aktiver und lebendiger Prozess, der die Anteilnahme des lernenden Subjekts erfordert,[10] weshalb dieses ja auch das „Maß" von Bildung ist.[11] Das Subjekt ist als sich selbst begründendes Zwecksystem zu verstehen (vgl. Stern 1923),[12] woraus folgt, dass menschliche Entwicklung immer auf „Heterogenität" hinführen muss (vgl. dazu aus Sicht der Bildungstheorie: Bieri 2005), gleichsam als *„Heterogenisierung"* (anregend dazu: Cameron/Kourabas 2013: 268 f.; auch: Budde 2012: 532) bezeichnet werden kann. Die jeweilige empirische Konkretion von Menschen ist verschieden, darin besteht aber die Aktualisierung der Gleichheit, weshalb Menschen in diesem Aufsatz als „verschiedene Gleiche" bezeichnet werden.[13] Die Ebene auf der das Spannungsverhältnis von Gleichheit und (konkreter) Ungleichheit produktiv genutzt werden kann, ist die Idee der Humanität, des menschlichen Miteinanders bzw. auch: der Demokratie.[14] Soweit zur Idee der Pädagogik auf der Ebene von Verhältnissen zum Außen.

---

gewissermaßen „aufhebt". Zudem wird auf den gemeinsamen Grund der Heterogenität abgestellt.

9   Die Kontingenz von Bildung wird auf Anregung Lenzens (1998, S. 337) Gedanken zu jener der Gerechtigkeit übernommen. Die Anschlussfähigkeit an die Etablierung eines „machtkritischen" Heterogenitätsbegriff (siehe Cameron/Kourabas 2013) und dessen Kontingenz in der Nähe zur „Pädagogik der Vielfalt" Prengels (2006) ist unmittelbar einsichtig.

10 Anregend dazu sind Adornos (1959/2006: z.B. S. 42f., 50f.) „Halbbildung" sowie Liessmanns (2006: 9f) „Unbildung".

11 Dass die „modernisierte Pädagogik" damit nicht klar kommen kann, ist im Anschluss an Binder und Bosers (2011, S. 28) „Pädagogisierung des Meters" nachvollziehbar.

12 Darin spiegelt sich das Entelechie-Konzept Aristoteles wieder.

13 Gleich wird sich auch zeigen, dass dies als die Realisierung der Demokratie als Lebensform verstanden werden kann. Demokratie, so lehrt die Aufklärung, besteht in der gleichen Freiheit der Menschen. Diese Gleichheit lässt sich also nur in Freiheit.

14 Der Ansatz ist zusätzlich von Ballauff (1989) inspiriert, dessen systematische Pädagogik die „Menschlichkeit" als Idee der Pädagogik ausweist, worin demnach die Maßgabe pädagogischen Denkens und Handelns bestehe (ebd., S. 7f.).

Diese *Differenz* liegt aber auch intrapersonell, d.h. in den Selbstverhält-
nissen vor: In „Bildungsprozessen" – so eine moderne Formulierung – wird
die Person zwar jeweils eine andere, ohne dabei aber ihr Selbst gänzlich zu
verlieren oder jeweils neu konstruieren zu können. Was sich verändert ist das
Sich-zu-sich-selbst-ins-Verhältnis-Setzen des Subjekts und damit das Artikulieren von Egalität[15] und Differenz (vgl. Allemann-Ghionda 2011: 32; auch
Wenning 2004: 573f.).[16] (vgl. zu diesem Absatz: z.b. Flitner 1950/1997: 39-
54; Koch 2002: 86f; Giesinger 2010).

Dies ist auch *die* zentrale Leistung der menschlichen Identitätsentwicklung und Biografie (siehe z.b. Frost 2000), die vom Bewusstsein (Geist) des
Menschen zusammengehalten wird. Insofern liegt die Idee der Menschlichkeit auf der Ebene der Person als „gelungene Identitätsentwicklung" vor,
demnach auch als Fähigkeit eine „glückliches Leben"[17] führen zu können.

Welches Medium, welches verbindendes Ganze dient nun aber der „Auf-
hebung" von Egalität *und* Differenz unter den Personen einer Gemeinschaft
bzw. innerhalb einer Person und ihrer Biografie? Wie ist dieses „logisch
Frühere" (vgl. Stern 1923: 192) aufzufassen, das Heterogenisierung als
„normal" und Affinität intendierend zu denken erlaubt?

Diesem Fragenkomplex und dem Impetus folgend, zeigt sich erneut die
Dialektik bildungstheoretischen Denkens, die vielfach auch als Antinomie
verstanden wird:[18] Bildung ist „imago" und „forma" (Grimm/Grimm, DWB:
Bd. 2, Sp. 22) und im Sinne der Selbstbestimmung „Anpassung" und „Pro-
duktivität" (vgl. Stern 1923). Bildung wird zutreffend als „ureigene(n) Form-
gebung" (Mertens 2002: 36) des Menschen bezeichnet, die als gleiche Form
Individuelles am Allgemeinen konturiert und so beides bestimmbar macht
(vgl. Aristoteles, Met. 1029b 10-25, 1035b 30-1036a 5; Hartmann
1925/1962: 514; Mittelstraß 1989: 15f.) Gleichzeitig dient dieses „Allgemei-

---

15 Hier muss auf die schon beschriebe Auffassung von „Gleichheit" als „Affinität" hingewie-
    sen werden.
16 Was dann auch zu Effekten auf interpersonelle und sächliche Bezüge haben wird. Dies ist
    erklärbar mit der Theorie der Konvergenz nach Stern (1923), wonach jene Bezüge wahr-
    scheinlicher in Zwecksysteme aufgenommen werden, die der Intention des Systems „die-
    nen".
17 Hier wird auf die antike Vorstellung der „eudaimonia" rekurriert und daher von „moder-
    nen" (punktuellen) Glückvorstellungen unterschieden, indem diese prozessual, umfassend
    und dialektisch jeweils in der Gemeinschaft zu erringen ist (vgl. Aristoteles, NE, 1097 b 1-
    8, b 32ff., 1104a 27ff.; auch diePlaton, Pol, 517 b – 518 b). Hier ergeben sich umfassende
    Anschlussmöglichkeiten an die Position der Gemeinschaft, das Menschbild sowie die dia-
    lektisch-prozessuale Konzeption der Pädagogik. Ebenso werden Fragen der Gerechtigkeit
    berührt, zielt diese ja semantisch auf „ordnen" ab. Deshalb finden sich diese Einflüsse –
    wenn auch häufig bloß implizit – in den Überlegungen zur Gerechtigkeit wieder.
18 Dies trifft insbesondere für die Empirische Pädagogik und andere sozialwissenschaftlich
    ausgerichtete Theoriefamilien der Pädagogik zu. Dort wird dies dann auch als Paradoxie
    oder Ausdruck der Überdeterminiertheit des Bildungsbegriffs verstanden (vgl. z.B. Ehren-
    speck 2010, S. 158f.).

ne"[19] aber auch als Maßgabe der Autonomie des einzelnen Menschen und ist zwar logisch früher, aber dennoch jeweils interdependent einer Bestimmung anzunähern (vgl. Humboldt 1792/1960: 235f.; Hartmann 1925/1962: 514; 1949: 315).

Als Idee des „Guten" (siehe auch Platon, Pol, 504 a – 505 b 2, 517 b - 518 b) gibt die *Menschlichkeit* den Verhältnissen in der Gemeinschaft einen „Rahmen", die wesentlich mit dem Streben nach einer gelungenen Identität (im Rahmen der Selbstverhältnisse) interagiert. Der größere Zusammenhang besteht zunächst in einer „Idee", d.h. auf der Ebene des Geistes, muss aber – in aristotelischer Sicht (NE, 1097a 20-22, 31, 1098a 16f., für die Tugend: ebd. Buch II, Kap. 1) – jeweils erst in der Praxis konkretisiert werden. Bildung ist damit Prozess und Aufgabe, speist ihre Kraft wesentlich situativ aus dem Subjekt selbst,[20] was aber nicht bedeutet, dass der „Andere" keine Bedeutung hätte. Im Gegenteil: Obgleich die Intentionalität eine des Subjekts als Zwecksystem ist, entsteht die Anregung im Außenkontakt und damit zwischen „Ich und Du" (vgl. Buber 1954/2006; Petzelt 1957/1986: 162, 166, 176f; Krawitz 1993: 106; Schütz/Welling 2012: 702; Poenitsch 1999: 454).[21]

Menschliche Praxis, damit auch Bildung – ist daher als streng relational und sowohl als nicht-affirmativ sowie transformatorisch zu verstehen.[22] Dieser Prozess umfasst den ganzen Menschen auf Basis seiner Anlagen in Bezug auf Verstand und Charakter (vgl. Aristoteles, NE, 1103a 14f., 1104b 4-7, 1144a 6ff.) und ist aufgrund seiner Gebundenheit im Logos einer Argumentation zugänglich.[23]

---

19 Zur Schwierigkeit des Begriffs: vgl. Heitger 1999, S. 1.

20 Damit bezieht sich diese bildungstheoretische Ausrichtung wesentlich auf klassische Tugendkonzeptionen und weniger auf Theorien, die die Tugend als Bewusstsein zur Pflicht deuten. Eben darin artikuliert sich aber auch die Verwobenheit des Subjekts mit der (jeweiligen) Gemeinschaft, weil der Begriff der Tugend nur im Rahmen gemeinschaftlicher Praxis Sinn macht (siehe z.B. Haydon 2001, S. 3). Das hat auch Konsequenzen für die Gedanken zur Gerechtigkeit, weil diese – etwa im Anschluss an Kant (MS, AB 15-18) – ja auch als Pflicht gegen Äußeres (ethisch nicht Legitimierbares) verstanden werden kann.

21 Die Nähe zu Tugend- und damit auch kommunitaristischen Ansätzen ist offenkundig (vgl. dazu Haydon 2001, S. 2f.).

22 Deshalb schreibt Bieri (2005, S. 1) von Bildung bewusst auch im Konjunktiv.

23 Ganz ähnlich argumentiert Mollenhauer (2008, S. 102) für die korrespondierende Idee der „Bildsamkeit".

4 Schülerinnen und Schüler als „verschiedene Gleiche"

Das heißt nun: Geschlecht, Alter, Einkommen, soziokultureller Hintergrund, Religionszugehörigkeit, Intellekt und viele andere „Heterogenitäts"- und „Differenzlinien" (Wenning 2004: 578) bis hin zu „Behinderung" sind lediglich „Symbole" des Eigentlichen, dessen was der Mensch ist, was Bildung „anspricht" und worauf diese abzielt. Als empirisches *Datum* dient jedes von ihnen als Emblem von Diversität (vgl. Allemann-Ghionda 2011: 25) und kumuliert Macht an jeweils *einem* Pol. Gleichzeitig besteht auch die Gefahr, dass die Affinität der Menschen und das Prozesshafte von Bildung „verdeckt" wird. Sich zu einer „Persönlichkeit" zu formen (und sich formen zu lassen) und so am gleichen Verbindenden (d.i. insbesondere der Logos als Sinnzusammenhang) zu partizipieren, bedeutet Differenzierendes und Egalisierendes gleichermaßen zu aktualisieren: es ist dies ein *Heterogenisieren*, das zudem Affinität hervorbringt.[24]

Schülerinnen und Schüler – so wie alle Menschen – leben und lernen als „verschiedene Gleiche" in der Schule. Mit den eben genannten Dimensionen liegen Aspekte von Verschiedenheit vor, deren Aufzählung beliebig erweitert werden könnte und die als Embleme für humanes Leben stehen. Und: es besteht die Gefahr, Normalität und Gleichheit zu vermengen. Was jeweils „normal" – eben nicht normativ i.s.v. angemessen – ist, kann dann von Paradigma zu Paradigma verschiedene Formen annehmen. Exemplarisch sei der Protonormalismus angeführt, der – dem Gesetz der Normalverteilung folgend – sehr eng und scharf umgrenzt, was jeweils „normal" und damit „in der Regel" erwartbar ist.[25] Bloß: Menschen sind so verschieden, wie es menschliches Leben gibt. Hier kann nicht ein Normalitätsdiskurs aufgerollt werden,

---

24 Diese Einsicht formuliert Stern (1923) in seiner personalen Entwicklungstheorie mit Blick auf die einzelne Person, wenn er die beiden Phasen der Konvergenz und deren Wechselspiel beschreibt. Und ein Zweites: Nicht zuletzt kann an diese Überlegung angeschlossen werden, wenn dort als die beiden zentralen Prinzipien im „Umgang mit Menschen mit Behinderungen" sowohl „Partizipation" als auch „Autonomie" genannt wird. Steht das erste für (prinzipiell gleiche) Teilhabe am gleichen Anerkennungsraum (bei gleicher Anerkennung), so wird mit „Autonomie" die Facette der Verschiedenheit im Sinne autonomer Lebensgestaltung (als Prozess) zum Ausdruck gebracht. Auch darin besteht eine Affinität, die nicht ohne Schwierigkeiten für gerechtigkeitstheoretische Überlegungen sein wird (siehe Kap. 4).

25 Dieses Problem der Vermessung und Vergleichbarkeit ist eines der „modernen Pädagogik" (vgl. Binder/Boser 2011), die folglich auch Probleme damit haben muss, dass das „Maß" der (jeweilige) Mensch in der (konkreten) Gemeinschaft von Menschen sein könnte.

jedoch mit Adorno (1951/1980: 114) gefordert werden, dass es normal sei, ohne Angst verschieden sein u.d.h. „angemessen" leben zu können.[26]

Die Gleichheit der Subjekte besteht nunmehr darin, dass sie – wie oben ausgeführt an der (gleichen) Idee der Humanität partizipieren, d.h. alle in den gleichen Anerkennungsraum „gestellt" sind (vgl. Spaemann 2006: 11, 25; Kant MS, A 93f., A 119; GMS, BA 100). Die wechselseitige Anerkennung und Achtung macht uns zu Menschen – diese Leistung ist jeweils – obgleich „in den Raum gestellt" – neu zu erbringen, sie ist humane Praxis i.e.s. Und diese Gleichheit ist keine empirische, ja selbst – wie im Anschluss an die Idee der „Menschheit" (z.b. Kant, GMS, BA 67-70; Humboldt 1792/1960: 236; auch: Hartmann 1949: 315) gefolgert werden könnte – keine egalisierende, sondern eine die in der Andersheit des Anderen besteht (vgl. Levinas 1992; auch Buber 1954/2006).

Es wird sich im nächsten Abschnitt zeigen, warum die Verschiedenheit nur unter Anerkennung der Gleichheit moralisch „wünschenswert" gelebt werden kann, bzw. dass beide Pole des Menschen aktualisiert werden müssen. Steht der Mensch – d.h. jeder Mensch – nicht im gleichen Anerkennungsraum, dann besteht die Gefahr, dass die Verschiedenheit der Menschen zur Inhumanität mutiert und das, obwohl die Verschiedenheit der menschliche „Normalfall" ist (vgl. etwa auch Wenning 2004: 565 f., 580). Um dieses Spannungsverhältnis von Verschiedenheit und Gleichheit „auszuhalten", bedarf es Überlegungen der „Ordnung" i.S.v. Struktur, m.a.W. sind gerechtigkeitstheoretische Überlegungen zur menschlichen Praxis intendiert.[27]

---

26 Damit ist eben ausdrücklich das Leben in der Gemeinschaft, d.h. in sozialen Bezügen gemeint, wozu auch ein Mindestmaß an sachlicher Ausstattung gehört (vgl. Aristoteles, NE, 1099a 15-34).

27 Ergänzend zu diesem Abschnitt: Genau an diese Überlegungen ist ja auch die Entwicklung der Pädagogik von einer Integrativen hin zu einer Inklusiven bzw. „echten" Allgemeinen Pädagogik gebunden. Schon Prengel (2004) hat mit ihren Überlegungen zu einer „Pädagogik der Vielfalt" auf „Heterogenität" als „Chance, die Erneuerung verheißt" (S. 44) rekurriert und dabei Achtung vor Unterschieden thematisiert. Diese gelte es, so Prengel (2001) damals, von Dichotomien wie „behindert – nicht behindert" auf Verschiedenheit ganz generell zu erweitern. Was dabei jeweils als „Gleichheit" zu interpretieren sei, kam in der Auseinandersetzung etwas zu kurz (die Kritik hier teilend: siehe Wenning 2004, S. 574) und könnte auch für die Perspektive der Intersektionalität erhellend sein (siehe dazu Allemann-Ghiona 2011, S. 25f).Damit und in Fokussierung von FN 23 wird auch deutlich, dass Inklusive Pädagogik generell Diversität in den Konstituierungsprozess einer Allgemeinen Pädagogik reklamieren muss. Dieses „Allgemeine" ist dann die in Kap. 2 bezeichnete potenziell bestimmbare „Gleichheit", die diese Pädagogik zusätzlich davor schützt, durch neue Dichotomien auch neue Hegemonien zu erzeugen (vgl. dazu Cameron/Kouraba 2013, S. 264).

5   Gerechtigkeitstheoretische Überlegungen im Kontext der Institution „Schule"

5.1 Zum Verständnis von Gerechtigkeit im Rahmen bildungstheoretischen Denkens

Die Verbindung von Gleichheit und Gerechtigkeit liegt – wie bereits ausgeführt – in Überlegungen zur gleichen Teilhabe am gemeinsamen Raum des Humanen. Nicht zufällig wird dieser Gedanke in der Etablierung der Menschen- und Bürgerrechte – wobei in den Texten dann nicht weiter zwischen beiden differenziert wird – virulent (vgl. Kobusch 1997: 102).

In dieser Zeit der Aufklärung etabliert sich der Gedanke der Vertragstheorie, insbesondere bei Rousseau (1754/2008: 117-125) und Kant. Dies bedeutet, dass Bürgerinnen und Bürger unausgesprochen untereinander Verträge eingehen und sich staatlichen Institutionen unterwerfen, die die Interessen vernünftig regeln und wechselseitige Vorteile erwirken. Als historisch älteste Entwicklungslinie wird Gerechtigkeit hier auch kodifiziert und das Herstellen von (Rechts-) „Gleichheit" an Kommunikation und Öffentlichkeit gebunden (vgl. z.B. Brunkhorst 2001: 18f.)

Schon Rousseau erkennt, dass dazu Gleichheitsverhältnisse der Menschen und deren Solidarität (damals Brüderlichkeit) vorausgesetzt werden müssen, weil Unterschiede schon von Geburt an bestehen (vgl. Rousseau 1754/2008, bes.: 57, 177-183, 267-273), es also mit der (Rechts-)Pflicht alleine nicht getan ist.[28] Diese Gedanken finden sich anerkennungstheoretisch bei Honneth (1994) wieder, der drei mit einander verbundene Formen der Anerkennung differenziert: zwischenmenschliche Beziehungen, Regelungen des Rechts und Solidarität in Lebenskontexten, wobei er nicht vom Anderen unter dem Blickwinkel der Gerechtigkeitstheorie schreibt, sondern vom Anderen der Gerechtigkeit. Das fügt sich zu den Ausführungen von oben, dass die Gleichheit nicht nur in der Positionierung im gleichen Raum der Anerkennung liegt und diese jeweils jedem Menschen schon zukommt, sondern dass wir jeweils auch im Faktum der Andersheit gleich sind.

Diese Differenzierung lässt sich als eine nach übergreifender (allgemeiner) Anerkennung, jener der menschlichen Praxis und rechtlicher Formen verstehen. Das ist insofern interessant, weil diese Differenzierung für die

---

28   Kant (MS, AB 15) unterscheidet etwa zwischen „Legalität" und „Sittlichkeit", die nicht zusammenfallen müssen. Eine wesentliche Voraussetzung dazu sei aber, dass das Subjekt bei der Selbstbestimmung seine Autonomie an die des Gesetzes und jene des Mitmenschen binde. Selbstbestimmung, so könnte gefolgert werden, beginnt damit bei dem Gewähren jener meines Dus (vgl. ebd., AB 32ff.).

Gerechtigkeitstheorie Aristoteles' (NE) in vergleichbarer Weise gilt und auch auf Ricoeurs (2002) ethische Überlegungen zu „gerechten Institutionen" (S. 20) zutrifft.

Zwar ist damit grundgelegt, dass Gerechtigkeit immer *auch* verbrieft ist – eine Erfahrung, die in modernen Zeiten zugänglich ist –, doch mangelt es an dieser Stelle noch dem Ursprung der kantischen Einsicht, dass es auch andere Formen der Gerechtigkeit gäbe, die letztlich an die Idee des Guten und an Tugenden rückgebunden sind.[29] Dieses ist umso mehr bedeutend, weil mit der Tradition des Kommunitarismus gegen Vertragstheorien wie bspw. jene Rawls (1979) eingewendet werden kann, dass Fairness nicht losgelöst von menschlicher Praxis entwickelt werden kann. Und ein zweiter Einwand, muss geltend gemacht werden: Verträge und Rechte gehen zumal auch an Bedürfnissen vorbei oder können nicht eingelöst werden: Entscheidend scheint dann weniger Berechtigung, als vielmehr „*Befähigung*" zu sein, eine Gerechtigkeitstheorie, die Nussbaum und Sen (1993) für die Vereinten Nationen fruchtbar gemacht haben.

In dieser Entwicklungslinie steht die Differenzierung in „austeilende Verteilungsgerechtigkeit" (Lenzen 1998: 325) und „ausgleichende Vertragsgerechtigkeit" (ebd.),[30] die auf Aristoteles (NE, 1129a 31-34, 1130b 30-33) zurückgeht. Zwar ist die Achtung vor der „bürgerlichen Gleichheit" (ebd.) Voraussetzung für gerechtes Handeln, doch ist aus heutiger Sicht daran problematisch, das die überwiegende Mehrheit der Bewohner einer Polis keine Bürger und damit auch keine Freie waren.

Bedeutsam und fruchtbar – auch im Anschluss an den „capability"-Ansatz Nussbaums und Sens (1993) – ist die aristotelische Vorstellung von der Interdependenz der Bürgerin bzw. des Bürgers und der Gemeinschaft.[31] Tugendhaftigkeit artikuliert sich bei ihm daher explizit über Angemessenheit

---

29 Dieser Gedankengang bindet Gerechtigkeit unmittelbar an das dargestellte Verständnis von Bildung.

30 Vorausgesetzt wird bei Aristoteles (NE), dass die Gesetze vorzüglich ausgeführt (1129b 20-25) und die Vertragsbeziehungen legitim sind (1130b 34f.).

31 Zwar speist sich diese Vorstellung Aristoteles' aus der Seelentheorie, die er stark an Platon (Pol, vgl. ebd., 435b, c) anlehnt, und für moderne Vorstellung befremdet:Ungerechtigkeit, so ließe sich folgern, besteht in einer Missachtung des Jemeinigen und des angemessenen Verhältnisses der Teile zueinander bei Platon gleichermaßen auch für die Seele). Nicht die empirische Ungleichheit (z.B. Herkunft) ist entscheidend, sondern das Vermögen der Seele (ebd., 414c-415d), was Aristoteles' Konzeption der Gewöhnung nahe kommt. Hier weist Platon (ebd., 415a) auch dezidiert auf die Brüderlichkeit der Menschen hin, was nicht davon ablenken soll, dass auch seinen Staat das gleiche Problem „belastet", das auch schon für Aristoteles' erläutert wurde. Bei allem „Befremden" sind die Anschlussmöglichkeiten an Bildungstheorien im Sinne des Idealismus und Gerechtigkeitskonzeption, die das Subjekt und die Gemeinschaft zusammendenken, nicht zu übersehen: Menschen kommt jeweils schon a priori Anerkennung zu, die ihnen die Möglichkeit einräumt sich gemäß ihren Fähigkeiten zu entwickeln. Dazu erhalten Sie von ihren Mitmenschen angemessene Unterstützung, allerdings mit der Verpflichtung, diese „Kompetenzen" individuell und für die Gemeinschaft zu nutzen.

u.d.h. Berücksichtigung der individuellen Situation und der Anlagen (vgl. Aristoteles, NE, 1131a 23-29, 1131b 11f., 1131b 18, 1133a 6-18).[32] Entscheidend ist, dass die oder der Einzelne gemäß seiner „Tüchtigkeit" (Fähigkeit, Begabung, Talent) eine Position in und für die Gemeinschaft einnimmt[33] (vgl. auch Platon, Pol, 353d) und diese sie oder ihr auch Anerkennung zukommen lässt.[34]

In den letzten Ausführungen klingt erneut an, dass selbst die institutionelle pädagogische (Anerkennungs-)Praxis nicht ohne Solidarität auszukommen vermag, zumal sowohl die Verteilungsregeln, als auch die verschiedenen Formen der Würdigung anerkannt werden müssen. Auf diesen „Mangel an Solidarität" gepaart mit Ungerechtigkeit weist Reich (2012: 25) völlig zu Recht hin. Nicht geteilt werden kann aber sein Resümee und die Forderung nach „Chancengleichheit" (ebd.: 31). Denn es handelt sich vielmehr um „Chancengerechtigkeit" (und Ressourcengerechtigkeit) im Sinne des Ermöglichungsansatzes Nussbaums und Sens (z.B. 1993). Gerechtigkeit muss ermöglichend wirken, das gilt für jede Form humaner Praxis – eben auch für institutionalisierte Formen pädagogischen Handelns.

5.2 Eine gerechte Schule befähigt

Als institutionelle Praxis muss pädagogisches Handeln – das liegt im Wesen einer Institution – gewissen Strukturen folgen. An Aristoteles anknüpfend kennzeichnet sich eine „gerechte Institution" (ebd.) auch durch gerechte Verteilung (von Macht, Wort – vgl. ebd.: 27) und das heißt gerechte *Verteilungsstrukturen*. Zudem muss sich Solidarität als „Sorge um den anderen" auch in den Strukturen abbilden, was sich in Ricoeurs (2002) „gerechten Institutionen" (2002) als „Fürsorge" (S. 19) im Sinne des Auf-einander-bezogen-Seins durch Anerkennungsakte artikuliert. Weil aber unter diesem Fokus nicht konkrete Personen als „Andere" wie bei Levinas aufeinandertreffen, sondern als „Jedermann" (ebd.: 20), bedarf es eines institutionellen Pendants für Liebe oder Zuneigung – als intime Form des Bezugs zwischen

---

32 Eine Schwachstelle dieser Gerechtigkeitskonzeption ist aber, dass diese von Aristoteles zur Ermittlung des gerechten Preises entwickelt wurde und auf Tätigkeiten von Ärzten im Vergleich zu Bauern im Hinblick auf den Preis Bezug nimmt, letztlich also der Quantifizierung dient.

33 Das geschieht im Wesentlichen über „Gewöhnung", m.a.W. dadurch, dass die menschliche Praxis daraufhin ausgerichtet wird. Hier lässt sich auch der von Kant so häufig ins Treffen geführt „als ob" Konnex von Idee und Wirklichkeit anführen.

34 Ergänzend zu dieser Herleitung: Interessant ist einmal, dass diese Idee bei Nussbaum und Sen (1993) Niederschlag findet, wobei beide aus anderen Theorien schöpfen: Nussbaum ist weitgehend aristotelisch geprägt, während Sen intensiv Studien zum Marxismus betrieb. Das Bindeglied dürfte in der frühen Auseinandersetzung Marx' mit Aristoteles liegen.

Menschen –, was mit dem Herstellen von „Gerechtigkeit" gegeben ist (vgl. ebd.: 21f.).[35] Gerechtigkeit, so lässt sich schließen, ist die anerkennungstheoretische Übersetzung des Face-to-Face von intimen sozialen Beziehungen von konkreten Subjekten (dazu ebd. 22f). Diese gilt es einmal prinzipiell herzustellen und zweitens in pädagogischer Praxis zu leben. Für die Schule heißt dies, dass die Kinder und Jugendlichen das gleiche Recht auf gleiche Anerkennung ihrer Verschiedenheit haben. Diesbezügliche Strukturen sind zu etablieren und zu leben. Damit ist auf den zweiten Aspekt von Anerkennung und Gerechtigkeit verwiesen: die konkrete humane pädagogische Praxis.

Was Ricoeur (2002: 29) „Von der Fürsorge zur Interaktion" nennt, bezeichnet die Tatsache, dass Menschen auf unzählige Weise miteinander in sozialen Handlungen in Korrelationen stehen. Eine Form davon ist pädagogisches Handeln (vgl. auch Benner 2005). Für alle Handlungssituationen gilt jedenfalls, dass die diese rahmenden Strukturen bereits Einfluss darauf nehmen (vgl. ebd.: 30) und „Vortrefflichkeitsnormen" unterliegen.

In Aristoteles' Ethik wird deutlich, dass „Gerechtigkeit in diesem Sinn [.] allerdings Trefflichkeit (d.h. Tugend, RS) – […] in vollkommener Ausführung […] in ihrer Bezogenheit auf den Mitbürger[36]" (Aristoteles, NE, 1129b 26ff.) bedeute, und insofern interaktional zu verstehen sei. Gerechtigkeit ist ein Prozess, der mit Leben zu füllen (vgl. ebd., 1178a 20-1178b 8, 1179b 1-5, 1197b 1-1180a 1-14) und solidarisch auszurichten sei (vgl. ebd., 1130a 6f.)

Wie kommt es aber dazu, dass „Fürsorge" und „gerechte Verteilung" von Macht, Wort, Ressourcen usw. in der Schulgemeinschaft verwirklicht werden? Wie ist es möglich, Akte der Anerkennung zu setzen und solidarisch mit Kindern und Jugendlichen sowie jenen Kolleginnen und Kollegen zu sein, denen der Alltag größere Herausforderungen stellt? Aristoteles würde einmal ganz antiliberal antworten, indem Strukturen vorgegeben werden, die diese Ideen – allen voran: die Befähigung der Menschen – zu verwirklichen geeignet sind (vgl. ebd. Z. B. 1180a 15-24) und zum anderen, indem in der konkreten Praxis, Menschen eben sich in diese Formen des Handelns einüben und an diese gewöhnen (vgl. ebd., 1103a 14-20, 1179b 20-30). Weil es zum Wesen der rationalen und emotional-sozialen Anlagen gehört, dass diese situational, kulturell, inter- und intrapersonal variieren *müssen* (vgl. ebd., 1106b 16-28, 1107a 1-25, 1109a 20-29, 1109b 15-25), liegt selbst „gerechtes Handeln" als Heterogenisierung vor. Nur, was für die Idee der Bildung gültig ist, erweist sich auch hier als notwendig: Die Fundierung in der Idee des Guten, die sich als humanes Leben jedes Menschen zeigt. Dazu gehört zwingend eine angemessene Position in Gemeinschaften einnehmen zu können,

---

35 Bezüge von Lehrenden und Schülerinnen und Schülern sind qualitativ anders gelagert als familiale oder partnerschaftliche.

36 Wir erweitern die Bedeutung im Sinne aufklärerischer Vertragstheorien auf alle Mitglieder einer Gemeinschaft, die als Bürgerinnen und Bürger die gleiche Freiheit genießen.

womit sich der Prozess der Bildung nicht von jenem gerechter Verhältnisse trennen lässt.

6 Impulse für eine angemessene schulpädagogische Praxis

Kann eine Verständigung drauf erfolgen, dass „Schule" als Teil des Lebens von Kindern und Jugendlichen sowie Erwachsenen einen Kontext für Prozesse der *Bildung und Befähigung* bietet, dann ist ein wichtiger *Schutz*konkreter personaler Wirklichkeiten vor Reduktion gegeben.

Sowohl in der Forschung als auch in der pädagogischen Praxis gebietet sich dann ein kritisch-reflexiver Umgang mit dem „Feststellen" von Heterogenität, weil dieser selbst Gerechtigkeit konstituiert. Zudem hat sich gezeigt, dass Heterogenität vielmehr als Prozess zu verstehen ist, der vom „Gleichen" ausgeht (z.B. Anerkennung und Würde) und sich in einer (inter- und intrapersonalen) Affinität „aufhebt". Für die pädagogische Praxis heißt dies, dass Entwicklungen immer Momente der (scheinbaren) „Gleichheit" i.S.v. Beharren (Festigen) und der „Verschiedenheit" als Veränderung immanent sind. In diesem Sinn sind Beobachtungen und „Urteile" kritisch zu lesen und insbesondere im Zusammenhang mit Beratung und Förderung Achtsamkeit geboten.

Dieses Wechselspiel von Anpassung und Selbsttätigkeit i.e.S. ist als konstitutiv für menschliche Entwicklung anzusehen. Abgesehen von dieser gleichen Form des Lernen i.w.S. gilt es aber offen zu sein für z.b. unterschiedliche Qualitäten und verschiedene Taktungen dieses Prozesses. Gleichzeitig wird sich zeigen, dass Kinder und Jugendliche in unterschiedlichem Ausmaß und ganz situationsspezifisch ihre Anlagen entwickeln können und scheinbares Verharren vielfach als „Lernen" bezeichnet werden müsste.

Diesen „Rhythmus" gilt aber im Zusammenhang mit Unterrichtsplanung und -organisation auch zu berücksichtigen und Strukturen diesbezüglich zu etablieren. Ältere – durchaus „verwandte" – Theorien liegen mit Whiteheads (1929/1967) „Rhythm of education" vor, lassen sich aber auch in der „Dialogischen Didaktik" bei Ruf und Gallin (2005) finden. Diese Verschmelzung von Bewahren und Verändern im Prozess der Heterogenisierung aktualisiert sich aber als (gleiche) Form je individuell, was zu Irritationen pädagogischer Erwartungen führt. Offenheit wird insofern zur Basis dieser als Dialog verstandenen Bildung, die nur mit einem rechnen kann: mit der „Verschiedenheit Gleicher".

Gerechtigkeit bedeutet dann, dass die gleiche Freiheit der Selbstbestimmung möglich ist. Die sich dabei artikulierenden verschiedenen Befähigungen zu unterstützen, ist das Anliegen gerechter Strukturen und gerechter Praxis. Das Maß liegt dabei im jeweiligen Subjekt und seiner Entwicklungsgeschichte, die sich im Anerkennungsraum „Schule" geschützt entwickeln lassen und individuelle Talente zur Geltung bringen kann. Als Teil der Gemeinschaft steht die bzw. der Lernende in Bezügen zu anderen, kann seine Anlagen also nur in der Interaktion entwickeln. Dadurch konstituiert sich ein Verantwortungszusammenhang, der immer in lebendigen Bezügen gegeben ist und der im schulischen Alltag kenntlich zu machen ist.

Didaktische Konzeptionen und Arrangements des Schullebens liegen mit dem Projektunterricht oder dem Klassenrat sowie dem Schülerinnen- und Schülerparlament vor. Daneben finden sich auch didaktische Theorien, insbesondere aus dem Kontext Integrativer/Inklusiver Pädagogik (siehe z.B. Feuser 1989). Hier wird deutlich, so auch bei Schenz (in diesem Band), dass es weniger um das Einüben demokratischer Akte (Abstimmen), als vielmehr um eine Haltung i.S.v. „Lebensform" geht. Allen diesen Anregungen ist jedenfalls gemeinsam, dass diese Strukturen nahelegen, die Partizipation und Autonomie gleichermaßen möglich machen.[37]

Dieses Wechselspiel von Geben und Nehmen gilt es anzuleiten und dabei gleichzeitig das Spektrum „anerkennenswerter" Fähigkeiten in der Schule zu erweitern. Gerechtigkeit artikuliert sich im Zusammenhang mit Heterogenisierung dahingehend, dass verschiedene Fähigkeiten sich auch verschieden (schnell, ausgiebig, tiefgreifend, komplex usw.) entwickeln können und die Gemeinschaft jedem gemäß seiner Fähigkeiten auch Raum gibt und diesen auch einfordert. Neben der schulischen „Arbeit" eröffnen sich dadurch vielfältige Momente der Gemeinsamkeit und des Alleine-Seins.

Deutlich wird zudem, dass dieses Vorhaben ohne Bindung an eine Idee schwer denkbar ist. Das Prinzipielle wird hier als „Menschlichkeit" artikuliert. Ein gelungenes Leben muss mit dem angemessenen Platz in Gemeinschaften zusammengedacht werden, zumal beide als Prozesse der Heterogenisierung Fragen der Gerechtigkeit und Befähigung unterliegen. Diese Idee findet in der Schule dadurch Einzug, dass sie angeleitet, eingeübt, vorgemacht und anfangs sogar „vorgetäuscht" werden darf. Und: Menschlichkeit lebt davon, dass sie sich auch unterschiedlich artikulieren soll – so wie gerechtes Handeln und Bildung.

---

37 Nicht zufällig finden sich diese beiden Aspekte im Artikel 1 der „Übereinkommen über die Rechte von Menschen mit Behinderungen".

Literatur

Adorno, Theodor W.(1980): Minima Moralia. In: Adorno, Theodor W., Gesammelte Schriften, Bd. 4. Frankfurt a.m., Suhrkamp. (Ersterscheinung: 1951).

Adorno, Theodor W. (2006): Theorie der Halbbildung. Frankfurt a.m.: Suhrkamp. (Ersterscheinung: 1959).

Allemann-Ghionda, Cristina (2011): Orte und Worte der Diversität – gestern und heute. In: Allemann-Ghionda, Christina/Bukow, Wolf-Dietrich (Hrsg.): Orte der Diversität. Formate, Arrangements und Inszenierungen. Wiesbaden: VS, S. 15-34.

Arendt, Hannah (2014): Vita activa. Oder: Vom tätigen Leben. München: Piper. (Ersterscheinung: 1958).

Arens, Markus (2007): Bildung und soziale Herkunft – die Vererbung der institutionellen Ungleichheit. In: Harring, Marius/Rohlfs, Carsten/Palentien, Christian (Hrsg.): Perspektiven der Bildung. Kinder und Jugendliche in formellen, nichtformellen und informellen Bildungsprozessen. Wiesbaden: VS, S. 137-154.

Aristoteles (Met): Metaphysik. In: Wolf, Ursula (Hrsg.) (2007): Aristoteles: Metaphysik.. Reinbek, Rowohlt.

Aristoteles (NE): Nikomachische Ethik. In: Wolf Ursula (Hrsg. und Übers.) (2008): Aristoteles: Nikomachische Ethik. Reinbek: Rowohlt.

Ballauff, Theodor (1989): Pädagogik als Bildungslehre. Weinheim: Deutscher StudienVerlag.

Benner, Dietrich (2005): Allgemeine Pädagogik. Eine systematisch-problemgeschichtliche Einführung in die Grundstruktur pädagogischen Denkens und Handelns. Weinheim/München: Juventa.

Bieri, Peter (2005): Wie wäre es gebildet zu sein? http://www.hwr-berlin.de/fileadmin/downloads_internet/publikationen/Birie_Gebildet_sein.pdf [Zugriff: 30.06.2015].

Binder, Ulrich/Boser, Lukas (2011): Die Metrisierung der Pädagogik und die Pädagogisierung des Meters. Wie Pädagogik modernisiert wird. In: Zeitschrift für Pädagogik, 57, S. 19-36.

Brunkhorst, Hauke (2001): Egalität und Differenz. In: Zeitschrift für Pädagogik, 47, S. 13-21.

Buber, Martin (2006): Ich und Du. In: Buber, Martin: Das dialogische Prinzip. Gütersloh: Gütersloher Verlagshaus, S. 7-136. (Ersterscheinung: 1954).

Budde, Jürgen (2012): Problematisierende Perspektiven auf Heterogenität als ambivalentes Thema der Schul- und Unterrichtsforschung. In: Zeitschrift für Pädagogik 58, S. 522-540.

Cameron, Heather/Kourabas, Veronika (2013): Vielheit denken lernen. In: Zeitschrift für Pädagogik, 59, S. 258-274.

Deutsches PISA-Konsortium (Hrsg.) (2001): PISA 2000. Basiskompetenzen von Schülerinnen und Schülern im internationalen Vergleich. Opladen: Leske+Budrich.

Deutsches PISA-Konsortium (Hrsg.) (2001): PISA 2000. Die Länder der Bundesrepublik Deutschland im Vergleich. Opladen: Leske+Budrich.

130

Dickopp, Karl-Heinz (1983): Lehrbuch der Systematischen Pädagogik. Düsseldorf: Schwann.

Feuser, Georg (1989): Allgemeine integrative Pädagogik und entwicklungslogische Didaktik. In: Behindertenpädagogik, 28, S. 4-48.

Flitner, Wilhelm (1997): Allgemeine Pädagogik. Stuttgart: Klett-Cotta. (Ersterscheinung: 1950).

Frost, Ursula (2000): Geschichtlichkeit in pädagogischer Deutung. In: Vierteljahresschrift für wissenschaftliche Pädagogik, S. 26-37.

Geißler, Rainer (2006): Die Sozialstruktur Deutschlands. Zur gesellschaftlichen Entwicklung mit einer Bilanz zur Vereinigung. Wiesbaden: VS.

Giesinger, Johannes (2010): Bildung als Selbstverständigung. In: Vierteljahresschrift für wissenschaftliche Pädagogik, S. 363-375.

Grimm Jacob/Grimm Wilhelm (DWB): Deutsches Wörterbuch. 16 Bände in 32 Teilbänden. Leipzig: o.V. (1854-1961) online verfügbar: http://woerterbuchnetz.de

Guardini, Romano (1988): Welt und Person. Versuche zur christlichen Lehre vom Menschen. Paderborn: Schöningh. (Ersterscheinung: 1939).

Haydorn, Graham (2001): Kommunitarismus, Liberalismus und moralische Erziehung. In: Zeitschrift für Pädagogik, 47, S. 1-12.

Hartmann, Nicolai (1949): Das Ethos der Persönlichkeit. In: Ders. (1955): Kleinere Schriften. Bd. I: Abhandlungen zur Systematischen Philosophie. Berlin, de Gruyter, S. 311-318.

Hartmann, Nicolai (1962): Ethik. Berlin, de Gruyter. (Ersterscheinung: 1925).

Heitger, Marian (1999): Das Allgemeine der allgemeinen Pädagogik. In: Vierteljahresschrift für wissenschaftliche Pädagogik, S. 1-11.

Heitger, Marian (2011): Das „als ob", die Grundlage eines kategorischen Imperatives der Pädagogik? In: Vierteljahresschrift für wissenschaftliche Pädagogik, S. 112-131.

Humboldt, Wilhelm von (1960): Theorie der Bildung des Menschen. In: Flitner, A./ Giel, K. (Hrsg.): Wilhelm von Humboldt. Werke. Band 1. Schriften zur Anthropologie und Geschichte. Stuttgart: Cotta, S. 234-240. (Ersterscheinung: 1792).

Kaiser, Elisabeth (1991): Unterrichtsformen, Differenzierung und Individualisierung. In: Roth, Leo (Hrsg.): Pädagogik. Handbuch für Studium und Praxis. München: Ehrenwirth, S. 730-741.

Kant, Immanuel (GMS): Grundlegung zur Metaphysik der Sitten. In: Weischedel, Wilhelm (Hrsg.) (2011a): Immanuel Kant. Gesammelte Werke in sechs Bänden. Band IV. Darmstadt: WBG. (Ersterscheinung: 1785 (A) bzw. 1786).

Kant, Immanuel (MS): Metaphysik der Sitten. In: Weischedel, Wilhelm (Hrsg.) (2011b): Immanuel Kant. Gesammelte Werke in sechs Bänden. Band IV. Darmstadt: WBG. (Ersterscheinung: 1797 (A) bzw. 1798).

Kant, Immanuel (Anth): Anthropologie in pragmatischer Hinsicht. In: Weischedel, Wilhelm (Hrsg.) (1977): Immanuel Kant. Gesammelte Werke in zwölf Bänden. Band XII. Frankfurt a.M., Suhkamp. (Ersterscheinung: 1798 (A) bzw. 1800).

Kobusch, Theo (1997): Die Entdeckung der Person. Metaphysik der Freiheit und modernes Menschenbild. Darmstadt: WBG.

Koch, Lutz (2002): Personalstrukturen. In: Harth-Peter, Waltraud/Wehner, Ulrich/Grell, Frithof (Hrsg.): Prinzip Person. Über den Grund der Bildung. Würzburg: Ergon, S. 67-88.

Lenzen, Dieter (1998): Stichwort: Gerechtigkeit und Erziehung. In: Zeitschrift für Erziehungswissenschaft, 3, S. 323-339.

Levinas, Emanuel (1992): Die Spur des Anderen. Untersuchungen zur Phänomenologie und Sozialphilosophie. In: Krewani, Wolfgang, N. (Übers. und Hrsg.): Emmanuel Levinas. Die Spur des Anderen. Untersuchungen zur Phänomenologie und Sozialphilosophie. Freiburg/München: Alber.

Liessmann, Konrad P. (2006): Theorie der Unbildung. Wien: Paul Zsolnay.

Meyer, Hilbert (2001): Schulpädagogik. Bd. 1. Berlin, Cornelsen/Skriptor.

Mittelstraß, Jürgen (1978): Was heißt: sich im Denken orientieren? In: Mittelstraß, Jürgen. (1982): Wissenschaft als Lebensform. Reden über philosophische Orientierungen in Wissenschaft und Universität. Frankfurt a.M.: Suhrkamp, S. 162-184.

Mittelstraß, Jürgen (1989): Glanz und Elend der Geisteswissenschaften. In: Oldenburger Universitätsreden, Nr. 27. Oldenburg, Bibliotheks- und Informationssystem der Universität Oldenburg, S. 5-33.

Mollenhauer, Klaus (2008): Vergessene Zusammenhänge. Über Kultur und Erziehung. Weinheim/München: Juventa.

Nussbaum, Martha/Sen, Amartya (Hrsg.) (1993): The Quality of Life. New York: Oxford University Press.

Petzelt, Alfred (1986): Über das Bildungsproblem. In: Kauder, Peter (Hrsg.): Bildung als Standortbestimmung des Ich. Zur Neuherausgabe von Alfred Petzelts Aufsatz „Über das Bildungsproblem". Vierteljahresschrift für wissenschaftliche Pädagogik, S. 146-182. (Ersterscheinung: 1957).

Platon (Pol): Politeia. In: Wolf, Ursula (Hrsg.) (2008): Platon. Werke. Bd. 2. Übers. v. F. Schleiermacher. Reinbek, Rowohlt, S. 195-537. (Ersterscheinung: 1957-1959).

Poenitsch, Andreas (1999): Welterzeugung, Fiktion, Bildung. In: Vierteljahresschrift für wissenschaftliche Pädagogik, S. 454-470.

Poenitsch, Andreas (2008): Bildung heute. In: Vierteljahresschrift für wissenschaftliche Pädagogik, S. 51-64.

Prengel, Annedore (2006): Pädagogik der Vielfalt. Verschiedenheit und Gleichberechtigung in Interkultureller, Feministischer und Integrativer Pädagogik. Wiesbaden: VS.

Preuss-Lausitz (1993): Die Kinder des Jahrhunderts. Zur Pädagogik der Vielfalt im Jahr 2000. Weinheim/Basel: Beltz.

Rawls, John (1979): Eine Theorie der Gerechtigkeit. Frankfurt a.M.: Suhrkamp.

Reich, Kersten (2012): Inklusion und Bildungsgerechtigkeit. Standards und Regeln zur Umsetzung einer Inklusiven Schule. Weinheim: Beltz.

Ricoeur, Paul (2002): Zugänge zur Person. In: Harth-Peter, Waltraud/Wehner, Ulrich/Grell, Frithjof (Hrsg.): Prinzip Person. Über den Grund der Bildung. Würzburg: Ergon, S. 17-35. (französische Ersterscheinung: 1989).

Rousseau, Jean-Jacques (2008): Diskurs über die Ungleichheit. Edition Meier. Paderborn, Schöningh. (französische Ersterscheinung: 1754).

Ruf, Urs/Gallin, Peter (2005): Dialogisches Lernen in Sprache und Mathematik. Bd. 1. Austausch unter Ungleichen. Grundzüge einer interaktiven und fächerübergreifenden Didaktik. Seelze-Velber: Kallmeyer.

Schuppener, Saskia/Hauser, Mandy/Bernhardt, Nora/Poppe, Frederik (Hrsg.) (2014): Inklusion und Chancengleichheit. Diversity im Spiegel von Bildung und Didaktik. Bad Heilbrunn: Klinkhardt.

Schütz, Anna/Welling, Anna (2012): Aufmerksamkeit: Problem und Ziel pädagogischen Handelns. In: Vierteljahresschrift für wissenschaftliche Pädagogik, S. 700-704.

Sen, Amartya (1992): InequalityReexamined. New York, Harvard: University Press.

Spaemann, Robert (2006): Personen. Versuche über den Unterschied zwischen „etwas" und „jemand". Stuttgart: Klett-Cotta.

Stern, William (1923b): Die menschliche Persönlichkeit (= Person und Sache. System des kritischen Personalismus. Bd. 2.). Leipzig: Johann Ambrosius Barth.

Übereinkommen über die Rechte von Menschen mit Behinderungen (UN-BRK, 2006). http://www.institut-fuer-menschenrechte.de/

Verfassung des Landes Baden-Württemberg (Verf BW, 1953). https://www.lpb-bw.de/bwverf/bwverf.htm [Zugriff: 30.07.2014]

Verfassung des Freistaates Bayern (Verf Bay, 1998). http://www.gesetze-bayern.de/jportal/portal/page/bsbayprod.psml?showdoccase=1&doc.id=jlr-VerfBY1998rahmen&doc.part=X.

Walgenbach, Katharina (2014): Heterogenität – Intersektionalität – Diversity in der Erziehungswissenschaft. Stuttgart: utb.

Wenning, Norbert (2004): Heterogenität als neue Leitidee? Zur Berücksichtigung von Gleichheit und Verschiedenheit. In: Zeitschrift für Pädagogik, 50, S. 565-582.

Whitehead, Alfred North (1967): The Rhythm of Education. In: Whitehead, Alfred North: The Aism of Education and other essays. New York: The Free Press, S. 1-14. (Ersterscheinung: 1929).

Zdarzil, Herbert (1997): Die pädagogische Frage nach dem Menschen. Thesen zur pädagogischen Anthropologie. In: Vierteljahresschrift für wissenschaftliche Pädagogik, S. 405-414.

Interkulturelle Pädagogik und Waldorfpädagogik – eine anregende Begegnung

Albert Schmelzer

1 Die Ausgangslage: Waldorfpädagogik und Interkulturalität

Durch die Ergebnisse der empirischen Bildungsforschung ist in den letzten Jahrzehnten ein zentrales Problem des deutschen Bildungssystems aufgedeckt worden: die strukturelle Benachteiligung von Kindern und Jugendlichen mit Migrationshintergrund. Noch der jüngste Bildungsbericht vom Juni 2014 konstatiert, dass sich an der Situation der so genannten „Risikogruppe": Kinder mit Migrationshintergrund aus bildungsfernen, ökonomisch schwachen sozialen Schichten seit 2005 wenig geändert habe: Immer noch verfügt ein Drittel der jungen Erwachsenen mit Migrationshintergrund im Alter zwischen 30 und 35 Jahren weder über einen beruflichen Abschluss noch über einen Hochschulabschluss; das sind dreimal so viel wie bei den Gleichaltrigen mit deutschem kulturellem Hintergrund (vgl. Autorengruppe Bildungsberichterstattung: „Bildung in Deutschland 2014").

Angesichts dieser schwierigen Situation, die seit den 70er Jahren des vergangenen Jahrhunderts besteht, hat sich die Interkulturelle Pädagogik als spezifische neue Fachdisziplin etabliert; in diesem Zusammenhang sind zahlreiche Konzepte entwickelt und Programme formuliert worden (vgl. Auernheimer 2012, 7. Aufl.: 38-105; Holzbrecher 2004: 51-83; Mecheril 2004: 80-105; Nieke 2008, 3. Aufl.:13-36, Roth 2002).

An den Waldorfschulen ist diese Debatte bisher weitgehend vorübergegangen, und das hat vor allem einen Grund: Zwar gibt es selbstverständlich auch Kinder mit Migrationshintergrund in Waldorfschulen, doch stammen sie zumeist – ähnlich wie ihre Mitschülerinnen und Mitschüler – aus den mittleren und oberen Gesellschaftsschichten, dem „Bildungsbürgertum" eben (vgl. Barz/Randoll 2007). Das liegt vermutlich vor allem am Schulgeld, das Waldorfschulen aufgrund unzureichender staatlicher Zuschüsse verlangen müssen, sowie an einer kulturellen Hemmschwelle: Der Entschluss, sein Kind an eine freie Schule zu schicken, setzt ein erhebliches Maß an pädagogischem Interesse voraus. Vor diesem Hintergrund ist im Jahre 2003 in Neckarstadt-West, einem Innenstadtviertel Mannheims mit einem Migrantenanteil von über 50 % der Bevölkerung, vom Verfasser eine erste

Interkulturelle Waldorfschule mitbegründet worden, die teilweise durch Stiftungen finanziert wird, so dass das Schulgeld niedrig gehalten werden kann. Charakteristisch ist die große soziale wie kulturelle Heterogenität der inzwischen knapp 300 Schülerinnen und Schüler. Als Stadtteilschule wird sie von Kindern aller sozialen Schichten besucht, etwa die Hälfte hat einen Migrationshintergrund, manche bringen Lernprobleme oder soziale Verhaltensauffälligkeiten mit.

Inzwischen haben sich in Hamburg, Stuttgart, Berlin und Dortmund weitere Gründungsinitiativen mit waldorfpädagogischem Hintergrund gebildet; in Hamburg- Wilhelmsburg haben, integriert in eine staatliche Schule, drei Waldorf-Klassen im August 2014 ihre Arbeit aufgenommen (siehe www.waldorfwilhelmsburg.de).

Diese jüngste Entwicklung wirft die Frage nach dem Verhältnis von interkultureller Pädagogik und Waldorfpädagogik auf. Bestehen Affinitäten zwischen beiden Strömungen? Können sie einander befruchten? Besteht vielleicht sogar die Möglichkeit, dass die Waldorfpädagogik die von Hans-Joachim Roth beklagte Lücke zwischen „hochtrabender Theorie und werkelnder Praxis" (Roth 2000:38) bei der Interkulturellen Pädagogik ausfüllen könnte?

Der folgende Beitrag unternimmt es, Antworten auf diese Fragen zu finden. Dabei gliedert er sich in einen theoretischen und einen anwendungsorientierten Teil: Zunächst sollen grundlegende Ansätze der Interkulturellen Pädagogik und der Waldorfpädagogik miteinander verglichen, anschließend sollen einige wesentliche Konzeptbausteine der Interkulturellen Waldorfschule Neckarstadt-West vorgestellt werden.

2 Aspekte von Interkultureller Pädagogik und Waldorfpädagogik – ein Vergleich

Wenn auch die Interkulturelle Pädagogik weniger noch als die Waldorfpädagogik als eine homogene Strömung erscheint, so bestehen zwischen ihren Vertretern doch so viele Gemeinsamkeiten, dass ein Vergleich mit der Waldorfpädagogik möglich erscheint, dabei soll der Blick auf das Anliegen, die jeweiligen Wege des Umgangs mit kultureller Vielfalt und das Ziel der Erlangung interkultureller Kompetenz gerichtet werden.

2.1 Das Anliegen

Das Anliegen Interkultureller Pädagogik gliedert sich ganz in die allgemeine Pädagogik ein: Sie strebt an, Anregungen zu geben für die Identitätsfindung der heranwachsenden Persönlichkeit – egal, welcher Kultur sie angehört. Insofern versteht sich die Interkulturelle Pädagogik als Ermutigung zur Selbstbildung, als eine Pädagogik des „empowerment": Sie zielt weniger auf das Beheben von Defiziten als auf das Fördern der Stärken des Kindes. Hans-Joachim Roth formuliert:

> „Interkulturelle Erziehung basiert auf einer kindzentrierten Pädagogik. Anthropologische Basis ist […] eine Subjektorientierung, das heißt ein Ansetzen an den spezifischen Lebensbedingungen, Erfahrungen und Bedürfnissen der Menschen […]" (Roth 2002: 89).

Es liegt in der Konsequenz eines solchen Ansatzes, zu frühe Selektion zu vermeiden und gezielte Förderung zu postulieren.

Das Anliegen der Waldorfpädagogik weist in eine ähnliche Richtung, wenn es auch anders formuliert wird: Es geht ihr um die Ausbildung der Individualität. Ihr Begründer Rudolf Steiner formuliert:

> „Das muß uns ja eigentlich als großes Ideal vorschweben. Keiner gleicht dem andern, jeder, jeder ist ein Wesen für sich. […] Beginnen, den inneren Seelenblick voll auf die Individualität hinzulenken, das muss im Unterricht der Menschen kommen" (Steiner, GA 296, 1971/1919: 83).

Insofern setzt auch Waldorfpädagogik auf das Konzept von Selbstbildung und Selbstwirksamkeit (vgl. etwa Steiner, GA 306, 1982/1923: 131). Die Anregungen dazu werden – entsprechend der Altersstufe – differenziert gegeben; als Anregung zur Nachahmung im Vorschulalter, zur Bildung eines reichen inneren Vorstellungslebens in der Unter- und Mittelstufe, zur eigenständigen Urteilsbildung in der Oberstufe (Kranich 2011).

Die pädagogischen Konsequenzen sind radikal: Waldorfpädagogik verzichtet auf Notengebung, Sitzenbleiben und Selektion und praktiziert einen integrierten Bildungsgang bis zur 12. Klasse mit einem differenzierten kultur- und naturwissenschaftlichen, künstlerischen und handwerklich-praktischen Bildungsangebot, so dass multiple Intelligenzen sich entfalten können.

2.2 Wege zum Umgang mit kultureller Vielfalt

Interkulturelle Pädagogik sieht kulturelle Vielfalt als bereicherndes Element auf dem Weg zur Identitätsbildung an (Roth 2002: 91). Damit wird angeschlossen – wie Georg Auernheimer betont – an die Bildungsideen von Herder, Wilhelm von Humboldt und Hegel.

Nach Herder kann universelle Bildung nur erfolgen, wenn man auf die „Stimmen der Völker", die Äußerungen der verschiedenen Kulturen, lauscht. Wilhelm von Humboldt sah im Erlernen fremder Sprachen und dem damit verbundenen Perspektivwechsel eine Voraussetzung für das Anerkennen von Differenz, und für Hegel war der bewusstseinsmäßige Durchgang durch das Fremde, die „Entfremdung", eine Voraussetzung für das Finden des Eigenen (vgl. Auernheimer 2007, 5. Aufl.: 65 ff.).

Allerdings ist der gegenwärtige Kulturbegriff gegenüber den klassischen Traditionen differenzierter, dynamischer, offener geworden: Kulturen werden nicht als monolithische Gebilde im Sinne einer einheitlichen Volkskultur gesehen, sondern als ein vielfältiges, sich entwickelndes Gewebe von ethnischen, sprachlichen, religiösen, philosophischen, politischen Fäden, das sich in dauernder Interaktion mit anderen Kulturen befindet. Was wäre – um es banal zu sagen – die deutsche Küche ohne italienische Einflüsse, was die europäische Kultur ohne arabische Wissenschaft? Vieles ursprünglich Fremde ist im Laufe der Geschichte zu Eigenem geworden, Eigenes findet sich im Fremden wieder.

Auf diesem Hintergrund wird in der Interkulturellen Pädagogik das Verhältnis von Individualität und Kultur nicht so bestimmt, als könne der Einzelne seine Identität nur durch die Identifikation mit einer Kultur finden; vielmehr kann er zwischen Kulturen navigieren und damit neue kulturelle Muster schaffen. Insofern zielt Interkulturelle Pädagogik weder auf Assimilation noch Akkulturation; wenn von Integration gesprochen wird, so meint das die Akzeptanz der verfassungsmäßig festgelegten Werte und Verfahren.

Die Achtung vor kultureller Vielfalt hat innerhalb der Interkulturellen Pädagogik zu Konsequenzen geführt: Sie versteht sich als „Anwältin der Mehrsprachigkeit" (Roth 2002: 90) und des bilingualen Unterrichts (Holzbrecher 2004: 105). Auch regt Interkulturelle Pädagogik globales Lernen an; im Blick auf die Verantwortung für die *eine* Welt sind eine Reihe von didaktischen Modellen für die Geografie, Geschichte und Sozialkunde entwickelt worden (ebd.: 108-113). Schließlich findet sich im Kontext Interkultureller Pädagogik auch der Hinweis, es sei förderlich, eine größere Zahl von Lehrern mit Migrationshintergrund in den Schulen zu haben als das bisher der Fall ist.

Auch für die Waldorfpädagogik ist die Begegnung mit kultureller Vielfalt ein zentrales Bildungselement (vgl. Leber 1997: Anthroposophie und Waldorfpädagogik in den Kulturen der Welt). Rudolf Steiner sah sich in diesem Zusammenhang in der Tradition von Herder und Humboldt; er entdeckte in ihnen ein „Streben nach Kosmopolitismus, das durch die Aufnahme desjenigen, was man in Liebe zu allen Völkern sich erwerben kann, das Wesen des eigenen Volkes adelt und erhöht..." (Steiner, GA 335, 2005/1920: 97). Und ähnlich wie Herder und Humboldt ging Steiner von der Annahme einheitlicher Volkskulturen aus – eine Prämisse, die aufgrund des neueren Diskurses zur Kulturtheorie zu hinterfragen wäre.

In Bezug auf das Verhältnis von Individuum und Kultur allerdings vertrat Steiner schon 1917 die Ansicht, dass der Einzelne sich für eine Kultur entscheiden könne. In einem Memorandum zur Frage der Koexistenz verschiedener Volkskulturen in Österreich-Ungarn in durchmischten Siedlungsgebieten forderte er kulturelle Autonomie innerhalb eines freien Geisteslebens. Da heißt es:

„Der Staat überlässt es den sach-, berufs- und völkermäßigen Korporationen, ihre Gerichte, ihre Schulen, ihre Kirchen usw. zu errichten, und er überlässt es dem Einzelnen, sich seine Schule, seine Kirche, seinen Richter zu bestimmen" (Steiner, GA 24, 1982/1915-1921: 342 ff.).

Vor diesem Hintergrund ist es nicht erstaunlich, dass das Anstreben kultureller Vielfalt die Theorie und Praxis der Waldorfschulen entscheidend geprägt hat, die Übereinstimmung mit den Postulaten Interkultureller Pädagogik ist nicht zu übersehen: Mehrsprachigkeit ab der 1. Klasse, ein Geschichtsunterricht, der nicht als National-, sondern als Weltgeschichte konzipiert ist (Zech 2012), die Behandlung der Weltliteratur und der Weltreligionen (Richter 2006, 2. Aufl.: 144, 285 ff.), in den letzten Jahren auch Unterrichtseinheiten zum Thema der Globalisierung. Auf dieser Grundlage eines Anstrebens kultureller Vielfalt konnte eine internationale Waldorfschulbewegung mit über tausend Schulen auf allen Kontinenten entstehen. Allerdings erscheint die kritische Nachfrage angebracht, ob genügend Mut besteht, die eigene Kultur curricular einzubringen oder ob nicht vielfach ein gewisser Eurozentrismus regiert – eine Frage, welche den Diskurs innerhalb der internationalen Waldorfschulbewegung weiterhin begleiten wird.

2.3 Das Ziel

Interkulturelle Pädagogik strebt danach, interkulturelle Kompetenz zu veranlagen: die Fähigkeit zu einem vorurteilsbewussten, angstfreien Umgang mit Fremdheit, die Haltung von Toleranz als aktives Interesse und Achtung vor dem Anderen, die Fähigkeit zu einer multiperspektivischen Urteilsbildung. Interkulturelle Kompetenz entscheidet sich an der Frage, wie wir mit dem Fremden umgehen. Dabei tritt eine erkenntnistheoretische Problematik auf. Im Alltagsverständnis erscheint uns unser Bewusstsein als Abbild der Wirklichkeit und wir zögern nicht, die Dinge zu bewerten: Das ist schön, das ist hässlich usw. Wir stehen auf dem Standpunkt eines naiven Realismus. Eine genauere erkenntnistheoretische Analyse zeigt, dass es sich in Wirklichkeit anders verhält. Wir selbst sind es, welche die Mannigfaltigkeit der Sinneserscheinungen – Farben, Töne, Bewegungen, einen mimischen Ausdruck – begrifflich durchdringen, wobei Gefühle immer mitspielen. Damit aber wird klar: Fremdheit ist eine Konstruktion, die vor allen Dingen etwas über uns selbst aussagt. Aus dieser Sicht eines erkenntnistheoretischen Konstruktivismus ergibt sich die Forderung nach interkulturellem Lernen: Jenseits von Ablehnung oder Übernahme des Fremden, von Separation oder Assimilation, einen Modus der Begegnung mit dem Fremden zu finden, der geprägt ist von produktiver Neugier, der Überwindung von Vorurteilen, aktivem Interesse und Toleranz, gegebenenfalls der Transformation des Fremden hin zu neuen kulturellen Schöpfungen.

In der Waldorfpädagogik wird in dem angesprochenen Zusammenhang weniger von interkultureller Kompetenz als von der Fähigkeit zur Begegnung gesprochen. Und bemerkenswerterweise beruht auch hier die Frage nach dem Umgang mit dem Fremden auf einer erkenntnistheoretischen Grundlage. Auch in der Erkenntnistheorie Rudolf Steiners wird der naive Realismus überwunden, in seinem „perspektivischen Essentialismus"(Schieren) wird die Beteiligung des menschlichen Geistes an der Konstitution von Wirklichkeit mit reflektiert, wobei anerkannt wird, dass er sich im Erkenntnisprozess dem Wesen einer Sache annähern kann (Simons 2008). Aus einer solchen erkenntnistheoretischen Grundposition ergibt sich die Forderung nach der Erkenntnishaltung einer sorgfältigen Phänomenologie: einer behutsamen, immer selbstkritischen Annäherung an die Phänomene, wobei Qualitäten wie Offenheit, Staunen, Empathie eine entscheidende Rolle spielen. Eine solche phänomenologische Grundhaltung hat für die Waldorfpädagogik eine Bedeutung in doppelter Hinsicht: einerseits als Methode des Weltzugangs, etwa in den naturkundlichen Fächern, andererseits als Grundhaltung in der Begegnung von Lehrern und Schülern. Immer wieder trifft man in Steiners Vorträgen und Schriften auf die Aufforderung, nicht zu definieren, sondern zu charakterisieren und zu einer multiperspektivischen Betrachtung vorzudringen (Steiner, GA 293, 1973/1919: 140), Unbefangenheit und Positivität zu üben (Steiner, GA 10, 1992/1904-1905: 128 ff.) und vor allem: sich der eigenen Voreingenommenheit bewusst zu werden und sich selbst „wie ein Fremder" gegenüber zu stehen (GA 10: 31). So bestehen, vergleicht man interkulturelle Pädagogik und Waldorfpädagogik, zwar unterschiedliche erkenntnistheoretische Ansätze: Konstruktivismus auf der einen, ein perspektivischer Essentialismus auf der anderen Seite; in den angestrebten Grundhaltungen aber gibt es eine weitgehende Übereinstimmung: Unbefangenheit, aktives Interesse, Multiperspektivität, die Überwindung von Vorurteilen und Toleranz sind zentrale Elemente von Interkultureller Pädagogik und Waldorfpädagogik.

2.4 Fazit

Damit können wir zu einem Resümee des theoretischen Teils unserer Betrachtung kommen. Blickt man auf das Anliegen, den Umgang mit kultureller Vielfalt und das Ziel von Interkultureller Pädagogik und Waldorfpädagogik, so zeigen sich trotz gelegentlich unterschiedlicher Terminologie große Affinitäten: Beide streben an, Anregungen zu geben zur Selbstbildung der Kinder und Jugendlichen – auch über das bestehende kulturelle Milieu hinaus –, beide sehen kulturelle Vielfalt als ein den Bildungsgang bereicherndes Element an, beide suchen eine frühe schulische Selektion zu vermeiden und den individuellen Bildungsweg zu fördern. Auf diesem Wege wird sowohl von der Interkulturellen Pädagogik wie von der Waldorfpädagogik kulturelle Vielfalt als bereichernd angesehen, entsprechend favorisieren beide Mehrsprachigkeit und globales Lernen. Der Waldorfpädagogik täte es in diesem Zusammenhang sicher gut, verstärkt bilingualen Unterricht anzubieten; auch bleibt in der internationalen Waldorf-Schulbewegung die Suche nach der Überwindung eurozentrischer Konzepte weiterhin aktuell. In der grundlegenden Frage des Umganges mit dem Fremden besteht trotz unterschiedlicher erkenntnistheoretischer Ansätze – Konstruktivismus versus perspektivischem Essentialismus – Einigkeit in dem Streben nach Unbefangenheit, Multiperspektivität, der Überwindung von Vorurteilen und Toleranz, verstanden als Haltung aktiven Interesses.

Im zweiten Teil der Betrachtung soll nun gezeigt werden, in welcher Weise die beschriebenen Ansätze Eingang gefunden haben in Konzept und Praxis der Interkulturellen Waldorfschule Mannheim-Neckarstadt-West.

3 Die Interkulturelle Waldorfschule Mannheim-Neckarstadt-West

3.1 Der Ort

Charakteristisch ist der Ort, an dem sich die Interkulturelle Waldorfschule befindet: ein Discounter, ein türkischer Supermarkt, ein Asia-Shop, ein Call-Center, ein Fitness-Studio – das ist die unmittelbare Nachbarschaft der Interkulturellen Waldorfschule. Sie befindet sich also „mittendrin": in einem ehemaligen Möbel-Verkaufshaus inmitten von Neckarstadt-West, einem multikulturellen Mikrokosmos mit einem Migrantenanteil von rund 50 %, aber eben auch einem so genannten Problemviertel: die Zahl der Arbeitslosen, der Sozialhilfeempfänger, der Drogenabhängigen liegt höher als in fast allen anderen Vierteln der Stadt.

3.2 Die Kinder – kulturelle und soziale Vielfalt

Die meisten der knapp 300 Kinder, die in die zwölf Klassen gehen, stammen aus Neckarstadt-West, etwas über 50 % haben einen Migrationshintergrund. Über 30 Nationen sind vertreten sowie alle sozialen Schichten, wobei zahlreiche Herkunftsfamilien einen schwachen sozio-ökonomischen Status haben.

3.3 Ein internationales Kollegium

Was für die Schüler gilt, gilt auch für die Lehrer: Das Kollegium ist bunt gemischt, nur etwas mehr als die Hälfte hat einen deutschen kulturellen Hintergrund. Darin liegen große Chancen: breite Möglichkeiten kulturellen Austausches innerhalb des Kollegiums, vielfältige Identifikationsangebote für die Schülerinnen und Schüler, aber auch einiges an Konfliktpotenzial: unterschiedliche Auffassungen von Pünktlichkeit, verschiedene Argumentations- und Unterrichtsstile.

3.4 Eine verbindliche Ganztagsschule

Die Interkulturelle Waldorfschule ist eine verbindliche Ganztagsschule; für die unteren Klassen geht der Unterricht bis 15.00 Uhr, für die oberen bis 16.00 Uhr, eine Hortbetreuung bis 17.00 Uhr wird angeboten. Ein solches Konzept ist nicht nur im Blick auf die Eltern, die oft beide berufstätig sind, sinnvoll, sondern auch im Blick auf die Schülerinnen und Schüler: Es gibt genügend Zeit für – auch interkulturelle – Begegnungen. Allerdings stellt sich die Herausforderung, die Schule nicht nur als Lernort, sondern auch als Lebensraum zu gestalten. Zudem ist ein hygienischer, gut rhythmisierter Tagesablauf anzustreben. Dabei spielen folgende Gesichtspunkte aus der Chronobiologie eine Rolle:

- Die intellektuelle Leistungsfähigkeit ist morgens gegen 9.00 Uhr besonders hoch und sinkt ab bis gegen 13.00/14.00 Uhr, um dann wieder anzu-
  steigen und einen erneuten Höhepunkt gegen 16.00 Uhr zu erreichen.
- Morgens ist der Kopf besser durchblutet, nachmittags sind es die Gliedmaßen.
- Es erscheint sinnvoll, alle 1 ½ bis 2 Stunden eine Pause einzulegen. (Rittelmeyer 2002: 111 ff., Glöckler 2006: 34).

Entsprechend ist der Stundenplan aufgebaut: Morgens, im Hauptunterricht,
liegt die eher gedankliche Arbeit, dann schließen sich künstlerische Fächer
und die Fremdsprachen an. In der Mittagszeit liegt das gemeinsame Essen
mit einer ausgedehnten Pause, dann folgen am frühen Nachmittag ein Projektunterricht mit hauptsächlich praktischen Tätigkeiten sowie Sport und
Werken. Auf diese Weise stehen gedankliche, künstlerische und sportlich-
praktische Tätigkeiten in einem ausgewogenen Gleichgewicht.

3.5 Pflege der deutschen Sprache und Mehrsprachigkeit

Ein zentrales Thema Interkultureller Pädagogik ist die Förderung und Pflege
der deutschen Sprache. In diesem Zusammenhang geht die Interkulturelle
Waldorfschule nicht den Weg, die Kinder mit sprachlichen Defiziten in sepa-
rierte Vorbereitungskurse zu stecken. Vielmehr werden alle Kinder einem
Sprachbad ausgesetzt, das sie im Verlauf des Tages immer tiefer in das Deutsche eintauchen lässt. Ein erstes Element in diesem Zusammenhang ist der
tägliche, so genannte rhythmische Teil zu Beginn des Hauptunterrichts, in
dem Sprachübungen, Gedichtrezitationen, Lieder und Bewegungsübungen
einander abwechseln. Dem chorischen Sprechen wird ein breiter Raum gegeben: Balladen, Gedichte, Sprüche werden von der ganzen Klasse eingeübt.
Der Einzelne wird dabei zunächst entlastet. Er kann sich an der Gruppe orientieren und damit das erste Hindernis, laut und vernehmlich zu sprechen,
überwinden.
    Verstärkt wird dieser Weg zum aktiven Sprechen noch durch den Erzähl-
teil, der den Hauptunterricht abschließt und am nächsten Tag von den Schülerinnen und Schülern nacherzählt wird. Im Anhören der Märchen, Legenden,
Sagen, Mythen und Biografien begegnen sie täglich einer künstlerisch geformten Sprache und schulen damit ihr Sprachgefühl. Sprache wird für sie
mehr als ein kurzatmiges Verständigen in Wortfetzen und Halbsätzen, Sprache wird für sie das Eintauchen in eine vielgestaltige Erlebniswelt.
    Darüber hinaus wird auch der Herkunftssprache der Kinder Wertschät-
zung entgegen gebracht. Diese dokumentiert sich in der Einrichtung des
Faches Begegnungssprache. Der begegnungssprachliche Unterricht (2 Stun-

den/Woche) findet in den ersten zwei Schuljahren klassenübergreifend statt; dabei können die Migrantenkinder in die Gruppe gehen, in der ihre Muttersprache angeboten wird und die übrigen Kinder ordnen sich zu. Der begegnungssprachliche Unterricht ist weniger ein systematischer Sprachunterricht als vielmehr ein Weg, über die Sprache in eine Begegnung mit der jeweiligen Kultur zu kommen. Mit Liedern, Versen, kleinen Geschichten und Rollenspielen tauchen die Kinder nachahmend in die jeweilige Alltagskultur ein, es werden typische Instrumente vorgestellt, Feste vorbereitet, Gerichte gekocht und Tänze eingeübt.

Für einen Teil der Migrantenkinder bedeutet dieser Unterricht eine erste offizielle, bewusst herbeigeführte Berührung mit ihrer Herkunftskultur, die Liebe zu ihren kulturellen Wurzeln wird angelegt.

Die Kinder mit Deutsch als Muttersprache erleben den begegnungssprachlichen Unterricht aus einer etwas anderen Perspektive. Kulturell Fremdes kommt ihnen entgegen, aber dieses Fremde wird nicht als Angriff auf das Eigene erlebt, dem mit Angst und Abwehr zu begegnen wäre, sondern als etwas Anregendes, Interessantes und Bereicherndes.

Zudem hat dieser Unterricht für beide Gruppen eine wichtige soziale Bedeutung: Ein Rollenwechsel findet statt. Denn hier sind es die Migrantenkinder, die problemlos verstehen und manches erklären können, die Kinder mit deutschem Hintergrund haben sich dagegen mit Ungewohntem zurechtzufinden – eine für das soziale Zusammenleben fruchtbare Erfahrung.

Ab der dritten Klasse wird der begegnungssprachliche Unterricht von einem Kulturunterricht abgelöst, in dem – wiederum mit handlungsorientierter Methodik – die Kinder mit exemplarischen europäischen, afrikanischen, amerikanischen, asiatischen und australischen Kulturen bekannt gemacht werden.

Im Übrigen werden ab der ersten Klasse alle Kinder in der englischen Sprache unterrichtet. Ab der zweiten Klasse wird auch Französisch angeboten, wobei für manche Kinder in dieser Zeit die deutsche Sprache vertieft wird.

3.6 Der Projektunterricht

In den Klassen 1 bis 6 wird in den frühen Nachmittagsstunden ein so genannter Projektunterricht (4 Stunden/Woche) gegeben. Dieser Unterricht ist insofern „Pädagogik pur", als das Klassenkollegium versucht, auf die jeweiligen aktuellen Bedürfnisse einer Klasse einzugehen. Im Einzelnen ist schon Unterschiedlichstes gemacht worden: Ein Kräutergarten wurde angelegt, ein Klettergerüst gebaut, Bogenschießen und Volkstanz geübt, ein türkisches Schattenspiel erarbeitet u.a.m. Die einzelnen Projekte können mal eher sportlich, mal eher künstlerisch oder handwerklich sein. Vielfach haben sie mit körperlicher Geschicklichkeit zu tun; wichtig ist, dass etwas mit den Händen, also praktisch getan wird und dass bestehende Sinnesschwächen, besonders in der Feinmotorik, ausgeglichen werden.

3.7 Der Klassenlehrer

Die Erfahrung hat gezeigt, wie wertvoll die an Waldorfschulen übliche Einrichtung des Klassenlehrers ist, der in den Klassen 1 bis 8 die Kinder jeden Morgen im so genannten Hauptunterricht unterrichtet, der zudem mindestens bis zum Mittagessen, oft aber noch darüber hinaus, in der Schule ist. Denn der Klassenlehrer gibt den Kindern das, was sie am meisten benötigen: eine verlässliche Orientierung. Bei allen Unsicherheiten, dem Zerbrechen der Familien, den sprachlichen Defiziten, den Verunsicherungen, die mit dem Wahrnehmen der eigenen kulturellen Differenz zusammenhängen, ist der Klassenlehrer, der dem Kind morgens in die Augen schaut und ihm die Hand gibt, so etwas wie ein Fels in der Brandung: Er kennt das Kind seit der Aufnahmesprechstunde, er hat die Eltern mehrfach besucht, er weiß um die Lebensumstände, Schwierigkeiten, Begabungen des Kindes. Das aber gibt ihm die Möglichkeit, allmählich ein Vertrauensverhältnis zu den Kindern zu entwickeln. Genau dieses Vertrauen aber schafft die Atmosphäre, in der die Kinder offen genug sind, ihre Schwächen zu zeigen und mutig genug, sich etwas zuzutrauen.

3.8 Lernen ohne Angst

Grundlage einer solchen Begegnungsmöglichkeit, wie sie besonders der Klassenlehrer hat, ist ein Lernen ohne Angst. An der Interkulturellen Waldorfschule werden die Kinder nicht nach ihrer intellektuellen Leistungsfähigkeit segregiert, etwa durch Notengebung und Klassenwiederholungen. Diese Maßnahmen, im pädagogischen Diskurs sowieso umstritten (vgl. Bless u.a. 2004), erscheinen für Kinder mit Migrationshintergrund besonders kontraproduktiv. Die Interkulturelle Waldorfschule zeigt, dass auf sie verzichtet werden kann. Die Kontinuität in den sozialen Beziehungen, die dadurch entsteht, dass Jahrgangsklassen lange zusammenbleiben, bildet eine Stütze gerade für die schwächeren Schülerinnen und Schüler. Dennoch werden am Ende der Schulzeit Prüfungen abgelegt: der Hauptschulabschluss nach der 10., die Realschulprüfung und die Fachhochschulreife nach der 12. Klasse. Wann auch das Abitur angeboten werden wird, hängt von der Finanzierungsmöglichkeit ab; im Augenblick bestehen Kooperationen mit den umliegenden Waldorfschulen.

3.9 Das Bemühen um Interkulturalität

Die Suche nach dem, was Interkulturelle Pädagogik sein könnte, ist eine dauernde Herausforderung an das Schulleben. Die kulturellen Unterschiede werden nicht eingeebnet, sondern als Reichtum für das Schulleben gewürdigt. Von großer Bedeutung sind dabei die Feste: Sie sind, von der Aufnahme der Schulanfänger angefangen, über die Monatsfeier, den Fasching, das Sommerfest bis hin zum Zuckerfest am Ende des Ramadan ein Leben im Miteinander von Kulturen. Dennoch tauchen immer wieder Momente auf, in denen die Lehrerinnen und Lehrer mit Unerwartetem, Fremdem konfrontiert werden.

Ein lebhaftes muslimisches Kind, begeisterter Besucher einer Koranschule, sagt zu seinem christlichen Freund und dessen Mutter mit einem Bedauern, das aus vollem Herzen kommt: „Ihr werdet alle im Feuer enden, weil ihr Schweinefleisch esst!". Ein türkischer Schüler hat das rituelle Schlachten miterlebt und erzählt begeistert, wie die Kehle des Tieres durchschnitten wird und das Blut spritzt. Ein zwölfjähriges Mädchen setzt sich während des Ramadan im Turnunterricht auf die Bank und erklärt, nicht mitmachen zu wollen – im Ramadan dürfe man keinen Sport treiben.

Wie soll man mit solchen Situationen umgehen? Wichtig erscheint, nicht sofort eine ablehnende oder gar entsetzte Haltung einzunehmen, sondern den Versuch zu unternehmen zu verstehen. Im Falle des Mädchens, welche das Mitturnen verweigerte, ergab sich eine Antwort beim Besuch eines Islamwissenschaftlers: Erst nach der Pubertät seien Gläubige zum Fasten verpflichtet – und auch dann sei ein Turnen ohne übertriebenen Körpereinsatz und verbissenen Wettkampf zu vertreten. Damit konnte die Turnlehrerin leben: Verstehen schafft einen Raum, in dem eigenes Handeln möglich wird. Das gilt auch in Bezug auf die Äußerung des Jungen, dem vielleicht entgegnet werden kann, dass Allah noch auf anderes achtet als darauf, ob jemand Schweinefleisch isst oder nicht.

Letztlich geht es beim Erüben interkultureller Kompetenz um etwas Allgemein-Menschliches: die Kunst der Begegnung. Die aber findet zwischen Individualitäten statt und jedes Ich transzendiert die umgebende Kultur. An diesem Punkt zeigt sich die Berechtigung der Strömung Transkultureller Pädagogik; sie schärft die Aufmerksamkeit dafür, dass Erziehung und Bildung auf das Herausschälen der Individualität zielen und dass es im pädagogischen Handeln darum geht, jegliche Art von Unterschieden, die „diversity" in Geschlecht, Begabung, sozialem Milieu und Kultur zu achten und produktiv mit ihr umzugehen (Takeda 2012, Göhlich u.a. 2006). Das Bemühen um eine solche Haltung erscheint als ein unabschließbarer Prozess: Wir nähern uns dem anderen an, aber es bleibt das Rätsel der Individualität. In diesem Sinne gilt das Wort des Philosophen Bernhard Waldenfels: „Einer ist dem anderen immer nur auf der Spur" (Waldenfels 1991: 53).

In den Jahren 2004-2006 ist die Interkulturelle Waldorfschule Mannheim-Neckarstadt evaluiert worden; die wichtigsten Ergebnisse der Untersuchung seien angeführt:

- „Nach zwei Jahren konnten anhand der Sprachprofilanalyse (nach Prof. Grießhaber/Uni Münster) deutliche Verbesserungen bei knapp 90 Prozent der Kinder mit anfänglich vorliegenden Defiziten im Gebrauch der deutschen Sprache festgestellt werden. Die Einschätzung der Klassenlehrer ergab bezüglich der Sprachkompetenzen zu Beginn des Untersuchungszeitraums insbesondere in den unteren Klassenstufen statistisch signifikante Unterschiede bei den sprachlichen Kompetenzen zwischen Kindern mit und ohne Migrationshintergrund, die sich jedoch nach zwei Schuljahren bereits so verringerten, dass sie nicht mehr statistisch signifikant waren. […]
- Untersucht wurde auch die Entwicklung der Schüler im Lernverhalten: Bei Aspekten wie „Aufmerksamkeit", „Selbständiges Arbeiten" und „Unterrichtsbeteiligung" gab es zu *keinem* Zeitpunkt signifikante Unterschiede zwischen Kindern mit und ohne Migrationshintergrund oder zwischen Kindern unterschiedlicher sozialer Herkunft.
- Was die soziale Integration betrifft, also „Beliebtheit unter Mitschülern", „Hilfsbereitschaft" oder „Integration in die Klassengemeinschaft", so war im Untersuchungszeitraum insgesamt eine deutlich positive Entwicklung des Sozialklimas unter den Schülerinnen und Schülern zu beobachten. Es waren auch hier *keine* signifikanten Unterschiede zwischen Kindern mit und ohne Migrationshintergrund oder zwischen Kindern unterschiedlicher sozialer Herkunft feststellbar. […]
- In zwei schriftlichen und mündlichen Elternbefragungsrunden konnte eine hohe Akzeptanz der Eltern gegenüber dem interkulturellen und waldorfpädagogischen Konzept der Schule festgestellt werden. Die befragten Eltern waren mit der schulischen Entwicklung ihrer Kinder weitestgehend zufrieden, fühlten sich in der Schulgemeinschaft wohl und sind motiviert, die Schule auf ihrem Weg tatkräftig zu unterstützen. Insbesondere Eltern, die bereits Erfahrungen mit staatlichen Schulen gemacht hatten, schätzten die engagierte Arbeit der an der Schule tätigen Lehrerschaft und den offenen und vertrauensvollen Umgang zwischen Lehrern, Schülern und Eltern" (Brater u.a. 2009: 209 ff.).

Inzwischen, Sommer 2014, ist die Schule bis zur zwölften Klasse ausgebaut, zwei Jahrgänge haben die Abschlussprüfungen abgelegt, die meisten haben bestanden und den Übergang in eine Ausbildung bzw. ein Studium geschafft. Weitere Entwicklungsschritte, besonders die Implementierung eines durchgehenden Konzepts praktischen Lernens in der Mittel- und Oberstufe, erscheinen notwendig. Dennoch kann ein vorläufiges Fazit zum Verhältnis von Interkultureller Pädagogik und Waldorfpädagogik gezogen werden.

4 Fazit

Der Vergleich zwischen Interkultureller Pädagogik und Waldorfpädagogik hat sich als durchaus anregende Begegnung erwiesen. Deutliche Affinitäten in Bezug auf das Anliegen, den Umgang mit kultureller Vielfalt und die Ziele beider pädagogischer Strömungen sind herausgearbeitet worden. Zudem konnte anhand des Fallbeispiels der Interkulturellen Waldorfschule angedeutet werden, dass die Waldorfpädagogik durchaus das Potential besitzt, die von H.J. Roth monierte Praxislücke Interkultureller Pädagogik auszufüllen. Damit kommt die vorliegende Untersuchung zu einem ähnlichen Ergebnis wie die breit angelegte Dissertation von Mandana Büchele „Kultur und Erziehung in der Waldorfpädagogik. Analyse und Kritik eines anthroposophischen Konzepts Interkultureller Bildung" (Büchele 2014), die der Frage nachgeht, inwieweit sich die auf der anthroposophischen Auffassung vom Menschen beruhende Waldorfpädagogik für das Unterrichten in kultureller Vielfalt eignet. Ihrem Fazit, dass die Waldorfschule „aufgrund ihres ganzheitlichen Menschenbildes und daraus resultierender ganzheitlich-ästhetischer Unterrichtspraxis diverse Möglichkeiten für eine sprachlich-kulturelle, aber auch individuell-vielseitig begabte, heterogene Schülerschaft" eröffnet und aufgrund ihrer „Individualpädagogik" mit dem „hohen Stellenwert durchgängiger sprachlicher Bildung eine sinnvolle Alternative zur staatlichen Schule" (ebd.: 312) darstellt, kann zugestimmt werden.

Literatur

Auernheimer, Georg (2007): Einführung in die Interkulturelle Pädagogik. 5. Aufl., Darmstadt: Wissenschaftliche Buchgesellschaft.
Auernheimer, Georg (2012): Einführung in die Interkulturelle Pädagogik. 7. Aufl., Darmstadt: Wissenschaftliche Buchgesellschaft.

147

Autorengruppe Bildungsberichterstattung (Hrsg.): Bildung in Deutschland 2014. Bielefeld: W. Bertelsmann Verlag.

Barz, Heiner/Randoll, Dirk (2007): Absolventen von Waldorfschulen. Eine empirische Studie zu Bildung und Lebensgestaltung. Wiesbaden: VS Verlag für Sozialwissenschaften.

Bless, Gerhard/Bovin, Patrick/Schüppbach, Marianne (2004): Klassenwiederholung. Determinanten, Wirkungen und Konsequenzen. Bern/Stuttgart/Wien: Haupt Verlag.

Brater, Michael/Hemmer-Schanze, Christiane/Schmelzer, Albert (2009): Interkulturelle Waldorfschule. Evaluation zur schulischen Integration von Migrantenkindern. Wiesbaden: VS-Verlag.

Büchele, Mandana (2014): Kultur und Erziehung in der Waldorfpädagogik. Analyse und Kritik eines anthroposophischen Konzepts Interkultureller Bildung. Frankfurt a.M.: Peter Lang Verlag.

Glöckler, Michaela/Langhammer, Stefan/Wiechert, Christoph (Hrsg.) (2006): Gesundheit durch Erziehung. Dornach: Verlag am Goetheanum.

Göhlich, Michael/Leonhard, Hans-Walter/Liebau, Eckardt/Zirfas, Jürgen (Hrsg.) (2006): Transkulturalität und Pädagogik. Interdisziplinäre Annäherungen an ein kulturwissenschaftliches Konzept und seine pädagogische Relevanz. Weinheim: Beltz Juventa.

Holzbrecher, Alfred (2004): Interkulturelle Pädagogik. Berlin: Cornelsen

Kranich, Ernst-Michael (2011): Das Ich in der Entwicklung des Kindes und des Jugendlichen. In: Loebell, P. (Hrsg.): Waldorfschule heute. Stuttgart: Verlag Freies Geistesleben.

Leber, Stefan (1997): Anthroposophie und Waldorfpädagogik in den Kulturen der Welt. Stuttgart: Verlag Freies Geistesleben.

Mecheril, Paul (2004): Einführung in die Migrationspädagogik. Weinheim, Basel: Beltz.

Nieke, Wolfgang (2008): Interkulturelle Erziehung und Bildung. Wertorientierung im Alltag. 3. Aufl., Wiesbaden: VS Verlag für Sozialwissenschaften.

Prengel, Annedore (1995): Pädagogik der Vielfalt. Verschiedenheit und Gleichberechtigung in Interkultureller, Feministischer und Integrativer Pädagogik. 2. Aufl., Opladen. Leske und Budrich.

Richter, Tobias (Hrsg.) (2006): Pädagogischer Auftrag und Unterrichtsziele – vom Lehrplan der Waldorfschule. 2. Aufl., Stuttgart: Verlag Freies Geistesleben.

Rittelmeyer, Christian (2002): Pädagogische Anthropologie des Leibes. Weinheim und München: Juventa.

Roth, Hans Joachim (2002): Kultur und Kommunikation. Systematische und theoriegeschichtliche Umrisse Interkultureller Pädagogik. Interkulturelle Studien 10. Opladen: Leske und Budrich.

Simons, Jaap (2008): Phänomenologie und Idealismus. Struktur und Methode der Philosophie Rudolf Steiners. Basel: Schwabe.

Steiner, Rudolf (1992/1904-05): Wie erlangt man Erkenntnisse der höheren Welten? GA 10. Dornach: Rudolf Steiner Verlag.

Steiner, Rudolf (1982/1915-1921): Aufsätze über die Dreigliederung des sozialen Organismus und zur Zeitlage. GA 24. Dornach: Rudolf Steiner Verlag.

Steiner, Rudolf (1973/1919): Allgemeine Menschenkunde als Grundlage der Pädagogik. GA 293. Dornach: Rudolf Steiner Verlag.

Steiner, Rudolf (1971/1919): Die Erziehungsfrage als soziale Frage. Die spirituellen, kulturgeschichtlichen und sozialen Hintergründe der Waldorfschul-Pädagogik. GA 296. Dornach: Rudolf Steiner Verlag.

Steiner, Rudolf (1982/1923): Die pädagogische Praxis vom Gesichtspunkte geisteswissenschaftlicher Menschenerkenntnis. Die Erziehung des Kindes und jüngeren Menschen. GA 306. Dornach: Rudolf Steiner Verlag.

Steiner, Rudolf (2005/1920): Die Krisis der Gegenwart und der Weg zu gesundem Denken. GA 335. Dornach: Rudolf Steiner Verlag.

Takeda, Arata (2012): Wir sind wie Baumstämme im Schnee. Ein Plädoyer für transkulturelle Erziehung. Münster/New York/München/Berlin: Waxmann.

Waldenfels, Bernhard (1991): Der Stachel des Fremden. 2. Aufl., Frankfurt a.M.: Suhrkamp.

Welsch, Wolfgang (1995): Transkulturalität. Zur veränderten Verfasstheit heutiger Kulturen. In: Zeitschrift für Kulturaustausch 45, 1, S. 39-44.

Welsch, Wolfgang (1997): Transkulturalität. Zur veränderten Verfassung heutiger Kulturen. In: Schneider, Irmela/Thomson, Christian W.(Hrsg.): Hybridkultur. Köln: Wienand Verlag, S. 67-90.

Zech, Markus Michael (2012): Der Geschichtsunterricht an Waldorfschulen. Frankfurt/Main: Peter Lang.

Demokratisch-inklusive Schule: [wie] geht das? Gesichtspunkte aus waldorfpädagogischer Theorie und Schulpraxis

Thomas Maschke

> „Kenntnis ist keine Bürde,
> Toleranz kostet nichts,
> Vielfalt ist nicht gefährlich.
> Was für eine Gesellschaft wünschen wir?"
>
> Kari Steindal (2002: 55)

Im folgenden Beitrag wird die Aufgabenstellung der Entwicklung einer zukünftigen demokratisch-inklusiven Schule unter dem Blickwinkel der Waldorfpädagogik (in deren theoretischer Grundlegung) sowie der Praxis bestehender Waldorfschulen betrachtet. Erweitert wird dieser Blick durch Einbezug weiterer Gesichtspunkte und Autoren, welche nicht aus Theorie und Praxis der Waldorfpädagogik entstammen. Durch diese dialogische Auseinandersetzung wird auch aktuelle waldorfpädagogische Praxis einer kritischen Würdigung unterzogen und kann somit ebenfalls Impulse zur weiteren Entwicklung erhalten.

Die Entwicklung der bzw. zur Lehrerpersönlichkeit wird sowohl explizit als auch implizit thematisiert. Die Rolle des aktiven und gestaltenden Pädagogen setzt voraus, sich mit aktuellen politischen wie gesellschaftlichen Fragestellungen zu befassen, diese als Teil des Berufes zu begreifen. Auch in diesem Sinne verstehen sich die folgenden Überlegungen, um dann in eine abschließende Betrachtung zu münden.

1 Vorüberlegungen

Im Sinne Winfried Böhms soll es hier (auch) darum gehen, Impulse für Schulentwicklung aus reformpädagogischer[1] Sicht, also quasi „von außen" für das „Regelsystem" zu geben:

„Die ‚normale' Regelschule, soll sie nicht in Routine erstarren, bedarf immer wieder der Kritik durch eine ‚alternative' Denkform und durch ‚andere' Modelle" (Böhm 2012: 117).

Diesen Anspruch möchte ich erweitern, indem ich die These formuliere, dass durch den Austausch zwischen [konzeptionell und pädagogisch-praktisch unterschiedlichen] Schulen jeweils Entwicklung initiiert werden kann: die Wahrnehmung des Anderen führt potentiell zur Bewegung und Veränderung[2].

Nimmt man das pädagogische Verständnis der Aufgabe von Reformpädagogik von Rainer Winkel hinzu, dann wird das Potential von Entwicklung auch für sich als nicht reformpädagogisch verstehende (z.B.) Schulen deutlich: Ist Reformpädagogik als „generelles Prinzip" am „jeweils Besseren interessiert" und dabei „ein offener, ein dynamischer [...] Prozess" (Winkel 1993: 12), dann wäre es zumindest fahrlässig, diese mit ihren jeweiligen anthropologischen, pädagogischen sowie methodischen Ansätzen nicht diskursiv wahr- und ernst zu nehmen.

Eltern, so kommt hinzu, welche für ihr Kind eine solche Schule wählen, vertrauen auf bzw. wählen ein alternatives pädagogisches Konzept, welches ihrem Kind potentiell besser gerecht zu werden vermag. So wird beispielsweise konstatiert:

„Waldorfschulen sind vor allem Methodenschulen, die das einzelne Kind in den Blick nehmen und dieses individuell auf das Erwachsenenleben vorbereiten. Sie arbeiten binnendifferenziert, es gibt kein Sitzenbleiben und keine pauschale Benotung. Waldorfschulen, deren pädagogisches Konzept auf der von Rudolf Steiner begründeten anthroposophischen Weltanschauung beruht, sprechen heute [...] nicht mehr nur diejenigen an, die dieser Weltanschauung nahestehen. Gerade in den letzten Jahren habe sich die Zahl derjenigen Schülerinnen und Schüler erhöht, die im staatlichen Schulwesen keinen Zugang zu Bildungsgängen gefunden haben, die zum Abitur führen, und die diesen Abschluss nun an der Waldorfschule erlangen wollen" (John-Ohnesorg/Wernstedt 2011: 10).

Dass hier neben den Methoden auch pädagogische Gesichtspunkte benannt werden, ist für unseren Zusammenhang interessant. Darüber hinaus scheint die Erfolgserwartung der Eltern eine höhere zu sein, welche sich in den Erwartungen an einen zu erreichenden hohen Bildungsabschluss ausdrückt.

---

1 Die Frage, inwieweit und ob es sich bei der Waldorfpädagogik um ein reformpädagogisches Konzept (und dabei primär als historisches Phänomen) handelt wird innerhalb der Waldorfschulbewegung kontrovers bewertet und soll hier nicht diskutiert werden.

2 Die Bedingungen für Veränderung und [Schul-] Entwicklung sollen hier wieder dargestellt noch diskutiert werden.

Ein weiterer Gesichtspunkt sei aus der politischen wie rechtlichen Perspektive hinzugefügt. Krampen benennt den gesellschaftlichen Auftrag der Schulen in privater Trägerschaft[3]:

„Schulen in freier Trägerschaft sind – wie staatliche Schulen auch – öffentliche Schulen. Öffentlich bedeutet, dass die Schule öffentliche Bildungsaufgaben erfüllt und sich an die Allgemeinheit wendet, also nicht für einen exklusiven Benutzerkreis vorgesehen ist" (Krampen, 2014: 24).

Damit stehen diese Schulen grundsätzlich in einem inhaltlichen (wie letztlich auch wirtschaftlichen[4]) Wettbewerb mit den Schulen in staatlicher Trägerschaft. Die Tatsache des öffentlichen Bildungsauftrages, gepaart mit einer grundsätzlichen Gestaltungsfreiheit[5] „freier" Schulen begründet diesen: die Differenz pädagogischer, didaktischer und sozialer (s.u.) Ansätze kann und sollte somit zu einem wechselseitigen Dialog im Sinne der Neugier (im wahrsten Wortsinne) sowie der Anregung für die (Weiter-) Entwicklung je eigener Theorie und Praxis motivieren.

Als letzte Perspektive sei die gesellschaftliche eingenommen. Sind Schulen aus der Initiative von Pädagogen und/ oder Eltern entstanden und gestaltet – um z.b. inhaltliche oder strukturelle Alternativen zu praktizieren – dann stehen diese als zivilgesellschaftliche Aktivitäten im gesamtgesellschaftlichen pluralistischen Kontext und ermöglichen damit Bildungsvielfalt. Diese soll als konstitutionell für ein demokratisches Gemeinwesen gesetzt werden.[6]

Die Gefahr, dass Eltern den „Ausweg" einer privaten Beschulung vor einer Konfrontation mit von ihnen als unliebsam empfundenen Entwicklungen im staatlich getragenen Schulwesen wählen, kann dabei grundsätzlich nicht geleugnet werden[7]. Im o.g. Sinne werten wir solche jedoch als problematisch: der Schaffung von „elitären Inseln", welche per se andere ausschließen, soll hier abgelehnt werden. Das „Sonderungsverbot"[8] kann allerdings als ein wirksames politisches Instrument verstanden werden, zumindest um eine Separierung aus ökonomischen und damit sozialen Gründen auszuschließen. Weiß[9] analysiert und relativiert die segregierende Wirkung von Schulen in privater Trägerschaft, indem er konstatiert, dass bereits durch das gegliederte Schulwesen im Sekundarbereich „die Schulform für die entscheidende sozia-

---

3   Waldorfschulen werden durch Vereine oder Genossenschaften getragen, deren Mitglieder i.d.R. aus Eltern und Mitarbeitern der jeweiligen Schule bestehen.
4   So ist die Qualifizierung der Waldorfschulen als „Marke" in der „modernen Warenwelt" durch Ayan (2013, S. 24) eine zwar verkürzende, aber in unserem Zusammenhang interessante Beurteilung von außen.
5   Vgl. hierzu Seydel 2013, sowie Maschke 2014.
6   Vgl. hierzu z.B. Schenz et.al. 2013, besonders die Beiträge von Christina Schenz sowie Lisa Kannamüller, Irmgard Paulik und Axel Schenz.
7   Vgl. hierzu auch John-Ohnesorg und Wernstedt 2011, S. 14 und S. 17, sowie 33f.
8   Hiermit ist gemeint, dass Kindern der Besuch einer öffentlichen Schule in privater Trägerschaft nicht aufgrund der individuellen wirtschaftlichen Verhältnisse verwehrt werden darf.
9   In John-Ohnesorg und Wernstedt 2011, S. 17.

le (und ethnische) Vorselektion der Schüler sorgt" (ebd.). Die Trägerschaft der Schule habe einen zusätzlichen Selektionseffekt. Diesem ist u.E. dadurch zu begegnen, dass sich z.b. eine Waldorfschule den gesellschaftlichen Transformationsnotwendigkeiten, wie der Errichtung eines inklusiven Bildungswesens aktiv stellt.

2 Ansprüche

2.1 Jakob Muth

Nähert man sich dem Themenfeld „Inklusive Schule" und dies besonders mit dem Anspruch eines demokratischen bzw. demokratisierenden Geschehens, dann ist es unumgänglich, die Aussagen, Forderungen und Anregungen Jakob Muths zur Kenntnis zu nehmen. Dies ist in unserem Zusammenhang umso evidenter, als er sich hierzu sowohl ex- als auch implizit in Bezug auf die Möglichkeiten der Waldorfschulen bzw. -Pädagogik geäußert hat (Muth 2010 s.u., vgl. auch Muth 1986: 4).

Muth wies darauf hin, dass „Integration [...] ein Menschenrecht" sei, die „humane Gemeinsamkeit aller" ein Prozess der Demokratisierung:

„Letztlich ist Demokratisierung ein andauernder Integrationsprozess. Deshalb kann Integration[10] nicht als ein Problem verstanden werden, dessen Für und Wider diskutiert werden sollte, sondern sie ist eine Aufgabe, die den Menschen in einer demokratischen Gesellschaft aufgegeben ist" (Muth 2002: 43).

Hiermit bezieht er sich einerseits auf die Reziprozität der *grundsätzlichen* Werte von Demokratie und Inklusion, andererseits auf deren genuine Äquivalenz und Bedingtheit. Demnach kann es auch nicht um einen Nachweis für deren Realisierbarkeit gehen:

„Deshalb sind alle Schulversuche, die der Frage nachgehen, ob Integration möglich ist oder ob sie nicht möglich ist, eigentlich problematisch. In solchen Schulversuchen wird so getan, als müsste die Einlösung eines Menschenrechts empirisch belegt und begründet werden" (ebenda: 44).[11]

---

10 Der Begriff der Integration, wie ihn Muth (historisch bedingt) verwendet, kann in unserem Kontext als synonym zu dem Begriff der Inklusion betrachtet werden.

11 Vgl. hierzu auch Eichholz, Reinald (2013): Streitsache Inklusion, in: Feuser, Georg und Maschke, Thomas (Hrsg.): Lehrerbildung auf dem Prüfstand. Welche Qualifikationen braucht die Inklusive Schule?, Gießen.

Dieses eher gesellschaftspolitische Diktum wird durch eine mehr auf das Individuum bezogene Forderung erweitert und konkretisiert:

„Integration ist unteilbar. Damit ist gemeint, dass sie für alle gilt. Man kann nicht die Gemeinsamkeit der jungen Menschen in der allgemeinen Schule anstreben, aber einen Teil davon ausschließen" (Muth 1986: 4).

Und, positiv pointiert:

„Die Gefahr einer sozialen Diskriminierung stellt sich besonders für behinderte Kinder und Jugendliche, und eine Schule, die Kinder in erschwerten Lebenssituationen aussondern kann, wird pädagogisch ärmer. Pädagogisch – und demokratisch – ist es, sich um die Zugehörigkeit jedes jungen Menschen zur Gemeinsamkeit aller zu bemühen" (Muth 1986: 5).

Beide Zitate belegen den Zusammenhang von sozialer und individueller Wirkung und Bedeutung von Inklusion, sowie deren wechselseitige Bedingung. Es ist für das Verständnis des (demokratischen) Ansatzes von Muth notwendig darauf hinzuweisen, dass die „Integration von Behinderten" nicht als ein isolierter, sondern lediglich ergänzender Schritt der gesellschaftlichen Integrationsprozesse verstanden werden muss (vgl. Muth 1986).

Möckel (1998) bewertet die Formel „Integration ist unteilbar" als „etwas Unbedingtes" (S. 84). Er knüpft an die großen menschenrechtlichen Ideale an:

„Sie ist eine ethische Forderung, die parlamentarischen Beschlüssen vorausgeht und von Mehrheiten nicht aufgehoben werden kann. Sie ist eine Neuformulierung von Solidarität und betont von den drei berühmten Schlagworten der Französischen Revolution die Forderung der Brüderlichkeit" (ebenda).

Muth kommt daher (als einer der ersten) zu dem Schluss, dass die Verhältnisse in der Schule so arrangiert werden müssen, dass jedes Kind auf den Weg des Lernens kommt und Geborgenheit erfährt. Zieldifferenzierung sei hierzu ein Mittel (vgl. Muth 2002: 45). Diese didaktische Maßnahme ist allein jedoch nicht hinreichend und muss durch dezidierte pädagogische begleitet werden (s.o.). Mit der Neufassung des Herbart'schen[12] Begriffes des „Pädagogischen Taktes" erarbeitet Muth (1967) eine pädagogische Qualität, welche sich primär auf das Moment der Begegnung und in der Folge als didaktische Maßgabe verstehen lässt. Diese ist damit zunächst als Haltung zu beschreiben, welche in der „Zurückhaltung" (Muth 1967: 15 ff.) als einem spezifischen Respekt, einem Gefühl für die Eigenart und das Eigenrecht des Anderen gründet und damit letztlich die Nicht-Planbarkeit z.B. von Unterricht bedeutet:

„Takt ist nicht dem planenden Willen des Lehrers unterworfen, und darum kann taktvolles Handeln nicht in einem planvollen erzieherischen Vorgehen aktualisiert werden, sondern

---

12 Muth befasst sich in der benannten Monographie dezidiert mit Herbart in Kapitel IV (S. 105ff.).

immer nur in der unvorhersehbaren Situation, die den Erzieher in Anspruch nimmt" (ebenda, S. 12).

Mit diesem Anspruch wird das Moment der Begegnung benannt und ein
Bezug zu Martin Buber geschaffen (vgl. hierzu: 73). Es geht Muth nicht um
Beliebigkeit in (pädagogischen) Handlungen, sondern um den Begegnungs-
und damit Entwicklungscharakter zwischen Erzieher und Zögling, welcher
diese damit prägt und sich in konkreter unterrichtlicher Praxis realisiert (s.u.).
Diese (politischen wie pädagogischen) Prämissen Muths können somit als
Paradigmata schulisch-pädagogischer Qualität und Entwicklung angesehen
und dadurch als allgemeine bewertet werden! Dass der hieraus entspringende
Entwicklungs-Auftrag alle, also auch die in privater Trägerschaft stehenden,
Schulen betrifft, ist nach o.g. Ausführungen evident.

2.2 Rudolf Steiner und die Gründung der Waldorfschule

Die Begründung der Stuttgarter Waldorfschule im Jahr 1919 ist einerseits als
politische, den historischen Zeitläuften sich folgerichtig eingliedernde Tatsache zu interpretieren, andererseits aber auch als eine ideelle, grundlegende
(und damit zeitlich unabhängige) Wert-Verwirklichung zu verstehen, welche
aus der Entwicklung der Anthroposophie Steiners entspringt und deren
Konkretisierung sich in einer realen Form (hier: Pädagogik und Schule) vollzog.

Mit der Gründung einer Schule für die Kinder der Stuttgarter Waldorf-
Astoria-Zigarettenfabrik ergriff deren Besitzer Emil Molt eine sich ihm (und
anderen) stellende Aufgabe der zeitgeschichtlich gebotenen sozialen Gestaltung. Molt bat daher Rudolf Steiner, die Schule pädagogisch zu begründen
und zu leiten. In diversen Aussagen Steiners, welche in unmittelbarem Zusammenhang mit der Vorbereitung und der Schulgründung selbst in Verbindung stehen, kommt der politische und gesellschaftlich-reformerische Anspruch deutlich zum Ausdruck:

„Die Absichten, die Emil Molt durch die Waldorfschule verwirklichen will, hängen zusammen mit ganz bestimmten Anschauungen über die sozialen Aufgaben der Gegenwart
und der nächsten Zukunft. Aus diesen Anschauungen heraus muß der Geist erstehen, in
dem diese Schule geführt werden soll" (Steiner 1972: 58f.). Und: „ … die Schulfrage ist
ein Unterglied der großen geistigen brennenden Fragen der Gegenwart" (Steiner 1992: 13).

Dass diese reformerischen Ansprüche sich auch unmittelbar den in einer
solchen Schule tätigen Lehrkräften stellen, wird durch Steiner im vorbereitenden Lehrerkurs deutlich ausgesprochen:

„Wir werden nur dann gute Lehrer sein, wenn wir lebendiges Interesse haben für alles, was
in der Welt vorgeht. Durch das Interesse für die Welt müssen wir erst den Enthusiasmus

gewinnen, den wir gebrauchen für die Schule und für unsere Arbeitsaufgaben. Dazu sind nötig Elastizität des Geistigen und Hingabe an unsere Aufgabe. Nur aus dem können wir schöpfen, was heute gewonnen werden kann, wenn Interesse zugewendet wird: erstens der großen Not der Zeit, zweitens den großen Aufgaben der Zeit, die man sich beide nicht groß genug vorstellen kann" (Steiner 1992: 16).

Dass pädagogische Qualität ("gute Lehrer") unmittelbar und kausal mit dem Anspruch der Wahrnehmung und Analyse der aktuellen politischen und gesellschaftlichen Situation durch die Pädagogen verknüpft wird, ist als ein Indiz für den Anspruch einer innovativen Wirkung und damit der Reform zu interpretieren: aktive Zeitgenossenschaft wird somit Bedingung für Zukunftsgestaltung. Explizit wird von Steiner außerdem die Gestaltungsaufgabe und –Möglichkeit der jungen, zukünftig verantwortlichen Generation betont, und, damit verbunden, eine Forderung an die Haltung der Pädagogen gestellt:

„Nicht gefragt soll werden: Was braucht der Mensch zu wissen und zu können für die soziale Ordnung, die besteht; sondern: Was ist im Menschen veranlagt und was kann in ihm entwickelt werden? Dann wird es möglich sein, der sozialen Ordnung immer neue Kräfte aus der heranwachsenden Generation zuzuführen. Dann wird in dieser Ordnung immer das leben, was die in sie eintretenden Vollmenschen aus ihr machen; nicht aber wird aus der heranwachsenden Generation das gemacht werden, was die bestehende soziale Organisation aus ihr machen will" (Steiner 1972: 26).

Somit ist die Wahrnehmung und Anerkennung der Entwicklungsbedingungen der Schüler die Basis für die Entwicklung von Pädagogik, nicht nur als politische (d.h. theoretisch basierte) Anforderung, sondern letztlich bis in die aktive pädagogische und curriculare Ausgestaltung der Waldorfschulen hinein. Diese Wahrnehmungsfähigkeit der Pädagogen bezieht sich aber nicht primär und ausschließlich auf das jeweilige Zeitgeschehen. Vielmehr ist eine fundierte Kenntnis der grundlegenden Gesetzmäßigkeiten menschlicher Entwicklung Basis allen pädagogischen Handelns. Der vor der Gründung der Waldorfschule gehaltene Vortragszyklus Steiners für die zukünftigen Lehrpersonen trägt daher den programmatischen Titel: „Allgemeine Menschenkunde als Grundlage der Pädagogik" (Steiner 1992). Da die Entwicklung der Schüler sich zwar nach allgemeinen Gesetzmäßigkeiten (hier einer von Steiner formulierten Anthropologie und Entwicklungspsychologie), dabei aber in je individueller Gestaltung vollzieht, kann es bei Anerkennung dieser Tatsache auch kein festlegendes Curriculum geben. Die von Steiner vorgeschlagenen Inhalte und Methoden[13] sind daher als Anregungen zu verstehen, welche in konkreten pädagogischen Situationen je neu für die jeweilige Schülergruppe erarbeitet werden müssen. Der Begriff der „Erziehungskunst", welcher als Anspruch an die Arbeit in Waldorfschulen formuliert wurde, meint daher nicht (primär) künstlerische Betätigung (Musik, Rezitation, bildnerisches

---

13 Weitere Teile der inhaltlichen Vorbereitung der Schulgründung bildeten die Vorträge „Methodisch-Didaktisches" und seminaristische Arbeit. Beide werden unter dem Titel „Erziehungskunst" (siehe Literaturverzeichnis) publiziert.

Gestalten etc.), sondern die Bereitschaft und Fähigkeit der Pädagogen, sich in einen wahrnehmenden und gestaltenden Prozess zu begeben und so Unterricht (je aktuell) zu schöpfen. Waldorfschul-Pädagogik wird so zu einem interaktionalen Entwicklungsgeschehen: auf der Grundlage der Wahrnehmung und des Postulates des sich entwickelnden Menschen, welches gleichermaßen für Lehrer und Schüler (im Dialog) Gültigkeit erlangt, findet Unterricht statt und wird so (im Idealfall) immer wieder neu. Der Bezug zum „pädagogischen Takt" J. Muths (s.o.) ist evident. Für die Lehrer ist damit der Anspruch an die eigene Weiterentwicklung, welche sich in und durch Selbsterziehung gestaltet, ausgesprochen. In einem anderen Zusammenhang formuliert Steiner diesen Anspruch mit einer weiteren Nuance:

> „Die Waldorfschul-Pädagogik ist überhaupt kein pädagogisches System, sondern eine Kunst, um dasjenige, was da ist im Menschen, aufzuwecken. Im Grunde genommen will die Waldorfschulpädagogik gar nicht erziehen, sondern aufwecken. Denn heute handelt es sich um das Aufwecken. Erst müssen die Lehrer aufgeweckt werden, dann müssen die Lehrer wieder die Kinder und jungen Menschen aufwecken" (Steiner 1990a: 36). Und: Die Absicht allein, das Wissen um die Notwendigkeit reicht nicht aus, die Kunst gestaltet sich im Tätig-Sein: „Erziehungskunst, die auf Menschenerkenntnis beruht, geht so vor, daß sie wirklich alles aus dem Kind heraus [Hervorhebung T.M.] entwickelt, nicht bloß sagt, es soll die Individualität entwickelt werden, sondern es auch wirklich tut" (Steiner 1979: 97).

Nimmt man den Entwicklungsgedanken ernst, dann steht Erziehung und auch Unterricht im Dienst des Individuums, indem es diese Entwicklung unterstützt, oder, mit Steiners Worten „pflegt":

> „In der Erziehungskunst [...] soll alles darauf angelegt sein, dasjenige in der Entwicklung zu pflegen, was im Kinde veranlagt ist. Daher muß aller Unterricht in den Dienst der Erziehung gestellt sein. Eigentlich erzieht man, und den Unterricht benützt man gewissermaßen, um zu erziehen"(Steiner 1979: 96).

Für Lehrerinnen und Lehrer ist diese Anforderung in vielfacher Hinsicht eine große: es geht zum einen darum, anthropologische Grundkenntnisse zu erarbeiten und diese wiederum an der Realität der Schüler immer wieder zu überprüfen und ggf. zu erweitern, zu verändern etc. Dieser Anspruch bezieht sich ebenso auf den Bezug zu den Schülerindividualitäten, wie auch auf die ganze Gruppe. Weiterhin ist es evident, dass der hohe Anspruch einer umfassenden Wahrnehmung und ein daraus entspringendes pädagogisches Handeln eher durch einen Dialog im Lehrerteam, als durch singuläres und isoliertes Agieren des pädagogischen „Einzelkämpfers" erreicht werden kann (s.u.).

Am Ende der vorbereitenden Kurse für die Lehrer der ersten Waldorfschule benennt Steiner als „Inaugurator" der neuen Pädagogik und der neuen Schule (welche er zunächst pädagogisch leitete und weiter entwickelte) in seinen „Schlussworten" vier grundlegende „Dinge", an die sich die Lehrer halten sollen, also vier Anforderungen an den Lehrerberuf und die Personen (Steiner 1990b: 193f.):

- „Der Lehrer sei ein Mensch der Initiative im großen und kleinen Ganzen."
- „Der Lehrer soll ein Mensch sein, der Interesse hat für alles weltliche und menschliche Sein."
- „Der Lehrer soll ein Mensch sein, der in seinem Inneren nie ein Kompromiß schließt mit dem Unwahren. Der Lehrer muß ein tief innerlich wahrhaftiger Mensch sein" …
- „Der Lehrer darf nicht verdorren und nicht versauern." Dies nennt Steiner „eine goldene Regel für den Lehrerberuf" (S. 194).

Mit diesen Anforderungen ist die Notwendigkeit eines aktiven und dynamischen Strebens der einzelnen Persönlichkeit, aber auch der Gruppe der Lehrer, also des Kollegiums, dezidiert ausgesprochen – es ist ein Anspruch, der je individuell aufgegriffen werden kann und eigenverantwortlich durchgeführt werden muss und damit eine Aufgabe der Selbsterziehung.

Die Darstellung der pädagogischen und unterrichtlichen Gestaltung der Waldorfschulen soll an dieser Stelle vernachlässigt werden, ist sie doch hinreichend beschrieben worden (z.b. Maschke 2010 und 2013a).

Muth (2010) benennt grundsätzlich folgende Merkmale bzw. Elemente der Waldorfpädagogik als hilfreich, „um die Gemeinsamkeit von Behinderten und Nicht-Behinderten im Raum der Schule zu ermöglichen" (S. 62):

- der zyklisch strukturierte Epochenunterricht,
- das Klassenlehrerprinzip, welches über die Dauer von acht Jahren ein hohes Maß an personaler Kontinuität darstellt,
- sowie die fehlenden Selektionsmechanismen und -instrumente der Ziffernzensuren und des „Sitzenbleibens" (vgl. ebenda: 64f.), welche „den behinderten Kindern in besonderer Weise entgegenzukommen" scheinen (Muth 2010: 64.).

Diese Würdigung (z.B.), sowie Adaption und individuelle Transformation grundlegender waldorfpädagogischer Elemente in das allgemeine Schulwesen können als Hinweis auf die konkrete Realisierung der o.g. Bedeutung von reformpädagogischen Ideen und daraus folgender Praxis für andere Schulen interpretiert werden. Damit ist die politische und soziale Dimension aus der Gründungszeit bzw. dem Gründungsimpuls der Waldorfschule – nämlich als Bestandteil eines freien Geisteslebens[14] – potentiell auch in der heutigen Zeit lebendig und wirksam.

Die Rezeption und Bewertung der Steinerschen Gründung wie der (aktuellen) waldorfpädagogischen Praxis ist insgesamt jedoch als different bis polarisierend zu charakterisieren. Die Aufnahme Steiners in den Kontext der „Klassiker der Pädagogik" (Ullrich 2003) mag dennoch als Indiz für eine grundsätzliche Akzeptanz seiner pädagogischen Bedeutung (bei aller Kritik)

---

14 Vgl. hierzu Steiner 1972.

genommen werden. Die Rolle von selbstgestalteten und -verwalteten Schulen wird hingegen kaum diskutiert (s.o.).

Otto Seydels grundsätzliche Bewertung der Aufgabe des „freien Schulwesens" bekommt daher (diesen Teil abschließend) eine besondere Bedeutung:

„Um welche Freiheit kann es bei der Freiheit der freien Schulen wirklich gehen? Die Reformpädagogik war zu Beginn des vergangenen Jahrhunderts angetreten, Bildung und Erziehung im damals noch neuen Zeitalter eines allgemeinen Schulzwangs von den entwicklungsfeindlichen Bürokratismen und Normierungen zu *befreien* – im Interesse des einzelnen Kindes. Und dieser Befreiungsschlag war, wie die Geschichte beweist, durchaus folgenreich. Die gegenwärtigen Reformer des staatlichen Schulwesens sind heute intensiv auf Schatzsuche auf den Erfahrungsfeldern der Schule in nicht-staatlicher, ‚freier' Trägerschaft. Die Geschichte wiederholt sich" (Seydel 2013: 41).

Seydels Fazit ist m.E. in folgender Weise abzuwandeln: Die Geschichte ist weiterhin und wieder wirksam.

3 Herausforderungen

Herausforderungen stellen sich in der Gegenwart – für die Zukunft. Für die Waldorfschulen möchte ich diese in den folgend genannten Handlungsfeldern jeweils kurz skizzieren. Es sei ergänzend wiederholt, dass der Fokus Waldorfschule sich hier in reformpädagogischer Tradition, als das „Regelsystem" hinterfragend, versteht.

3.1 Herausforderung Demokratie

Demokratie kann sich in der Schule nicht als „Herrschaft der Mehrheit"[15] und damit primär als Form, sondern vielmehr als Kultur, als gelebter Umgang miteinander, welcher sich in allseitigen und vielgestaltigen Handlungs- und Partizipationsmöglichkeiten konkretisiert, etablieren.

Die Herausforderungen stellen sich somit in Bezug auf menschliche Verhältnisse (Beziehungen): Wie gehen wir miteinander um, damit es für den Anderen möglich ist, seine individuellen Bedürfnisse zu artikulieren und, soweit im sozialen Kontext möglich, zu erfüllen? Die in der Schule relevanten Verhältnisse somit sind folgende:

---

15 Vgl. Kluge Etymologisches Wörterbuch der deutschen Sprache, S. 189.

Lehrer/innen	←→	Lehrer/innen
Schüler/innen	←→	Schüler/innen
Schüler/innen	←→	Lehrer/innen
Lehrer/innen	←→	Eltern

Weiterhin kann das Verhältnis der Schule zur Außenwelt als kommunikative Aufgabe berücksichtigt und in schulisches Handeln integriert werden.[16]

Besonders in einer Schule in privater Trägerschaft, welche ja durch eine aktive und konkrete Entscheidung von Eltern (und ggf. Schülern) für den Besuch dieser Schule lebt, kommen diesen Beziehungen besondere Tragweiten zu: hängt doch in letzter Konsequenz der Verbleib der Schüler an der Schule von der Zufriedenheit der Beteiligten unmittelbar ab.

Mit dem in England entwickelten und von Boban und Hinz (2003) übersetzten und in den deutschsprachigen Ländern publizierten „Index für Inklusion" werden einerseits grundlegende Werte für „Schulen der Vielfalt" formuliert. Gleichzeitig handelt es sich – durch die gegebenen Strukturen und Anwendungsmöglichkeiten – um ein Entwicklungs- und Evaluationsinstrument. Besonders die in Dimension A „Inklusive Kulturen schaffen" in die Bereiche A1 „Gemeinschaft bilden" und A2 „Inklusive Werte verankern" gegliederten und als Fragen formulierten Indikatoren bilden ein demokratisches Wertesystem ab (welche zudem von jeder damit arbeitenden Schule verändert oder ergänzt werden können). Die Herausforderung für das plural gestaltete kommunikative Geschehen an Waldorfschulen besteht in Bezug auf die Verwirklichung von (schulischer) Inklusion, wie an anderen Schulen auch, zunächst darin, den Entschluss für den Entwicklungsprozess zu fassen und zuerst eine gemeinsame Wertebasis zu entwickeln. Dass dieser Prozess in den Waldorfschulen spezifischen Bedingungen unterliegt, sei hier kurz (aus der Wahrnehmung von vielerlei Waldorf-Schulpraxis) beschrieben:

Der Waldorfschule liegt per se eine Wertebasis[17] zugrunde: durch die mit der Gründung gegebenen „Allgemeinen Menschenkunde" Steiners (s.o.), welche pädagogische und unterrichtliche Konkretionen, immer mit dem Fokus auf das sich entwickelnde Kind mit all seinen Möglichkeiten und Bedingungen je individuell für die einzelne Schule hervorbringt. Das gemeinsame Bemühen der Lehrer um Wesens-Erkenntnis der ihnen anvertrauten Schüler wird auch institutionalisiert (in den wöchentlich stattfindenden Konferenzen) gepflegt. Die von Jakob Muth (s.o.) als solche qualifizierten „inklusionsförderlichen" Merkmale und organisatorischen Formen bieten einen guten Grund für die Entwicklung und Verwirklichung Inklusiver Pädagogik – diese erfolgt deshalb jedoch nicht „automatisch" oder „wie von selbst". Die Hinwendung zu einer solchen, bewusst entschiedenen Innovation haben aktuell

---

16   Vgl. hierzu den „Index für Inklusion", s.u.
17   Inwieweit diese für die Eltern bei der Wahl der Schule bekannt und/ oder relevant ist, sei dahin gestellt: das Kollegium arbeitet aktiv an dieser Gemeinsamkeit (s.u.): Konferenzen.

(Stand 2014) in Deutschland 9 Schulen[18] vollzogen. Alle anderen über 200 deutschen Waldorfschulen arbeiten weiterhin ohne spezifischen Einbezug von Schülern mit „sonderpädagogischem Förderbedarf"[19], wobei sie durchaus den Anspruch haben, Schüler mit unterschiedlichen Begabungen gemeinsam zu unterrichten[20].

Man kann daher aktuell zu folgendem Schluss in der Beurteilung kommen: Waldorfschulen haben aus ihrem Status als Gesamtschule und mit der ihnen innewohnenden Gestaltungsfreiheit potentiell sehr gute Möglichkeiten der Entwicklung zu Inklusiven Schulen. Sie sind durch die „alltäglichen" Aufgaben der inhaltlichen Selbstgestaltung und –Verwaltung jedoch in einem (subjektiv erlebt) hohem Maße gefordert, sodass sie die Chancen der Umgestaltung hin zu einer „Schule für alle" nur zögerlich oder bisher gar nicht ergreifen. Die Möglichkeiten der Vernetzung mit den „heilpädagogischen Schulen auf anthroposophischer Grundlage" werden nur zum Teil genutzt. Dies ist als Manko zu bewerten, da doch aus dem gemeinsamen anthropologischen Ansatz heraus Weiterentwicklung zu einer Pädagogik der Gemeinsamkeit eher möglich sein sollte.

Der Entschluss und die Umsetzung ist als ein gemeinsamer Prozess aller am Schulleben Beteiligten, und damit als ein zutiefst demokratischer Vorgang zu verstehen. Somit ist ein dynamisches Kommunikationsfeld zwischen allen oben benannten Gruppen in ihren jeweiligen Verhältnissen benannt.

Die in allen Waldorfschulen wöchentlich (i.d.R. am Donnerstag) stattfindenden Konferenzen dienen der Verwaltung und Organisation des Schullebens ebenso, wie der kontinuierlichen Fortbildung des Kollegiums, welches damit aktiv zur (inhaltlichen) Schulentwicklung beiträgt. Leber (1978) hat „Die Sozialgestalt der Waldorfschule" in der Praxis sowie dem Gründungsimpuls nach erforscht und beschrieben. Er charakterisiert sie daher, in Rezeption Steiners, wie folgt:

„Die pädagogischen Konferenzen sind eigentlich die fortlaufende, lebendige Hochschule für das Lehrerkollegium. Sie sind das fortlaufende Seminar. Sie können als der Ort betrachtet werden, an dem die Erfahrungen, die Erkenntnisse, welche einzelne Lehrer sich erarbeitet haben, mit anderen kollegial ausgetauscht werden" (S. 127).

Die Konferenz birgt daher ein hohes Maß an Kompetenz und Potenz, wenn es gelingt, diese je individuellen Erfahrungen zu teilen und als Anlass zu weiterer Forschung zu begreifen. Die in jeder Waldorf-Schule vorhandene Erfah-

---

18 Beispiele aus der Praxis einiger dieser Schulen finden sich bei Maschke 2010.
19 Die Definition von Inklusiver Pädagogik geht weit über den Einbezug bzw. die Nicht-Ausgrenzung von Schülern mit Beeinträchtigungen hinaus – jedoch wird durch die UN-BRK der Fokus speziell auf diese Schüler-Gruppe gelegt.
20 Dieser Anspruch bildet sich auch in gesetzlichen Regelungen ab: vgl. hierzu z.B. § 3, Absatz 2 des baden-württembergischen Privatschulgesetzes; siehe auch Maschke 2008, S. 82f.

rung kann damit grundsätzlich als eine gute Basis für die pädagogische (Weiter-) Entwicklung, auch hin zu einer Inklusiven Schule angesehen werden.

Partizipationsformen der Eltern am Schulleben sind in Eltern-Lehrer-Konferenzen oder Eltern-Lehrer-Arbeitskreisen meist institutionalisiert. Hier werden auch grundlegende pädagogische Fragen bearbeitet. Da Eltern und Mitarbeiter i.d.R. gemeinsam den Trägerverein (oder die Trägergenossenschaft) der Schule bilden, realisiert sich auch hier, auf dem rechtlichen und wirtschaftlichen Feld gemeinsame (Entwicklungs-) Arbeit.

Schülerinnen und Schüler sind in ihrer Subjekthaftigkeit aktive Mitgestalter des Schullebens. Deshalb benötigen sie Möglichkeiten und vereinbarte Formen, um sich einbringen zu können. Foren wie „Klassenrat", „Schülermitverantwortung" oder „Schülerparlamente", sowie auch zwischen Schülern und Lehrern sind hierfür probate Mittel: geübte Kommunikation bedingt auch eine solche Kompetenz, welche mit dem Schulbeginn angelegt werden kann und sollte.

Die beschriebenen kommunikativen Formen und Bezüge stellen wiederum Anforderungen an die Lehrer dar: denn jedwede Gewohnheit der Zusammenarbeit führt auf beiden Seiten zur Beziehung (welche es zu erwerben und zu erhalten gilt) sowie zur Erwartung der Weiterführung: diese gibt ersterer die konstitutive Sicherheit. Weiterhin ist eine kommunikative Praxis, welche Offenheit und Vertrauen als Grundbedingungen in sich trägt, auch verbunden mit der Preisgabe von Macht: der Lehrer als Autokrat ist auch in der Beziehung zu den (die Schule mittragenden und -verantwortenden) Eltern nicht mehr angemessen.

Diese Gedanken definieren die Lehrerrolle als wahrnehmend, beweglich und ein Stück weit unsicher. Die von Joachim Bauer zitierten Worte des amerikanischen „Teacher oft the Year" 1998, Philip Bigler: „To be a teacher is to be forever an optimist" (Bauer 2008: 51) bekommen mit dieser Blickrichtung eine vielschichtigere Bedeutung.

3.2 Herausforderung methodische Vielfalt

Der Begriff der Vielfalt korrespondiert inhaltlich sowohl mit demjenigen der Demokratie als auch der Inklusion: die unvoreingenommene Wahrnehmung des Anderen, das Leben miteinander in der Achtung der individuellen und unterschiedlichen Bedürfnisse und Rechte aller („Diversität") muss sich folgerichtig in der schulisch-pädagogischen Umsetzung, also in Unterricht und Schulleben, durch vielfältige Formen und Möglichkeiten von Begegnungen der Schüler zur dinglichen wie personalen Mitwelt praktisch ausdrücken können. Nichts anderes kann daher Unterricht sein als die individuelle Auseinandersetzung und Begegnung der Schüler mit vielfältigen Anregungen,

162

welche ihnen, methodisch und didaktisch „zubereitet" durch die Lehrkräfte, angeboten werden – das Ganze eingebettet in die Vertrautheit und Sicherheit des sozialen Kontextes (der Lerngruppe, Klasse, Schule).

Unter dem Anspruch von Zieldifferenzierung ist der Unterricht zu gestalten: die Formen und didaktischen Ausgestaltungen sind in der Folge dieser Maßgabe je neu zu entwickeln. Hier sei lediglich auf ein Konstitutivum entwicklungsfördernden Unterrichtes[21] hingewiesen: Aktivität aller Schüler, welche letztlich Teilhabe[22] ermöglicht, steht im Vordergrund der Planung und „Durchführung" von Unterricht und Schulleben. Der Ansatz des „handlungsbezogenen Handelns" des Lehrers (Klein 2004 und 2013) setzt hier einen deutlichen schülerzentrierten Akzent, indem er letztlich das Lehrerhandeln auf die Auseinandersetzung der Schüler mit dem Unterrichtsgegenstand bezieht, und ihm damit eine mittelbare Funktion und Bedeutung zuweist. Die Schüler sind aktiv, die Aufgabe des Lehrers ist daher, wahrzunehmen, nachzufragen und ggf. zu unterstützen – die von Jakob Muth benannte Fähigkeit des „pädagogischen Taktes" (s.o.) kann hier wiederum zum Tragen kommen.

Wenn alle pädagogischen wie unterrichtlichen Arrangements unter der Maßgabe der Teilhabe und Aktivität der Schülerinnen und Schüler erfolgen, dann ist die methodische Vielfalt (welche hier nicht weiter ausgearbeitet werden kann und soll, vgl. hierzu u.a. Maschke 2013a) eine unabdingbare Konsequenz. Diese gestaltet sich durch die Wahrnehmung der Bedingungen und Möglichkeiten aller Beteiligten in der (pädagogischen) Begegnung – und „entsteht" damit immer wieder neu.

4 Anforderungen an Lehrerinnen und Lehrer: ein Fazit

Die oben formulierten Ansprüche und Herausforderungen stellen als solche bereits Anforderungen an sich entwickelnde Lehrer dar: so können sowohl spezifische pädagogische Anregungen (wie beispielhaft hier durch J. Muth und R. Steiner formuliert) für den Einzelnen eigen-motiviertes Forschen in Theorie und Praxis anregen – in Studium oder/ und auch Berufstätigkeit. Gleichzeitig können diese Inhalte zur Befragung und Veränderung eigener pädagogischer Arbeit beitragen und damit zu einer andauernden innovativen Praxis beitragen. Der Anspruch des „sich entwickelnden Lehrers" (s.o.) bedeutet zudem, dass die Lehrerbildung nicht abgeschlossen sein kann: diese

---

21 So soll der Unterricht (sowie alle Pädagogik) an Inklusiv-demokratischen Schulen verstanden werden: die individuelle Entwicklung jedes Einzelnen unterstützend.
22 Hier ist der Bezug zur Definition von „Behinderung" durch die WHO 2000 evident.

mündet im Idealfalle nach der Ausbildung in Fort- und Weiterbildung, welche sich vielfältig gestalten kann und muss[23].
Lehrer stehen im Fokus ihrer Schüler, der Eltern und auch der Öffentlichkeit. Sie können dann an gesellschaftlichen Entwicklungen aktiv teilnehmen und diese (nicht nur im Feld Schule) mitgestalten, wenn sie sich den vielfältigen Anforderungen stellen. Die von Steiner vor den ersten Waldorflehrern formulierten „grundlegenden Dinge" sollen auch als heute noch aktuell bewertet werden. Dass Lehrer in ihrem Beruf ob der vielfältigen Belastungen und Gestaltungsmöglichkeiten (und –Notwendigkeiten) diesen Beruf freudig, wach und aktiv ausüben und sich hierfür auf ihre Ideale und diejenigen der Gemeinschaft (des Kollegiums, der Schule als Ganzes, der gestaltenden Politik sowie der Wissenschaft) stützen können, sei als eine neue „golden Regel" abschließend formuliert.

Literatur

Ayan, Steve (2013): Zu Höherem berufen. In: Gehirn und Geist, Nr. 1-2, Heidelberg
Bauer, Joachim (2008): Lob der Schule, München: Heyne Verlag.
Boban, Ines/Hinz, Andreas (2003): Index für Inklusion. Lernen und Teilhabe in der Schule der Vielfalt entwickeln, Halle (Saale), http://www.eenet.org.uk/resources/docs/Index%20German.pdf, 21.10.2014
Böhm, Winfried (2012): Die Reformpädagogik. Montessori, Waldorf und andere Lehren, München: C.H. Beck.
Feuser, Georg/Maschke, Thomas (Hrsg.) (2013): Lehrerbildung auf dem Prüfstand. Welche Qualifikationen braucht die inklusive Schule, Gießen: Psychosozial-Verlag.
John-Ohnesorg, Marei/Wernstedt, Rolf (Hrsg.) (2011): Allgemeinbildende Privatschulen. Impulsgeber für das Schulsystem oder Privatisierung von Bildung? Empfehlungen des Netzwerk Bildung, Friedrich-Ebert-Stiftung.
Klein, Ferdinand (2004): Das pädagogische Fundamentalprinzip des handlungsbezogenen Handelns. In: Rohrmann Eckhard/Schnoor, Heike (Hrsg.): Sonderpädagogik: Rückblicke, Bestandsaufnahmen, Perspektiven, Bad Heilbrunn: Klinkhardt, S. 341-350.
Klein, Ferdinand (2013): Das Fundamentalprinzip des handlungsbezogenen Handelns: Reflexion eines (inklusions-) pädagogischen Grundbegriffs. In: Zeitschrift für Heilpädagogik, 64, 8, S. 311-314.
Kluge, Friedrich/Seebold, Elmar (2011): Etymologisches Wörterbuch der deutschen Sprache, 25. Auflage, Berlin: De Gruyter.

---

23 Die Anforderungen an eine Lehrerbildung werden in multiprofessioneller und –modaler Perspektive im Sammelband „Lehrerbildung auf dem Prüfstand" (Feuser/Maschke 2013) beleuchtet.

164

Krampen, Ingo (2014): Der Rechtsrahmen für Schulen in freier Trägerschaft. In: Keller, Johanna/Krampen, Ingo: Das Recht der Schulen in freier Trägerschaft, Baden-Baden: Nomos.

Leber, Stefan (1978): Die Sozialgestalt der Waldorfschule, 2. Auflage Stuttgart: Verlag Freies Geistesleben.

Maschke, Thomas (2008): Integrative Aspekte der anthroposophischen Heilpädagogik in Theorie und schulischer Praxis, Frankfurt/M.: Peter Lang.

Maschke, Thomas (Hrsg.) (2010): … auf dem Weg zu einer Schule für alle. Integrative Praxis an Waldorfschulen, Stuttgart: Verlag Freies Geistesleben.

Maschke, Thomas (2013a): Entwicklungsanregungen für den Einzelnen in der Gemeinschaft - ein pluraler didaktischer Ansatz. In: Kaschubowski, Götz/Maschke, Thomas (Hrsg.): Anthroposophische Heilpädagogik in der Schule, Stuttgart: Kohlhammer.

Maschke, Thomas (2013b): Grenzerlebnisse von Lehrerinnen und Lehrern in der alltäglichen Schul- und Unterrichtspraxis. In: Feuser, Georg/Maschke, Thomas (Hrsg.): Lehrerbildung auf dem Prüfstand. Welche Qualifikationen braucht die inklusive Schule, Gießen: Psychosozial-Verlag, S. 331-346.

Maschke, Thomas (2014): Exklusiv inklusiv? Freie Schule und Inklusion - ein Widerspruch? In: Barth, Ulrike/Maschke, Thomas (Hrsg.): Inklusion. Vielfalt gestalten, Stuttgart: Freies Geistesleben, S. 490-495.

Möckel, Andreas (1998): Jakob Muth und die Weiterbildung. In: Grimm, Rüdiger (Hrsg.): Selbstentwicklung des Erziehers in heilpädagogischen Aufgabenfeldern, Luzern.

Muth, Jakob (1967): Pädagogischer Takt, 2. Auflage Heidelberg.

Muth, Jakob (1986): Integration von Behinderten. Über die Gemeinsamkeit im Bildungswesen, Essen; Zugriff hier über: http://bidok.uibk.ac.at/library/muth-integration.html, 6.7.2014

Muth, Jakob (2002): Zur bildungspolitischen Dimension der Integration. In: Eberwein, Hans/Knauer, Sabine (Hrsg.): Handbuch Integrationspädagogik, 6. Auflage Weinheim und Basel: Beltz, S. 38-45.

Muth, Jakob (2010): Möglichkeiten der Integration behinderter Kinder in der Schule; In: Maschke, Thomas (Hrsg.): … auf dem Weg zu einer Schule für alle. Integrative Praxis an Waldorfschulen, Stuttgart: Freies Geistesleben, S. 60-73.

Seydel, Otto (2013): Die Freiheit der freien Schulen, In: Kaschubowski, Götz/ Maschke, Thomas (Hrsg.): Anthroposophische Heilpädagogik in der Schule (S. 37-46), Stuttgart: Kohlhammer.

Steiner, Rudolf (1972): Zur Dreigliederung des sozialen Organismus. Gesammelte Aufsätze 1919–1921, 2. Auflage Stuttgart.

Steiner, Rudolf (1979): Die geistig-seelischen Grundkräfte der Erziehungskunst, Dornach (CH).

Steiner, Rudolf (1985): Erziehungskunst. Seminarbesprechungen und Lehrplanvorträge, Dornach (CH).

Steiner, Rudolf (1990) (a): Geistige Wirkenskräfte im Zusammenleben von alter und junger Generation. Pädagogischer Jugendkurs, Dornach (CH).

Steiner, Rudolf (1990) (b): Erziehungskunst. Methodisch-Didaktisches, 6. Auflage Dornach (CH).

Steiner, Rudolf (1992): Allgemeine Menschenkunde als Grundlage der Pädagogik, 9. Auflage Dornach (CH).

Tenorth, Heinz-Elmar/Tippelt, Rudolf (Hrsg.) (2012): Beltz Lexikon Pädagogik: Studienausgabe. Weinheim und Basel: Beltz.

Ullrich, Heiner (2003): Rudolf Steiner, In: Tenorth, Heinz-Elmar (Hrsg.): Klassiker der Pädagogik, Band 2, München: C.H. Beck.

Winkel, Rainer (Hrsg.) (1993): Reformpädagogik konkret, Hamburg: Bergmann + Helbig.

Demokratie? Schule! Argumente für eine demokratisch-inklusive (Regel-)Schule

Christina Hansen

1 Was hat Schule mit Demokratie zu tun?

Im Zuge der gesellschaftlichen, kulturellen, wirtschaftlichen und politischen Entwicklungen der letzten Jahre und Jahrzehnte zeichnen sich tiefgreifende Veränderungen ab, die Sozialwissenschafter/innen von einer zunehmenden Zerbrechlichkeit, einer „Fragilität" der Gesellschaft (vgl. Stehr 2000) sprechen lassen.

Die zunehmende demografische Veränderung Deutschlands führt zu immer größer werdenden Belastungen im Erhalt des Sozialstaates, der durch die Entwicklung neuer Technologien verbunden mit komplexen Globalisierungsprozessen zudem noch unter internationalen Wettbewerbsdruck gerät (vgl. Enquête-Kommission 2002). Damit einhergehend verlieren die Bürger – und hier besonders die Jugend – zunehmend das Vertrauen in den politischen Apparat und dessen Steuerungsfähigkeit zur Absicherung bislang sicher gedachter öffentlicher Leistungen (vgl. Deutsche Shell 2002, 2006).

Belegt durch zahlreiche Jugendstudien werden Gemeinschaften – meist jene aus hochindustriellen Ländern – zudem heute vor das Problem gestellt, wie manche Kinder und Jugendliche aus ihrem Dasein als „Ichlinge", als neue „Ego-Materialisten" oder als versierte „Ego-Taktiker" angesichts des dynamischen sozialen Wandels und der daraus resultierenden Orientierungslosigkeit, des Individualismus und der Gefahr von radikalen Verführungen stärker für das demokratische Gemeinwesen und für sozial angemessene Verhaltensweisen aktiviert werden können.

Diese Individualisierungs- und Pluralisierungsprozesse zeigen Wirkungen auf den Einzelnen und auf das soziale Zusammenleben insgesamt: Traditionelle Familienstrukturen lösen sich auf, Lebensmodelle und Biografien entwickeln sich nicht nur in neuer Vielfalt, sondern verbinden sich mit vielerlei Unsicherheiten und Risiken. Daneben sind soziale Kontakte und Beziehungen – sowohl durch moderne Kommunikationstechnologien und Medien als auch durch Migration bedingt – zunehmend vielfältig und heterogen. Vor allem für Kinder und Jugendliche ergeben sich damit nicht nur entsprechend viele Möglichkeiten, sondern auch Herausforderungen sich zu orientieren, eine Identität zu entwickeln und trotz aller Vielfalt und potenzieller Kurzfristigkeit ihren Platz in verbindlichen sozialen Beziehungen und Gruppen zu finden (vgl. Eikel 2005: 3ff).

Im Zusammenhang dieser Entwicklungen befürchten Gesellschaftskritiker eine weiter zunehmende Vereinzelung innerhalb der Gesellschaft sowie die Erosion von Gemeinsinn. Die Frage danach, was die moderne Gesellschaft zusammenhält, welche Werte in einer demokratischen Gemeinschaft gelten und wie diese auf der Basis von Sozialkapital und Gemeinsinn gesichert werden können, kennzeichnet eine zentrale gesellschaftliche Aufgabe, der sich eine allgemein bildende Schule kaum verschließen kann: Denn demokratische Kompetenzen und Werte sind nicht nur notwendig für eine Gesellschaft, sondern müssen zunächst auch vom Einzelnen gelernt werden.

Gleichzeitig reicht aber ein „Kanon demokratischer Wertorientierungen" allein nicht aus, um den gesellschaftlichen Herausforderungen begegnen zu können: Insbesondere die drohende Fragilität des Staatsapparates fordert und ermöglicht gleichermaßen eine aktive Partizipation seiner Bürger zur Mitgestaltung der Gemeinschaft auf aktuelle Herausforderungen (vgl. Eikel 2005: 5).

Dies verweist auf eine steigende Relevanz sozialer Partizipations- und Kooperationsprozesse hin, die in der Pluralität der Möglichkeiten Diskursräume schaffen, in denen Menschen vereinfacht gesagt nicht mehr nur wählen, welchen der vorgegebenen Wege sie gehen wollen, sondern lernen, auch neue Wege für sich und andere zu erschließen, weil die alten Wege nicht mehr gangbar sind.

Aus allen diesen sozialisationsrelevanten Erkenntnissen über gesellschaftliche Veränderungen und die besondere Lage der Jugend daraus, nährt sich die Annahme, dass Partizipation und Demokratiefähigkeit auch etwas mit dem schulischen Bildungs- und Erziehungsauftrag zu tun haben, der den unmittelbaren Bezug zum existenziellen Alltag halten muss. Schulische Bildung muss bei den Schülerinnen und Schülern also nicht nur kognitives Wissen anhäufen, sondern vor allem sozialmoralische Einstellungen, sozial erwünschte Handlungsbereitschaften, interaktive Kooperationen, politische Entdeckungsfreude und habituelle Sozialdispositionen wecken, pflegen und fördern, sprich: Zur demokratischen Partizipationsfähigkeit hinführen.

Fördern heißt in diesem Verständnis deshalb zugleich, niemanden von dieser Teilhabe auszuschließen, alle Schülerinnen und Schüler zu fordern und entsprechende Lernumgebungen zu schaffen, damit solche affektiv-moralischen Einstellungen geeignete Anregungen, Bestätigungen und Entwicklungsmöglichkeiten erhalten, die jeden betreffen und betroffen machen.

Gegenüber dem konventionellen Verständnis von politischer Bildung in der Schule im Sinne von „Wissen haben über Wahlen und Delegationen" und einer damit verbundenen Erziehung zum Staatsbürger (vgl. Schneider 1999) als ein zentrales Bildungsziel, erfährt demokratische Bildung in diesem neuen

Verständnis in mindestens zweifacher Weise eine Erweiterung: Es handelt sich hier um eine, sich auch über individuelle Interessen hinaus engagierende Erziehung zur Partizipation an der Gemeinschaft sowie um Kompetenzen, die einen Bildungsprozess zum kooperierenden, in Freiwilligenorganisationen und Netzwerken aktiven Menschen erfahrbar machen und nachhaltig ermöglichen. In dieser Ausweitung des Demokratie-Lernens zeichnen sich erste Anzeichen der inzwischen mehrfach geforderten Überwindung der Grenzen zwischen politischem und sozialem Handeln ab (Schneider 1999: 41).

Partizipation als Ziel von Bildung meint in diesem Zusammenhang weniger eine politische Partizipation im traditionellen Sinne als vielmehr die Integration politischer, aktiver und sozialer Aspekte gesellschaftlicher Teilhabe, in der Demokratie nicht nur als Staatsform sondern auch als Lebensform verstanden wird (vgl. hier besonders Habermas 1992; Dewey 1930). Diese umfasst neben politischer Teilhabe auch die Übernahme von Verantwortung für das Gemeinsame durch aktive Mitgestaltung und impliziert soziale Zusammenschlüsse, Kooperationen und Aushandlungsprozesse mit anderen Menschen und heterogenen Gruppen.

Es erklärt sich von selbst, dass Partizipation in einer Demokratie auch immer daran gebunden ist, dass dieses Recht *allen* Menschen gleichermaßen eingeräumt wird. So würde z.B. eine Demokratie, an der nur manche Menschen das Recht haben, bei einer Wahl alle Parteien zu wählen, andere aber nur einen Teil von Parteien wählen können, die Idee der Demokratie ad absurdum führen.

Doch das, was an dieser Stelle selbstverständlich klingt, führt an anderer Stelle zu großen Verwerfungen: Unter dem Stichwort der „inklusiven Schule" – einem Rahmenkonstrukt, das die oben angesprochene gleichberechtigte Teilhabe (in diesem Fall zur Bildung) an Schule sichern sollte – wird durch die Beibehaltung segregierender Schulformen der freie und gleiche Zugang zur Bildung ausgerechnet unter dem Credo der „begabungsgerechten Schule" (sic!) von einigen pädagogischen Akteuren selbst zu verhindern gesucht. Man spricht sich vielerorts also für gleichberechtigte Teilhabe aus, ohne den schulischen Rahmen (die Inklusion) dafür herstellen zu wollen – und dies, obwohl Inklusion in der Zwischenzeit nicht mehr nur eine selbstverständliche Konsequenz aus vielen Forschungsbefunden zur Bildungsgerechtigkeit wäre, sondern schon längst geltendes Recht ist[1]. Das erklärt vielleicht auch die Schwie-

---

1   Artikel 24 der UN-Behindertenrechtskonvention erkennt das Recht behinderter Menschen auf Bildung an. Diese Regelung wiederholt und bekräftigt die Regelungen des Artikel 13 des UN-Sozialpakts, der Artikel 28 und 29 der UN-Menschenrechtskonvention sowie des Artikels 26 der Allgemeinen Erklärung der Menschenrechte: Ausgehend vom Prinzip der Gleichberechtigung gewährleistet die UN-Behindertenrechtskonvention damit ein ein-be-ziehendes (inklusives) Bildungssystem auf allen Ebenen und lebenslanges Lernen. Dabei ist sicherzustellen, dass kein Mensch nicht aufgrund einer Behinderung, Sprache, Ethnie, Religion, Geschlecht oder Nationalität vom allgemeinen Bildungssystem ausgeschlossen wird. Vielmehr soll ihnen gleichberechtigt mit anderen — nicht-behinderten — Kindern der Zu-

rigkeiten demokratischen Lernens in segregativen Bildungssystemen wie Deutschland oder Österreich – eine Diskussion, die in skandinavischen oder angelsächsischen Systemen alleine schon von den vorherrschenden Rahmenbedingungen her längst nicht mehr relevant ist.

Diese Befundlage zeigt aber umgekehrt auf, wie wichtig es ist, dass an Deutschlands Schulen auch sichergestellt sein muss, dass Demokratie vom System her erfahren und gelernt werden kann. Aus diesem Grund verweise ich bei der Forderung nach einer „demokratischen" Schule auch immer darauf, dass sie inklusiv sein muss – und betitle die vorliegenden Bestrebungen deshalb als „demokratisch-inklusiv".

Zusammenfassend können wir an dieser Stelle festhalten: Demokratie bedingt nicht nur die Forderung zur Teilhabe aller Menschen, sie muss auch die faktischen Möglichkeiten zur Teilhabe aller erschließen. Dies ist eine große Chance demokratisch-inklusiver Bildung, gleichzeitig aber auch eine große Herausforderung für die pädagogischen Akteure in Schulen.

Diese Überlegungen stellen den Rahmen des vorliegenden Beitrags. Auf der Basis gesellschaftlicher Entwicklungsprognosen werden zunächst die aktuellen Begründungen für demokratisch-inklusive Bildung und ihre Herausforderungen für die schulische Arbeit herauskristallisiert. Mit den Kernelementen einer demokratisch-inklusiven Schule sollen im Weiteren jene Kompetenzen und schulischen Handlungsfelder skizziert werden, in denen demokratisches Handeln besonders dringend angelegt und begleitet werden müsste. Schließlich wird am Beispiel einer Schule aufgezeigt, wie die vorher diskutierten Ansprüche und Konzepte demokratisch-inklusiver Bildung und Erziehung konkret umgesetzt werden können. Dort sind die Einsichten schon seit fünf Jahren Wirklichkeit geworden und könnten als role-model für weitere Schulen dienen.

2 Aktuelle gesellschaftliche Entwicklungslinien und schulischen Herausforderungen

Welche Aufgaben erwachsen nun der Schule aus den oben skizzierten Forschungsergebnissen über die Veränderung von Gesellschaft?

Mit vier Entwicklungslinien, die an Schirp's (2004: 3ff) "Prognosen über die Entwicklung in gesellschaftlichen und pädagogisch-wissenschaftlichen Bereichen" angelehnt sind, sollen die wesentlichsten Handlungsfelder von Schule konturiert werden.

---

gang zu einem einbeziehenden (inklusiven), hochwertigen und unentgeltlichen Unterricht ermöglicht werden.

Es soll aufgezeigt werden, dass aufgrund der anstehenden gesellschaftlichen Veränderungen demokratische Bildung und Erziehung nicht nur allein deshalb notwendig ist, um jene Kompetenzen bei SchülerInnen zu befördern, um diese „demokratiefähiger" werden zu lassen, sondern dass Veränderungen auch deshalb wichtig sind, weil die verstärkte Gestaltung demokratischer und sozialintegrativer Bereiche von Schule und Unterricht Auswirkungen auf das Gesamtsystem Schule insgesamt haben muss.

Erste Entwicklungslinie: Durch die aufgezeigten Veränderungen in den Sozialisationsprozessen der "primären Erziehungsinstanz Familie", die aus Veränderungen in Familiengröße, Alltag, Arbeitsteilung, Rollenwahrnehmung, gewandelten Erziehungsstilen und Erziehungszielen resultieren (vgl. Bründel 1998: 307f), wird sich die Schule als System auch stärker als bisher um die Entwicklung demokratischer, sozialer und werteorientierter Kompetenzen kümmern müssen. Diese Bemühung liegt jedoch nicht nur in der Freiwilligkeit der Schulen, denn familiale Veränderungsprozesse sind bereits empirische Realität und werden Schulen – egal, ob sie darauf von sich aus reagieren oder nicht – vor neue Herausforderungen stellen. Eine verstärkte kompensatorische Funktion von Schule, die (mit)verantwortungsvolles Handeln durch Partizipation an der Gemeinschaft als Teil ihrer erzieherisch-professionellen Aufgaben aufnimmt, könnte hier aber zumindest einen gewissen Nachteilsausgleich in den Haltungen und Wertesystemen von Kindern schaffen, wo dies aufgrund verschiedener Faktoren aus ihren Familien nicht mehr vorausgesetzt werden kann.

Ein Ergebnis der Perplex-Studie von Reinders (2005) soll dafür ein Beispiel sein und in der Hinsicht bestätigen: Es konnte gezeigt werden, dass die Schaffung positiver Erfahrungen von Schülerinnen und Schülern, die durch Engagement an ihrer Schule etwas verändern können und sich dort in sozialer oder materieller Hinsicht als produktiv erleben, einen wichtigen Faktor im Zusammenhang ihrer Identitäts- und Werteentwicklung darstellt (vgl. Reinders 2005: 13f). Das als wirkungsvoll erlebte Engagement zeigt dabei deutliche Auswirkungen auf die Selbstbilder der Jugendlichen und trägt zur Ausprägung einer prosozialen Persönlichkeit bei. So stellt bei diesen Jugendlichen beispielsweise der „faire Umgang mit Anderen" einen hohen persönlichen Wert dar (vgl. ebd.:11f). Daraus lässt sich einerseits ableiten, dass eine Schule, welche die Entwicklung sozialer Werte bei ihren Schülerinnen und Schülern fördern will, gut beraten ist, verschiedene Gelegenheiten zu einem auch über die Schule hinaus als wirksam erlebten sozialen Engagement zu bieten. Andererseits wird deutlich, dass die Qualität der emotionalen Erfahrungen, welche Schüler/innen beim Lernen und beim aktiven Engagement machen, einen zentralen Stellenwert sowohl für den Lernerfolg als auch für eine demokratische Werteentwicklung besitzt.

Zweite Entwicklungslinie: Angesichts der rasanten Bedeutungszunahme neuer Informations- und Kommunikationstechnologien wird Schule ihr Monopol für Wissens- und Informationsvermittlung weitgehend verlieren. Mit Hilfe neuer Medien lassen sich Bildungsgänge, Lernprozesse, der Aufbau und die Gestaltung von Wissensbeständen individueller, lernerorientierter und damit effizienter gestalten. Eine Vielzahl solcher multimedial gestützter Lernprozesse findet deshalb bereits heute außerhalb von Schule statt. Schule wird sich nicht mehr darauf verlassen können, mit einem normativen und zeitlich sehr wenig dynamischen „Bildungskanon" und über Jahre festgesetzten „Lehrplan" all jene Voraussetzungen zu schaffen, die Kinder später zur Bewältigung ihres Lebens benötigen. Sie wird vielmehr das leisten müssen, was die neuen Medien nicht leisten können: Sie wird sich verstärkt darum kümmern müssen, dass Schülerinnen und Schüler mit dem Überfluss und dem Überangebot an Wissen, Informations- und Bilderfluten sinnvoll umgehen lernen, um nicht darin zu ertrinken. Sie wird sich stärker um die Bedeutung, den Sinn, die Zusammenhänge und den Wert von Informationen kümmern und Kindern und Jugendlichen dabei helfen, reflektierend, systematisierend und sinnvoll mit ihnen umzugehen und die Informationen auf ihren Wert hin zu beurteilen.

Dritte Entwicklungslinie: Die Belehrungs- und Instruktionskultur von Schule und Unterricht wird deshalb auch eine stärkere Ausbalancierung in Richtung einer selbst organisierenden, lernerorientierten Gestaltung erfahren. „Viel Unterricht" und „viel Instruktion" sind eben nicht schon gleich „viel Lernen". Lernen wird zunehmend begriffen als ein Verstehensprozess, bei dem das jeweilige Individuum aktiv-auswählend, differenzierend, gestaltend und verändernd beteiligt ist (vgl. Schirp 2004: 4ff). Ein neues, vertieftes Verständnis von den Bedingungen und Abläufen beim Lernen kann sich dabei auf neue Ergebnisse und Modellvorstellungen der Lernforschung, der Neurobiologie und -physiologie und der Kognitionswissenschaften stützen. Diese werden in zunehmendem Maße von Erziehungswissenschaftlern rezipiert und in schul- und praxisnahe Überlegungen zur didaktischen und methodischen Gestaltung von Unterricht überführt. Alle Akteure der Schule werden in diesem Sinne dabei zu „Lernenden" und „Lehrenden". Dies ist im Übrigen auch die beste Voraussetzung, damit Menschen die Bedeutung des lebenslangen Lernens für sich verstehen und annehmen können, weil es ihnen dann von Anfang an schon so vorgelebt wurde.

Vierte Entwicklungslinie: Die demokratische und soziale Gestaltung von Schule und Unterricht wird eine zunehmend stärker werdende Gewichtung in der Diskussion um Schulqualität, Qualitätsentwicklung und -sicherung erfahren. Unter dem Eindruck der Ergebnisse aus verschiedenen internationalen Studien (und dem dabei ausgewiesenen recht mittelmäßigen Abschneiden der deutschen Schülerinnen und Schüler) wird die Diskussion um Schulqualität in den meisten europäischen Ländern – und besonders stark in der Bundesrepublik – z. Zt. von Modellen zur Standardisierung der Qualitätssicherung bestimmt. Verstärkte externe und interne Kontrolle und Evaluation, Präzisie-

rungen von Wissens- und Kenntnisanforderungen, zu erbringende Schülerleistungen und Anforderungen („performance standards") sowie leistungs-
vergleichende Überprüfungsinstrumente stehen dabei im Vordergrund. Die
gegenwärtige Fixierung auf internationale Leistungsvergleiche, auf die Do-
minanz abfragbarer Wissens- und Kenntnisbestände und die Bevorzugung
von unterrichtlichen Lernergebnissen, die sich an der Struktur ihrer fachwis-
senschaftlichen Leitdisziplinen orientieren, ist vielleicht – zeitbedingt und
vorübergehend – notwendig, aber ganz sicher nicht hinreichend.

Die Zeit dieses doch sehr eng fokussierten Blicks auf Lernen scheint aber
mehr und mehr vorbei zu sein und die Anzeichen mehren sich, dass sich die
Frage nach dem Gelernten immer auf einen dahinter liegenden Werterahmen
beziehen muss, will es für demokratisch-partizipative Strukturen einer Gesellschaft nachhaltig bleiben.

So finden sich beispielsweise in der Fachliteratur eindeutige Befunde im
Hinblick auf positive Zusammenhänge zwischen Partizipation und individuellem Lernen. Viele Forschungsergebnisse (Deutsche Shellstudie 2006, Stehr
2000 usw.) zeigen auf, dass in Schulkassen mit hoher Schülerpartizipation
(bezogen auf die Mitgestaltungsmöglichkeiten bei der Planung und Entscheidung schulischer Angelegenheiten)

„ein positives Lernverhalten und entsprechende Lernhaltungen der Schüler-/innen im
Hinblick auf Lernmotivation, Arbeitsverhalten und leistungsbezogenes Selbstvertrauen
sichtbar gemacht werden kann" (Holtappels 2004: 269).

Hierzu noch ein weiteres Ergebnis aus der Perplex-Studie von Reinders
(2005): Es wurde darin festgestellt, dass Jugendliche, die in Schule gelernt
haben, sich sozial zu engagieren und an zivilgesellschaftlichen Aufgaben
partizipieren können, eine höhere Bereitschaft äußern, sich durch schulisches
Lernen auf den späteren Beruf vorzubereiten. Sie messen dem schulischen
Lernen als Vorbereitung auf einen Beruf insgesamt einen höheren Wert bei
(vgl. Reinders 2005). Deshalb ist nach einer Phase der fach- und unterrichts-
bezogenen Sicht auf Schulqualität wieder ein breiteres Verständnis im Hinblick auf vernetztes Denken und überschulischen Bezug des Gelernten zu
beobachten. In einigen europäischen Ländern lässt sich z. B. erkennen, dass
neue Schwerpunktprogramme implementiert werden, die – wieder – auf
„citizenship education", „spiritual and moral development", Schulethos,
„community education" und eine Stärkung der Verbindung von Schule und
Gemeinwesen abzielen (vgl. Edelstein et al 2007).

Bevor wir im nächsten Schritt die Konsequenzen aus den Befunden darstellen, wollen wir an dieser Stelle die aufgezeigten Entwicklungslinien
nochmals präzisieren:

Es müsste m. E. deutlich geworden sein, wo die Zusammenhänge zwischen Demokratie und schulischer Bildung sind: Demokratie und Bildung
sind zwei Seiten derselben Medaille. Zermürbt man die eine, geht auch die
andere verloren. Wie können wir es aber zulassen, Demokratie – für unsere

Grundrechte auf individuelle Lebensgestaltung – zu gefährden, indem wir sie nicht schon in den Bildungsprozessen des Einzelnen zugrunde legen? Schule ist also der Ort, an dem die Verantwortung für die eigenen Entscheidungen sowohl für sich selbst als auch für und mit den anderen geübt wird. Schule wäre demnach nicht nur Ort des Lernens, sondern der Bildung. Das bedeutet, dass nicht nur verschiedene Kompetenzen erworben werden, sondern auch deren Bedeutung und Bedeutsamkeit für das eigene Leben angefragt werden (Schenz 2014: 27).

Damit wird eine Entwicklungsphase eingeläutet, die Schulqualität – zusammen mit notwendigen Ansätzen unterrichtlicher Qualitätssicherung – auch unter Aspekten demokratischer, sozialer und werteorientierter Gestaltung begreift. Dass Partizipation, Mitbestimmung und soziale Interaktion in Unterricht und Schulleben leistungsfördernde Elemente sind, die mithelfen, den Sinn und den Wert von Anstrengungen und Arbeit zu verstehen und zu motivieren, ist sowohl durch Studien der Schul- und Unterrichtsforschung als auch durch Schul- und Modellversuche hinreichend belegt (Oser et al. 1992; Schirp 1992 und 1999).

3 Kernelemente demokratisch-inklusiver Schule

Aus den skizzierten Entwicklungstendenzen ergeben sich nun einige Bestimmungselemente für ein Konzept zur demokratischen und sozialen Gestaltung von Schule, die in Anlehnung an Schirp (2004: 4) als Qualitätsmerkmale demokratisch-inklusiver Gestaltungsräume und ihrer dafür notwendigen Kompetenzen formuliert werden können. Demokratisch-inklusive Schule bedingt demnach:

- soziale Interaktion und Kommunikationskompetenzen
- Partizipation und Mitbestimmungskompetenzen
- Soziales Engagement und Kooperationskompetenzen
- Wertereflexion und Reflexionskompetenzen
- Interkulturalität und soziale Empathie
- vernetzendes Wissen und soziales Verstehen

Damit sind zum einen Qualitätsbereiche und Kompetenzen gemeint, die im Unterricht und im sozialen Lern- und Erfahrungsraum Schule vom Einzelnen sukzessive gelernt und entwickelt werden müssen. Es ist zum anderen aber auch ein umfassendes Konzept, das die Systemsicht (Welche Kompetenzen brauchen Menschen, damit das demokratische System seinen Bestand und seine Weiterentwicklung sichern kann?) und die Bürgersicht (Welche Art der Demokratie wollen die Menschen in einer Demokratie und welche Entwicklungsschritte kennzeichnen das Lernen bzw. die Bildung für Demokratie?) zu vereinen sucht (vgl. de Haan et al 2007). Schließlich sind damit auch Strukturen angesprochen, die gemeinsames Lernen trotz – oder wegen – des Bewusstseins über die Heterogenität von Lernausgangslagen von Kindern und trotz – oder wegen – der völlig unterschiedlichen Lernziele auf ihre jeweils individuelle Weise ermöglichen und unterstützen. Dies ist ein wichtiges Qualitätsmerkmal von demokratisch-inklusiver Schule, weil damit gewährleistet wird, dass Schülerinnen und Schüler sich schon während ihrer Schulzeit im Umgang mit Heterogenität vertraut machen dürfen – Ein wichtiger Gestaltungsraum also, in dem Andersartigkeit unter Rückbezug auf die eigenen Normen und Wertvorstellungen als Phänomen des Alltags anerkannt wird und der Umgang damit unter fachverständiger Anleitung von Lehrkräften geübt werden kann.

Aus den praktischen Erfahrungen demokratischer Schulen, die es bislang in Deutschland gibt,[2] wird auch ersichtlich, dass die angesprochenen Qualitätsbereiche und Kompetenzen im pädagogischen Alltag auf das Engste miteinander verbunden sind. Sie bedingen, beeinflussen und ergänzen einander. Sie sollten deshalb auch nicht als einzelne isolierbare Zugänge, sondern eher als pädagogische Entwicklungsmöglichkeiten verstanden werden, die jeweils auf neue Zugänge und Erfahrungsmöglichkeiten aufmerksam machen und Hinweise dazu geben, wie bereits Erreichtes weiter ausgebaut werden kann.

Das Bildungsprogramm, das sich daraus ableiten lässt, zielt darauf ab, bei Schülerinnen und Schülern nicht nur die kognitive Dimension des politischen Wissens und Verstehens zu sichern, sondern auch die affektive der Werte und Haltungen und die praktische der Fertigkeiten zu entwickeln, um sie in die Lage zu versetzen, Demokratie als aktive Bürger zu gestalten (vgl. Sliwka, 2004). Dieser Ansatz, der unter dem Begriff „education for citizenship" bekannt geworden ist, umfasst damit mehr als die *Vermittlung* von historischem Wissen („education about citizenship") und auch mehr als nur die bloße *Erfahrung* von Partizipation („education through citizenship"), sondern umfasst beide Ansätze und beinhaltet eine ganzheitliche Verknüpfung des politischen Lernens und des Demokratielernens mit dem ganzen Bildungsprozess vom Kind zum Erwachsenen in den unterschiedlichen Fächern der Schule (vgl. Kerr 2003: 14).

Die Entwicklung demokratisch-inklusiver Schulen ist in diesem integralen Verständnis deshalb auch mehr als die Implementierung eines Unterrichtsfachs „Demokratie-Lernen", das lediglich als „add-on" im bisherigen traditionellen Fächerkanon anzubieten ist, vielmehr bedingt dies einen Erfah-

---

2   Nach langer Zeit der Stagnation steigt in Deutschland die Zahl "demokratischer" Schulen wieder, wie z.B. die Neue Schule Hamburg (Eröffnung 2008), die Netzwerkschule in Berlin (2008), die Kapriole in Freiburg (1997), die Demokratische Schule Infinita, Hamburg (2013), die Demokratische Schule X, Berlin (2010), die Ting-Schule in Berlin (2011) oder Karfunkel, Regensburg (vorauss. 2015).

rungsraum Schule, der Partizipation an der Gemeinschaft in einem integralen Verständnis von Lernen und Leben begreift. Selbstbestimmung und Mitverantwortung bedingen schulische Gestaltungsräume, die sich auf alle Organisationskontexte von Schule, also auf Unterricht, Schulleben und außerschulische Lernumgebungen, beziehen (vgl. Himmelmann, 2005). Im Besonderen bedarf es dafür der Etablierung

- sozialer Strukturen und Modelle,
- partizipativer und diskursiver Begegnungsstätten,
- selbstbestimmter Lerngelegenheiten und individueller Lernräume,
- wertereflektierender Lerngemeinschaften und mitverantwortlicher Handlungsfelder,
- dynamischer Lernangebote und adaptiver Lernbegleitung,
- selbstbestimmter Handlungsräume und sozialer Kooperationen.

4 Wie kann eine solche demokratisch-inklusive Schule konkret aussehen?

Am folgenden Beispiel soll schließlich aufgezeigt werden, wo und wie Schulen die genannten Voraussetzungen und Rahmenbedingungen schaffen können, um die Entwicklung der Kompetenzen ihrer Schülerinnen und Schüler in Richtung demokratischen und sozialen Lernens, Urteilens und Verhaltens zu unterstützen. Das Beispiel verweist auf den oben angesprochenen Zusammenhang individueller Lernkontexte demokratischen Lernens und den organisationalen Rahmenbedingungen, in denen Demokratie-Lernen in Schule auch ermöglicht werden muss.

Das vorgestellte Schulprofil ist aus dem Konzeptpapier der „Ilztalschule – Schule für Alle" entnommen – eine kleine Schule im niederbayrischen Wald in der Nähe Passau mit rund 43 Schülerinnen und Schülern der Jahrgangsstufen 1-5. Die Ilztalschule steht exemplarisch für Schulen, die durch verlässliche Strukturen und Modelle der Unterrichtsgestaltung tragfähige Erfahrungen ermöglichen und entwickeln und damit die Grundlagen für demokratische und soziale Wahrnehmungs-, Entscheidungs- und Handlungsfähigkeit bilden.

4.1 Leitlinien der Schule

„Oberstes Ziel ist es, dass es die *Schule* schafft, sich auf die Besonderheiten jedes einzelnen Kindes einzustellen und nicht bequeme Begabungskategorien hernimmt, um Kinder in erzwungene, leistungskonforme Gruppen einzuteilen. Schule muss jedes Kind mit seiner Besonderheit wahrnehmen und entsprechende Angebote schaffen. Wichtig ist uns aber auch, eine gute Klassenmischung von Kindern mit besonderen Schwächen und besonderen Stärken zu haben. Je nachdem, auf welches Merkmal man schaut, hat jeder eine gewisse Behinderung und eine besondere Begabung. Unser Ziel ist es, *eine Schule für Alle* zu schaffen, mit dem gemeinsamen Ziel der Partizipation in der Gesellschaft"

In diesem Verständnis ist Inklusion also kein Anspruch an das Kind, sich den Vorgaben einer Regelschule anzupassen, sondern wird als Aufgabe der Schule gesehen, jedem Kind – egal ob es z.B. hochbegabt, behindert oder normalbegabt ist, und auch unabhängig von dem sozio-ökonomischen Hintergrund seiner Eltern – ein passendes Lernangebot stellen zu können, das seinen individuellen Bedürfnissen und Möglichkeiten entgegen kommt. Inklusion ist in diesem Sinne also kein besonderes pädagogisches Konzept der Schule, das nur wenigen Kindern angeboten wird, sondern die logische Konsequenz des pädagogischen Verständnisses und der Arbeitsauffassung des Lehrerteams an der Schule, jedem Kind gerecht zu werden, also einen sozialen Rahmen zu schaffen, in dem jedes Kind – unabhängig von seiner Lernausgangslage – in einer inklusiven Gemeinschaft lernen kann.

Der pädagogische Rahmen der Schule berücksichtigt im Konzept der Schule in diesem Sinne auch alle am Lernprozess Beteiligten: Das Kind, die Lehrkraft, die Eltern und die weitere Lernumgebung. Ausgangspunkt des Lernprozesses ist dabei das Kind und zwar jedes Einzelne und jedes auf seine individuelle Art. Die Aufgaben der Pädagoginnen und Pädagogen werden dabei folgendermaßen umschrieben:

- „Klare Grenzen und Strukturen, die Freiheit im Lernen und im sozialen Handeln ermöglichen.
- Ständige Präsentationen von passenden Lerninhalten durch Materialien ermöglichen eine selbstständige Vertiefung des Inhalts durch die Kinder.
- Begleitung und individuelle Hilfestellungen während des Lernens in der Freiarbeit
- Tägliche Reflexion am Nachmittag mit Dokumentation über jedes einzelne Kind und Erstellung individueller Lernpläne.
- Regelmäßiges Feedback an die Kinder über ihr Arbeitsverhalten und ihre Lernfortschritte (z. B. anhand der Lernkarte)."

Die individuelle Lernumgebung stellt eine Besonderheit der Schule dar. Sie ist nicht nach Jahrgangsklassen, sondern nach den Fachbereichen Mathematik, Sprachen und Naturwissenschaften aufgeteilt. Die Schule veranstaltet damit keinen gleichschrittigen Unterricht, sondern arbeitet vielmehr vollständig individualisiert und lernzieldifferent. Jedes Kind arbeitet an anderen Lernzielen und Inhalten. Während der Freiarbeit haben die Lehrkräfte Gelegenheit und Zeit, kleinen Gruppen von Kindern gezielt Materialangebote zu machen oder auch mit einzelnen Kindern zu arbeiten. Diese Materialangebote werden am Nachmittag vorher besprochen und als Präsentationen an der Wandtafel angekündigt. Es finden aber auch spontane Lernangebote statt, die sich aus dem aktuellen Lernverlauf eines Kindes ergeben. Damit werden einerseits selbstbestimmte Lernmöglichkeiten geschaffen, die die Eigenverantwortlichkeit des Kindes stärken, es aber andererseits gleichzeitig wieder in die Kooperation und die Mitverantwortlichkeit bei der gemeinschaftlichen Arbeit rückführen.

Am Beispiel der Schule soll nun der „Mathematikraum" als Lernumgebung näher vorgestellt werden: Wenn man diesen betritt, erkennt man, dass der gesamte Raum mit *Freiarbeitsmaterialien* aufwartet, die fachwissenschaftlich-systematisch organisiert und nach Schwierigkeitsgrad geordnet sind. Die Tische sind so geordnet, dass Kommunikation möglich ist. Zugleich stehen Einzeltische zur Verfügung, damit Kinder auch alleine arbeiten können. In der Lernumgebung findet jedes Kind das für seinen aktuellen Leistungsstand passende Material, das didaktisch-schrittweise im Raum aufgebaut ist. So findet das Kind z.B. zahlreiche Holz- und Perlenmaterialien auf der einen Seite und „weiter hinten" einen Kubus, mit dem es den dreidimensionalen Raum „erfassen" kann, usw. Außerdem sind die Materialien selbsterklärend (Lösungen sind auf der Hinterseite der Materialien gelistet) und ermöglichen eine Selbstkontrolle, damit sich die Kinder eigenständig überprüfen können. In einem solchem Raum werden nicht die Kinder nach Alter und Lehrgang „geordnet", sondern es wird das Material nach individuellem Entwicklungsstand der Kinder bereit gestellt. Die Schülerinnen und Schüler können sich die Materialien selbstbestimmt entnehmen. Die Materialien setzen sich aus Montessori-Materialien, selbstentwickelten Materialien und aus Materialien anderer überzeugender pädagogischer Konzepte zusammen. „Weiße Flecken" über jedem Regal geben Auskunft, welcher Lerninhalt mit diesen Materialien erlernt werden kann. Folgender Link zeigt ein paar Bilder der Schule, in dem man sehen kann, wie diese Lernumgebungen aufgebaut sind: http://www.ilztalschule.de/idee/pfeiler-der-ilztalschule/idee

Wie können Kinder bzw. ihre Lehrkräfte bei dieser Freiheit aber die Orientierung über gewünschte Lernziele behalten? Eine oft gestellte Frage. Die Schule konzipierte dafür eine *„Lernkarte",* die Überblick über die Grundkompetenzen in allen Fächern geben soll und den Kindern dabei dennoch die Selbstbestimmung und -verantwortung über Weg, Ziel, Zeit, Tiefe und Methodik zum Lerngegenstand lässt. Wie kann man sich das konkret vorstellen?

Nun, eine solche Lernlandkarte beruht auf dem Prinzip der Visualisierung eines Lernverlaufs. Auf dieser Lernübersicht sind z.B. – wie im Falle der Ilztalschule – alle Lerninhalte des Lehrplans von Klasse 1- 4 mittels grafischer Symbole abgebildet. Die Schülerinnen und Schüler wissen also vom ersten Tag an, welche Bereiche und Themen vor ihnen liegen. Man kann natürlich auch „kleinere Lerneinheiten" abbilden, wie z.b. die Lerninhalte eines Schuljahres oder eines Fachbereichs. Das ist besonders dann sinnvoll, wenn ein Schulteam sukzessive die Lernangebote umstellen kann und z.b. jedes Jahr einen weiteren Fachbereich in die Übersichtskarte aufnehmen möchte.

Dabei gibt es mannigfaltige Abbildungsmöglichkeiten in Gestaltung, Tiefe und Detailliertheit sowie in der Auswahl der Elemente, die für die einzelnen Lerninhalte stehen – letztlich werden sie alle in eine Raumbeziehung gebracht und nach bestimmten Gesichtspunkten geordnet, strukturiert und verbunden, sodass sie für den Schüler/die Schülerin eine Orientierung und Überblick über den Lernrahmen des Schuljahres bzw. mehrerer Schuljahre geben.

Die Karte beinhaltet neben diesen Grundzielen aber auch weiterführende Inhalte und lässt zugleich viel Raum für eigene Ideen und Themen der Kinder. Die Lernlandkarte der Ilztalschule hat zudem auch noch viele „weiße Flecken", die es für die Kinder zu entdecken bzw. selbst zu füllen gilt. Zu jedem weißen Fleck gibt es einen Test, dem sich das Kind individuell stellt, wenn es glaubt, den Lerninhalt ausreichend durchdrungen zu haben. Schafft das Kind den Test nicht, geht es einen Schritt zurück, übt z. B. das Einmaleins mit 6 nochmal und stellt sich dem Test dann erneut.

Wie die Lernlandkarte an der Ilztalschule aussieht, kann man unter dem folgenden Link einsehen: http://www.ilztalschule.de/idee/pfeiler-der-ilztalschule/idee

Der Morgenkreis als Gremium der Mitbestimmung: Täglich findet um ca. 9.00 Uhr der Morgenkreis statt. Kinder und auch Lehrkräfte können in dieser Sequenz ihre Beiträge einreichen, wie z. B. Referate, Geschichtenlesungen, Buchvorstellungen oder Problembesprechungen. Der Kreispräsident übernimmt die Moderation dieses Morgenkreises. Hier wird abgestimmt und die Konsequenzen sind für alle gültig.

Eine notenfreie Lernumgebung: Die Schule ist eine Privatschule und verwendet deshalb keine vergleichenden und zeitgleichen Tests. Den Lehrkräften ist es wichtig, dass die Kinder – entsprechend den aktuellen entwicklungspsychologischen Erkenntnissen – intrinsisch motiviert lernen, ohne Angst vor Versagen und Leistungsdruck. Individuelle Tests, z. B. die der Lernkarte, dienen rein der diagnostischen Funktion, ob das Kind den Lerninhalt schon sicher beherrscht, oder ob es in Teilbereichen noch üben muss. Die Tests können jederzeit wiederholt werden und werden keinem Notenvergabesystem zugeordnet.

Das wichtigste diagnostische Verfahren zur Leistungsfeststellung ist an der Schule die *Beobachtung* der Kinder während der Freiarbeit. Weil die Aktivität vom Lehrer weg auf die Kinder hin verlagert wird, haben die Pädagogen und Pädagoginnen Zeit, die Kinder beim Arbeiten mit den Materialien zu beobachten. Diese Beobachtungen werden in situ – also laufend – in einen

Tablet-PC eingetragen der dafür mitten im Raum steht und unterstützen die *täglichen Reflexionssitzungen im Team.*
Ein fester Bestandteil im Wochenplan der Kinder ist das „Soziale Spiel". In Kleingruppen von bis zu 13 Kindern werden verschiedene Formen des sozialtherapeutischen Rollenspiels (STR) gespielt. Diese Spielformen ermöglichen die Verbesserung der Selbst- und Fremdwahrnehmung, des Sozialverhaltens in Gruppen, sowie der Wahrnehmung, Strukturierung und Lösung aktueller Probleme.

4.2 Resümee

Es gäbe noch vieles aus der Schule zu zeigen, was die demokratisch-inklusiven Zielsetzungen und die dafür organisatorischen Rahmenbedingungen der Schule konkret auszeichnet. An dieser Stelle verweise ich jedoch auf das vollständige Konzept der Schule, das man online abrufen kann oder – noch besser – man sieht sich die Schule persönlich an.
Die meisten der aus dem Beispiel skizzierten Zugänge zur Entwicklung einer demokratieförderlichen Schulkultur sind für die Schulen jedoch nicht neu. Sie werden allerdings bislang oftmals jeweils nur in kleinen Teilen, eher eklektisch und für kurze Zeit – z. B. im Rahmen von Modellversuchen – praktiziert und sie lassen sich auch nicht einfach von oben implementieren: Demokratisch-inklusive Bildung ist letztlich auch eine Frage der Haltung und Werte von Lehrkräften, dafür erzieherisch einzutreten.
Deshalb gilt auch für die an Schulen mitwirkenden Personen und Gruppen das Diktum von der Nutzlosigkeit von Belehrungen und Bekehrungen. Nachhaltige Veränderungen von Schule treten offensichtlich am ehesten ein, wenn die Beteiligten selbst den Sinn und die positiven Wirkungen erfahren können. Wie für alle Verstehensprozesse gibt es also auch hier ein „Überwältigungsverbot".
Drei entwicklungsförderliche Rahmenbedingungen könnten demnach genutzt werden, um entsprechende neue Erfahrungs- und Gestaltungsprozesse in Gang zu setzen und nachhaltig werden zu lassen. Zum einen wäre das der Aufbau von Schulnetzen. Wer Schulen als lernende Organisationen ernst nimmt, muss ihnen Gelegenheit zum Austausch bieten. Deshalb wäre der Aufbau von Schulnetzen sowohl auf der lokalen Ebene wie auch auf einer medientechnologischen (Bildungsserver, „learn:line") notwendig. Zum zweiten eröffnet die Arbeit an Schulprogrammen neue Gestaltungsräume. Es ist m.E. ein wichtiges Element zur Entwicklung des pädagogischen Konsenses und entsprechender pragmatischer Umsetzungen (vgl. Schirp 2004: 17). Letztlich bedarf es aber der Einstellungen, Haltungen und Kompetenzen der Lehrkräfte, diese strukturellen Veränderungen an ihrer Schule nicht nur ein-

zuführen, sondern auch mit Leben zu füllen und nachhaltig als integralen Teil ihres Unterrichts zu sichern.

Damit haben Schulen die Möglichkeit, ihren organisatorischen und pädagogischen Freiraum zur Entwicklung einer demokratischen Lern- und Schulkultur zu nutzen. Dass viele Schulen damit begonnen haben, zeigt, dass sie die Wichtigkeit dieser Aufgabe für die eigene Schulqualität bereits entdeckt haben und macht Hoffnung für die Schulentwicklung in Deutschland insgesamt.

Literatur

Brundel, Heidrun (1998): Schulentwicklung: ein Plädoyer für die Veränderung von Schule. In: Psychologie in Erziehung und Unterricht, (45) 4, S. 307-313.

Deutsche Shell (Hrsg.): Jugend 2002. 14. Shell Jugendstudie. Frankfurt am Main: Fischer-Taschenbuch-Verlag.

Deutsche Shell (Hrsg.): Jugend 2006. 15. Shell Jugendstudie. Eine pragmatische Generation unter Druck. Frankfurt am Main: Fischer-Taschenbuch-Verlag.

Dewey, John (1930): Demokratie und Erziehung. Eine Einleitung in die philosophische Pädagogik. Hirt, Breslau 1930; Weinheim: Beltz.

Edelstein, Wolfgang/Eikel, Angelika/de Haan, Gerhard/Himmelmann, Gerhard (2007): Demokratische Handlungskompetenz. Begründungen, Konzeption und Lernarrangements. In: de Haan, Gerhard/Edelstein, Wolfgang/Eikel, Angelika (Hrsg.): Qualitätsrahmen Demokratiepädagogik. Demokratische Handlungskompetenz fördern, demokratische Schulqualität entwickeln. Gesamtkonzept und Leitfaden. Weinheim: Beltz, S. 6-24.

Eikel, Angelika (2005): Bildung in der Wissensgesellschaft: Dimensionen und Implikationen zukunftsfähiger Kompetenzen. Berlin: Verein zur Förderung der Ökologie im Bildungswesen.

Enquete-Kommission: Zukunft des Bürgerschaftlichen Engagements: Auf dem Weg in eine zukunftsfähige Bürgergesellschaft. Berlin: Deutscher Bundestag 2002. http://dip.bundestag.de/btd/14/089/1408900.pdf

Habermas, Jürgen (1992): Faktizität und Geltung. Beiträge zur Diskurstheorie des Rechts und des demokratischen Rechtsstaates, Frankfurt am Main: Suhrkamp.

de Haan, Gerhard/Edelstein, Wolfgang/Eikel, Angelika (2007): Qualitätsrahmen Demokratiepädagogik. Demokratische Handlungskompetenz fördern, demokratische Schulqualität entwickeln. Gesamtkonzept und Leitfaden. Weinheim: Beltz.

Himmelmann, Gerhard (2005): Demokratie Lernen als Lebens-. Gesellschafts- und Herrschaftsform. Ein Lehr- und Studienbuch. Schwalbach: Wochenschau-Verlag.

Holtappels, Heinz-Günter (2004): Beteiligung von Kindern in der Schule. In: Deutsches Kinderhilfswerk e.V. (Hrsg.): Kinderreport Deutschland: Daten, Fakten, Hintergründe. München: kopaed verlagsgmbh, S. 259-275.

Ilztalschule – eine Schule für Alle (Schulkonzept). In: Paulik, Irmgard/Büttner, Lisa (Hrsg.): Das Schulkonzept der Ilztalschule – Schule für Alle. 2012. http://www.ilztalschule.de/startseite/

Kerr, Don (2003): Citizenship: Local, National and International. In Gearom, L. (Hrsg.), Learning to Teach Citizenship in the Secondary School. London: Routledge Falmer, S. 5-27.

Oser, Fritz/Dick, Andreas/Patry, Jean-Luc (1992.): Responsible and Effective Teaching: The New Synthesis. San Francisco: Jossy Bass.

Oser, Fritz (1998): Die gerechte Gemeinschaft und die Demokratisierung der Schulwelt: Der Kohlberg-Ansatz, eine Herausforderung für die Erziehung. In: Vierteljahreszeitschrift für wissenschaftliche Pädagogik, 64, 1, S. 59-79.

Reinders, Heinz (2005): Soziales Ehrenamt Jugendlicher. Stuttgart: Landesstiftung Baden- Württemberg.

Reinders, Heinz (2005): Jugend. Werte. Zukunft: Wertvorstellungen, Zukunftsperspektiven und soziales Engagement im Jugendalter: Ein Forschungsprojekt der Landesstiftung Baden-Württemberg. Stuttgart: Landesstiftung Baden-Württemberg.

Reinhardt, Sybille (2004): Demokratie-Kompetenzen. In: Edelstein, Wolfgang/Fauser, Peter (Hrsg): Beiträge zur Demokratiepädagogik. Eine Schriftenreihe des BLK-Programms „Demokratie lernen & leben", S. 2-29.

Schenz, Christina (2014): Spannungsfelder der demokratisch-inklusiven Schule. In: Schenz, Christina/Pollak, Guido (Hrsg): Verschieden und doch gemeinsam. Auf dem Weg zu einer demokratisch-Inklusiven Schule. Münster: LiT, S. 7-28.

Schenz, Christina (2014): Verschieden und doch gemeinsam. Auf dem Weg zu einer demokratisch-inklusiven Schule. Münster: LiT.

Schirp, Heinz (2004): Werteentwicklung und Schulentwicklung. Konzeptuelle und organisatorische Ansätze zur Entwicklung einer demokratischen und sozialen Lernkultur. In: Edelstein, Wolfgang/Fauser, Peter (Hrsg): Beiträge zur Demokratiepädagogik. Eine Schriftenreihe des BLK-Programms „Demokratie lernen & leben", S. 2-22.

Schirp, Heinz (1992): Where is the Sense in Learning? In: Oser, Fritz/Dick, A./Patry, J.-L. (Hrsg.): Responsible and Effective Teaching: The New Synthesis. San Francisco: Jossy Bass, S. 413-428.

Schirp, Heinz (1999): Gestaltung und Öffnung von Schule: Ein Konzept zur Unterstützung von Lernqualität und zur Schulentwicklung „von unten". In: Risse, Erika/Schmidt, Hans-Joachim (Hrsg.): Von der Bildungsplanung zur Schulentwicklung. Neuwied/Kriftel: Luchterhand, S. 204-217.

Schneider, Herbert (1999): Konturen des Bürgerbegriffs. In: Mickel, Wolfgang W. (Hrsg.): Handbuch zur politischen Bildung. Bonn: BpB, S. 38-43.

Sliwka, Anne/Petry, Christian/Kalb, Peter E. (2004): Durch Verantwortung lernen – Service Learning: Etwas für andere tun. Weinheim und Basel: Beltz.

Stehr, Nico (2000): Die Zerbrechlichkeit moderner Gesellschaften. Weilerswist: Velbrück.

Aufwachsen in der Medienwelt – brauchen Kinder eine andere Schule?[1]

Edwin Hübner

1 Trends der technologischen Entwicklung

Kinder wachsen in einer Welt auf, in der das alltägliche Leben durch die technische Entwicklung tief greifend verändert wird. Das Wort Informationsgesellschaft weist auf diese andauernde Wandlung hin. Es sind im Wesentlichen fünf große Trends, welche in der Technikgenese sichtbar werden (Vgl. Steinmüller 2006: 277ff.).

Einen ersten Trend kann man mit dem Wort „Implosion der räumlichen und zeitlichen Größen" bezeichnen. Durch die seit Jahrzehnten anhaltende Miniaturisierung sind elektronische Schaltelemente nur noch wenige milliardstel Meter groß und die Schaltzeiten betragen nur Bruchteile einer milliardstel Sekunde. Raum und Zeit streben praktisch gegen Null. Damit geht ein zweiter Trend einher: Während die räumlichen und zeitlichen Größen der Geräte implodieren, explodiert die Komplexität ihrer Funktionsweisen. Die Rechner werden physisch immer kleiner, während ihre Leistungsfähigkeit im gleichen Maß zunimmt. Das Ziel ist, dass die Rechenleistung im Hintergrund des alltäglichen Lebens sehr aktiv ist, aber von den Menschen nicht mehr wahrgenommen wird. Das ist die Voraussetzung für den dritten Trend der technologischen Entwicklung: Die Alltagsumgebung des Menschen, der Arbeitsplatz, das Auto usw. werden zunehmend mit selbstständiger Intelligenz agieren. Heizung, Klimaanlagen, Stromversorgung usw. sind bereits heute durch unsichtbare Computer gesteuert. In den nächsten Jahrzehnten durchzieht die Informations- und Kommunikationstechnologie wie eine Art sich verdichtendes Nervensystem alle Technik.

Technik wird immer besser in der Lage sein, biologische Abläufe in Organismen zu imitieren. Das ist die Voraussetzung für den vierten großen Trend in der technologischen Entwicklung: die zunehmende Verschmelzung

---

1 In Hübner 2015 werden die hier vorgetragenen Thesen ausführlich dargestellt.

von Biologischem und Technischem. Die Schnittstellen zwischen technischen Systemen und Organismen werden immer leistungsfähiger. Die operativen Einfügungen von Cochlea-Implantaten als Hörhilfen ist ein bekanntes Beispiel. Arm- und Beinprothesen lassen sich bereits heute durch die noch verbliebenen Nerven steuern. Intensive Forschungen suchen nach Wegen, das Gehirn direkt mit Mikrochips zu verbinden. Insgesamt geht der Trend dahin, dass der Mensch mit der von ihm selbst geschaffenen Technik verschmilzt. Das wirft unweigerlich die existentielle Frage nach dem Wesen des Menschen auf.

Auf den fünften Trend der technologischen Entwicklung wies bereits der Philosoph Günther Anders (1902 - 1992) hin: Die einzelnen Maschinen werden sich immer mehr aneinander anschließen und zusammengehen.

„Die Maschinen werden zu einer einzigen Maschine. [...] Was wir für übermorgen zu erwarten haben, ist also nicht nur ... eine Verminderung der Zahl der Maschinen, sondern geradezu die Abschaffung des Plurals, ‚Maschinen' " (Anders 1980: 120f.).

Mit der Vernetzung der Geräte durch das Internet („Internet der Dinge") bricht sich derzeit dieser Trend mit gewaltiger Kraft seine Bahn.

2 Pädagogische Forderungen

Diese großen Trends verändern das menschliche Leben grundlegend und mit exponentiell zunehmender Geschwindigkeit. Von diesem Gesichtspunkt aus hat der ehemalige Bundespräsident Roman Herzog mit seiner Grundthese unbedingt recht, die er in seiner Rede auf dem Deutschen Bildungskongress im April 1999 zur Diskussion stellte:

„Die Informationstechnik wird eine Revolution in den Klassenzimmern auslösen. Wir müssen die Pädagogik für das Informationszeitalter aber erst noch erfinden. Ich weiß, daß über neue Formen des Unterrichtens schon so lange gestritten wird, wie es Schulen gibt. Heute aber stehen wir, durch die revolutionären Entwicklungen der Informationstechnik, vor einer grundlegend neuen Situation" (Herzog 1999: 10).

Diese Feststellung ist richtig. Allerdings ist die Folgerung, die Herzog daraus für die Pädagogik zieht, kurzschlüssig:

„Der Computer wird für eine wirkliche Neugestaltung unserer Lerninhalte und Unterrichtsformen ein zentraler Kristallisationskern sein. Er muß dann aber auch integraler Bestandteil von didaktischen Konzepten für alle Fächer werden [...] Wir dürfen jetzt nicht auf halbem Wege stehenbleiben. Für mich steht fest: Computer gehören in jedes Klassenzimmer [...]" (Herzog 1999: 10).

Diese Behauptung ist auch ein Symptom einer grundlegenden Wandlung des pädagogischen Denkens im Laufe des 20. Jahrhunderts. An dessen Beginn rief die schwedische Sozialreformerin Ellen Key (1849 - 1926) das „Jahrhundert des Kindes" aus (Key 2000 (1902)). Sie forderte eine „Pädagogik vom Kinde" aus. Der Titel ihres weithin bekanntgewordenen Buches „wurde zum Schlagwort der Zeit" (Reble 1955: 270).

Am Ende des 20. Jahrhunderts ist vom Kind weniger die Rede: Es wird eine Pädagogik vom Computer aus gefordert: Der Computer soll zentraler Kristallisationskern der Pädagogik sein. Das Jahrhundert begann mit der Forderung nach einer Pädagogik vom Kinde aus und endete mit der Forderung nach einer Pädagogik vom Computer aus (Sesink 2004: 80).

3 Wenig beachtete Fragen

Die pädagogische Diskussion wird vielfach von dem einfachen Gedanken durchzogen, dass Informationstechnologie das Leben fortdauernd verändern würde und deshalb die Kinder möglichst früh den Umgang mit Computern zu lernen hätten, damit sie als Erwachsene gut damit umgehen können. Diese Argumentation erscheint auf den ersten Blick einleuchtend. Allerdings werden wichtige Fragen nicht gestellt und wesentliche Beobachtungen des Kulturlebens ausgeblendet.

Ein Beispiel: Durch das viele Lesen von Texten am PC-Bildschirm hat sich das Leseverhalten der Menschen verändert: Es wird flüchtiger. Der Bildschirmtext wird eher überflogen und weniger „durchgearbeitet". Das Leseverhalten wird ungeduldiger. Die Ruhe des kontemplativen Eindringens in den Gedanken eines Autors weicht einem unruhigen Springen von Textstelle zu Textstelle. Der amerikanische Publizist Nicholas Carr beobachtet an sich selbst:

„Einst fiel es mir leicht, mich in ein Buch oder einen langen Artikel zu vertiefen. Mein Geist biss sich in die Wendungen einer Geschichte oder die unterschiedlichen Positionen eines Textes fest, und ich konnte mich stundenlang mit Prosa beschäftigen. Heute ist das nur noch selten der Fall. Nach einer oder zwei Seiten schweifen meine Gedanken ab. Ich werde unruhig, verliere den Faden und suche nach einer anderen Beschäftigung. Es kommt mir immer vor, als müsste ich mein eigensinniges Gehirn zum Text zurückzerren. Das konzentrierte Lesen, das einmal etwas ganz Natürliches war, ist zu einem Kampf mit mir selbst geworden" (Carr 2010. 21f.).

Auch von seinen Freunden berichtet er: „Je mehr sie das Internet nutzen, desto schwerer fällt es ihnen, bei längeren Texten die Konzentration zu behalten." (Carr 2010: 23). Carr zitiert Bruce Friedman, einen Pathologen an der University of Michigan Medical School: „Ich habe inzwischen vollkommen die Fähigkeit verloren, einen längeren Artikel zu lesen und zu begreifen, ob nun im Internet oder in gedruckter Form" (Carr 2010: 24).

Andere Autoren beobachten ebenfalls ein verändertes Leseverhalten sowie die Erosion der Aufmerksamkeit (Carr 2010: 23ff; Rühle 2010: 64ff; Koch 2012: 63, 93f, 234; Sanger 2011: 534ff.). Auch die Stiftung Lesen stellt seit Jahren in ihren Studien diese Veränderung des Lesestils fest (Franzmann 2009: 31-38; Stiftung Lesen 2001; Stiftung Lesen 2009).

Solche Beobachtungen weisen auf den Verlust der Konzentrationsfähigkeit hin. Konzentration ist die Fähigkeit, die Aufmerksamkeit längere Zeit fokussieren zu können. Die intensive Arbeit mit Computer hat offensichtlich als subtile Nebenwirkung die Zerstückelung der Konzentration.

Eine solche kulturelle Entwicklung hat das Denken über Pädagogik ebenfalls in den Blick zu nehmen. Denn mit Recht befürchtet Brian Knutson, Professor für Psychologie und Neurowissenschaften an der Stanford University,

„dass das Internet ein ‚Überleben der Fokussierten' erzwingen könnte, bei dem Menschen, die mit einer natürlichen Fähigkeit gesegnet sind, auf direkten Kurs zu bleiben, oder die von genügend Stimulanzien aufgeputscht werden, vorwärtskommen, während der Rest von uns sich hilflos in einem webgestützten Aufmerksamkeitsstrudel bewegt" (Knutson 2011: 489).

Die Konzentration mit Stimulanzien erzwingen, ist keine wirkliche Alternative. Viel wesentlicher dagegen ist die Frage, wie man Kindern ermöglicht, auf natürliche Weise ihre Fähigkeit zu stärken, innerlich „auf direktem Kurs zu bleiben".

Damit ist auf eine erste Frage hingewiesen, die im Diskurs über Medienpädagogik nur selten thematisiert wird: Wie verändert sich der Mensch durch den Umgang mit seinen technischen Geräten und welche ausgleichenden Gegengewichte müssen deshalb in der Pädagogik angeboten werden?

Eine zweite Frage, die zu wenig gestellt wird, ist die nach der Entwicklung der Kinder und nach der günstigen Umgebung, die diese Entwicklung fördert. Welche Herausforderungen und Anregungen benötigen Kinder, um ihre Anlagen optimal entwickeln zu können? Was braucht der Mensch in seiner Kindheit, um später als erwachsener Mensch selbstbestimmt, sozialfähig und kreativ im Leben zu stehen?

Damit hängt die dritte Frage zusammen: Wann ist der „richtige" Zeitpunkt an dem Kinder lernen sollten, mit IT-Technologie umzugehen. Dass Kinder am Ende der Schulzeit moderne Technologien verstehen und beherrschen müssen, ist selbstverständlich. Aber müssen Kinder wirklich bereits in der Grundschule den Umgang mit Computern beherrschen lernen? Ab welchem Alter ist es sinnvoll, dass Kinder in der Schule mit Computern umgehen? Welche Bedeutung hat das Schreiben heute?

Um solche Fragen angemessen behandeln zu können, muss einerseits die Entwicklung des Kindes betrachtet werden und andererseits der Medienbegriff deutlich gefasst werden.

4 Was sind Medien?

Das Wort Medium stammt vom lateinischen Adjektiv „medius" ab, das man mit „in der Mitte befindlich, mittlerer, dazwischen liegend, vermittelnd" übersetzen kann. Im 17. Jahrhundert bürgert es sich in der deutschen Sprache als Fremdwort ein. Durch den Spiritismus im 19. Jahrhundert wird mit „Medium" auch eine Person bezeichnet, die meist im Trancezustand einen Verkehr mit Geistern ermöglichte. Die massenhafte Verbreitung von Radio und Fernsehen führt Ende der 1950er Jahre dazu, dass man das Wort „Medien" auch im Sinne von Massenmedien verwendet. In den 1970er Jahren schlossen sich bis dahin bestehende Einzelwissenschaften wie Publizistik, Filmwissenschaft, Rundfunk- und Fernsehforschung usw. mit Teilen der Literaturwissenschaft zu dem übergreifenden Fachgebiet „Medienwissenschaft" zusammen. In dieser Zeit entstand auch der Begriff Medienpädagogik (Hoffmann 2003: 16).

Als sich in den 1970er Jahren die neue Disziplin „Medienpädagogik" bildete, waren viele Erziehungswissenschaftler davon überzeugt, dass es sinnvoll ist, den Begriff des Mediums sehr eng zu fassen und ihn *„auf technisch vermittelte Erfahrungsformen* einzugrenzen" (Tulodziecki/Herzig 2002: 64). Man definierte daher beispielsweise:

Medien sind Mittler, „durch die in kommunikativen Zusammenhängen potenzielle Zeichen mit technischer Unterstützung übertragen, gespeichert, wiedergegeben oder bearbeitet und in abbildhafter oder symbolischer Form präsentiert werden. Im Vorgang der Kommunikation werden potenziellen Zeichen Bedeutungen von den an der Kommunikation beteiligten Personen zugewiesen" (Tulodziecki/Herzig 2002: 64).

Eine solche Definition ist korrekt, aber für den konkreten pädagogischen Alltag nicht allzu hilfreich, denn sie charakterisiert Medien losgelöst vom Menschen; sie ist für die Praxis zu abstrakt. Wenn man von der oben gestellten ersten Frage ausgeht, kommt es ja weniger darauf an, dass Inhalte übertragen werden, sondern vor allem darauf, *wie* das Vermittelte dem Menschen entgegentritt und zu welchen Tätigkeiten er dadurch angeregt wird oder nicht.

Beobachtet man das Alltagsleben mit der Frage, welche Medien vorherrschen, dann zeigt sich, dass der Mensch in seiner Lebenswelt hauptsächlich drei großen medialen Formen begegnet:

- Schrift
- Stehende oder bewegte Bildern
- Übertragene oder konservierte Sprache und Musik

Der Mensch setzt sich aber mit Schrift, Bild und Ton jeweils anders auseinander. Durch alle drei Medienformen kann im Prinzip dieselbe inhaltliche

Information übertragen werden, aber die Art und Weise wie Menschen mit den jeweiligen Medienform umgehen, ist qualitativ verschieden.[2]

Durch die Schrift wird der Leser gezwungen, anhand der wahrgenommenen abstrakten Symbolfolgen innere Vorstellungsbilder zu entwickeln. Texte fordern den Menschen auf, eine eigene innere Bildwelt zu schaffen. Dies geschieht auch, wenn der Mensch dem durch Technik übermittelten gesprochenen Wort begegnet. Auch hier muss er sich durch seine Phantasietätigkeit individuelle Bilder erzeugen. Bei technisch übertragener Musik ist das nicht notwendig. Ein musikalisch geschultes Gehör kann zwar deren musikalische Strukturen aufmerksam verfolgen und darüber nachdenken, aber im Alltag wird Musik nebenbei konsumiert und zur Stimmungsregulation eingesetzt.

Bei übertragenen Bildern, vor allem bei Filmen wird die Phantasietätigkeit nicht angesprochen; die Bilder sind ja bereits vorhanden. Das steht im deutlichen Gegensatz zum Lesen, wo die eigene Phantasie eine tragende Rolle spielt, denn ohne diese kämen die inneren Bilder erst gar nicht zustande.

Weitere Unterschiede zeigen sich, wenn man auf die Beweglichkeit des Körpers schaut. Medienformen, welche die Augen des Menschen ansprechen, zwingen zu körperlicher Ruhe. Die Auseinandersetzung mit Schrift und Filmen setzt die äußere körperliche Unbewegtheit im Raum voraus. Dagegen erlauben alle technisch vermittelten Höreindrücke dem Menschen eine räumliche Bewegungsfreiheit, da er sich ja weiterhin mit Hilfe der Augen im Raum orientieren kann. Man kann durchaus im Park joggen und gleichzeitig Musik hören, aber beim angestrengten Dauerlauf in Ruhe ein Buch zu lesen, ist unmöglich.

5 Handlungsaspekt und Vorstellungsaspekt

Damit ist der Blick auf das gelenkt, was der Mensch konkret macht beziehungsweise nicht macht, wenn er ein Medium nutzt, und zwar *unabhängig*

---

2 Marshall McLuhan versuchte, diese qualitativen Unterschiede durch die Begriffe „kalt" und „heiß" zu differenzieren. Dem soll hier nicht gefolgt werden, sondern es soll von einfachen Beobachtungen ausgegangen werden. McLuhan bezeichnete Medien, die nur einen Sinn ansprechen und viele detailreiche Daten vermitteln, als „heiß" (phonetische Schrift, Fotografie, Film, Radio), während er unter „kalten" Medien solche verstand, die geringere und qualitativ schlechtere Daten übertragen (hieroglyphische Schriftzeichen, die Karikatur, Fernsehen, Telefon). „Kalte" Medien verlangen nach seiner Auffassung vom Menschen eine größere sinnliche Aktivität, da er die fehlenden Informationen vervollständigen muss. Deshalb regen „kalte" Medien den Menschen an, während heiße Medien durch ihre Überfülle an Information die eigene Tätigkeit des Menschen unterbinden und ihn deshalb hypnotisieren (McLuhan 1994: 44ff.).

vom vermittelten Inhalt. Diese Frage, was denn der Mensch konkret tut, wenn er ein Medium nutzt, wird kaum beachtet. Man schaut vor allem auf die vermittelten Inhalte und weniger auf das, was sich zwischen technischem Gerät oder Erzeugnis und dem wahrnehmenden Menschen abspielt. Man achtet auf den mit dem Denken verbundenen *Vorstellungsaspekt* der Medien, aber kaum auf den mit den Tätigkeiten des Leibes zusammenhängenden *Handlungs-* oder *Willensaspekt.*[3] McLuhans provokanter Satz „Das Medium ist die Botschaft" (McLuhan 2001) wies bereits auf diese unsichtbare Seite der Medienrezeption hin. Trotzdem wurde die Willensseite der Mediennutzung bisher nur in Ansätzen betrachtet, während die hauptsächliche Aufmerksamkeit den Inhalten, also der Vorstellungsseite der Medien, galt.

Bei der Betrachtung des Verhältnisses des Menschen zu Medien sind zwei polare Aspekte zu unterscheiden: einmal den der vermittelten Inhalte selbst, auf die das Individuum die Aufmerksamkeit lenkt (Vorstellungs- oder Inhaltsaspekt) und zum anderen den meist übersehenen Handlungs- oder Willensaspekt, nämlich das, was der Mensch konkret macht, wenn er sich dem technischen Artefakt bzw. dem Gerät zuwendet, *Der Umgang mit Medien findet im Spannungsfeld von Vorstellungsverhältnis und Handlungsverhältnis des Menschen zum jeweiligen Medium statt.*

6 Medieninhalt, Medienform und Medienträger

Wenn man das Handlungsverhältnis des Menschen zu Medien betrachtet, dann zeigt sich, dass die Medienform nicht unabhängig von ihrem materiellen Träger gedacht werden darf. Die Schrift auf einer Tontafel oder auf einer Papyrusrolle ist für den Menschen nicht dasselbe, wie die Schrift in einem gedruckten Buch oder auf dem Bildschirm eines E-Books. Eine fotografische Aufnahme auf Fotopapier steht nicht im gleichen Verhältnis zum Menschen, wie ein projiziertes Dia auf der Leinwand. Das Bild ist nicht ganz dasselbe für den Menschen, wenn er es auf einem Computerbildschirm anschaut oder als Projektion eines Beamers sieht. Wenn man nur auf den Inhalt eines Bildes schaut, dann ist dieser immer derselbe. Die Mona Lisa von Leonardo Da

---

3   Das gilt auch für den „Uses-and-gratifications-approach" der sich gegen die aus dem Behaviorismus hervorgehende Fragestellung „Was machen Medien mit Menschen" stellte und danach fragte, welchen Nutzen Menschen durch den Gebrauch eines Mediums ziehen. Bei diesem Ansatz wird zwar auch von einem aktiv handelnden Menschen ausgegangen, der Medien gezielt auswählt, um seine Bedürfnisse zu befriedigen. Aber er schaut doch in erster Linie auf die Inhalte, die der Mensch auswählt und auf die Frage, warum er etwas auswählt, und nicht darauf, was konkret im Umgang mit dem jeweiligen Medienträger – unabhängig vom ausgewählten Inhalt – getan beziehungsweise nicht getan wird.

Vinci bleibt in allen Darstellungsformen inhaltlich gleich. Aber bereits für den Tastsinn ist es ein großer Unterschied, ob man ein Buch oder einen einzelnen Kunstdruck in der Hand hält oder ob man während der Betrachtung vor einem Bildschirm sitzt und die Maus hält.

Der Mensch ist als sinnlicher Mensch in der Vielzahl seiner Sinne eine Ganzheit und je nachdem, welche Sinne durch die Präsentationsform einer Schrift oder eines Bildes neben dem Sehsinn auch noch mit angesprochen werden, steht das Bild anders zum Menschen. *Die Wahrnehmung eines Medieninhaltes ist je nach materiellem Träger in einen anderen Sinneskontext eingebettet.* Da immer alle Sinne des Menschen bei einer Wahrnehmung zusammenwirken, wird auch der innere Umgang des Menschen mit einem Medieninhalt von der Technik seiner materiellen Präsentation subtil mitbestimmt.

Es ist deshalb sinnvoll, eine weitere Unterscheidung zu treffen, nämlich die zwischen *Medienform* und *Medienträger*. Es muss zwischen Medium als Verfahren und der materiellen Grundlage, innerhalb der sich dieses Verfahren vollzieht, unterschieden werden. Die phonetische Schrift kann auf Stein, auf einer Papyrusrolle oder auf Papier geschrieben werden, sie kann aber auch als Druckschrift in Büchern, der Zeitung, der Zeitschrift oder auf dem Bildschirm eines Computers stehen. Die Schrift als Medien*form* bleibt überall gleich. Aber der *Träger*, durch den sie dem Menschen zugänglich wird, ist jeweils ein anderer und zu dem jeweiligen Träger steht der Mensch mit seinem Gesamtsinnesorganismus in einem anderen Verhältnis. Auch wenn die Unterschiede nur subtil sind, sie sind vorhanden und beeinflussen auf lange Sicht die Art und Weise, wie Menschen mit Medienformen umgehen.

Es müssen also bei der Betrachtung der Medien drei Schichten unterschieden werden:

1. Medieninhalt – das, was der Menschen inhaltlich wahrnehmen kann.
2. Medienform – das Verfahren wie etwas vermittelt oder präsentiert wird.
3. Medienträger – die materielle Grundlage auf oder innerhalb der sich das Vermittlungs- oder Präsentationsverfahren vollzieht.

7 Reduktion der Bewegung

Wenn man vom Medienträger Computer absieht, dann sind Kinder schon seit vielen Jahrhunderten in einer Medienwelt aufgewachsen, denn Schule hat ihren Ursprung in dem Vorhandensein der Medienform Schrift, die entweder in Tontafeln gedrückt oder auf Papyrus geschrieben wurde. Seitdem es

Schrift gibt, gibt es auch Schulen, in denen das Schreiben und Lesen gelernt und geübt wurde – also seit rund 5000 Jahren. Schrift haben wir auch heute noch und die Schulzeit beginnt mit dem Schreiben- und Lesenlernen. Auch in der Gegenwart ist Beherrschung der Medienform Schrift die unerlässliche Basis für die Schulkarriere. In dieser Hinsicht brauchen wir keine „neue Schule".

Allerdings haben sich die Medienträger erweitert. Zum Träger Papier ist vor allem der Träger Computer bzw. Bildschirm hinzugekommen. Die medienpädagogische Diskussion kann sich überhaupt nicht darum drehen, ob Kinder Schreiben und Lesen lernen – das ist selbstverständlich unstrittig. Sie kann nur danach fragen, ob man sich beim Schrifterwerb zunächst auf den Medienträger Papier beschränkt oder bereits den Medienträger Computer einsetzt.

Damit sind die Überlegungen wieder bei der eingangs gestellten ersten Frage angelangt: Welches Verhältnis hat der handelnde Mensch zu Papier und welches zu einem Computer?

Was das Papier anfänglich vom Menschen abverlangt, setzt der Computer massiv fort: Er zwingt den Menschen zur weitgehenden Bewegungslosigkeit. Der Körper des Menschen wird ruhig gestellt. Die vermittelten Inhalte nimmt der Mensch bloß über das Auge auf und mit Hilfe des eingeschränkten Bewegungsfeldes der Tastatur beziehungsweise des Mousepads ist der Mensch vor dem Bildschirm tätig. Der übrige Leib ist still gestellt. Er bewegt sich praktisch nicht. Wird Papier zum Schreiben, Malen oder Zeichnen benutzt, dann ist die Beweglichkeit des Leibes ebenfalls eingeschränkt, die menschliche Feinmotorik wird jedoch sehr viel differenzierter herausgefordert als bei der Bedienung einer Tastatur oder Maus.

Die durch Technik hervorgerufenen Bewegungseinschränkungen stehen im krassen Gegensatz zu den kindlichen Bedürfnissen. Mit deutlichen Worten charakterisiert der Reformpädagoge Hartmut von Hentig dieses Missverhältnis für den Computer:

„Der Computer dagegen hält es [das Kind, EH] an seinem Stuhl fest, grenzt seine Lebensregungen auf das Feld zwischen Bildschirm und Taste ein, legt alle anderen Sinne lahm, schaltet anderen Kontakt aus, bannt den Geist des Kindes auf das Frage-und-Antwort-Schema des Programms oder der Programmierung" (Hentig 1993: 68).

In abgeschwächter Form gilt dies selbstverständlich auch für den Medienträger Papier. Die „Stilllegung" der leiblichen Aktivität der Kinder im Umgang mit Medienträgern steht in einem großen Widerspruch zur ersten Entwicklungsaufgabe eines jeden Menschen: den eigenen Leib durch vielfältige Aktivitäten als „Instrument" beherrschen zu lernen.

Diese Feststellung führt zur zweiten Frage, die in der medienpädagogischen Diskussion zu wenig Beachtung findet: Wie gestaltet sich die menschliche Entwicklung und welche Erfahrungsfelder und Herausforderungen benötigt der heranwachsende Mensch, um sich bestmöglich entwickeln zu können?

8 Grundschritte der menschlichen Entwicklung

In den ersten zwei Jahrzehnten des menschlichen Lebens kann man im Wesentlichen drei große Entwicklungsphasen beobachten:

1. Frühe Kindheit von der Geburt bis Eintritt in die Schule
2. Kindheit bis zur Pubertät
3. Jugendalter bis etwa zum 20. Lebensjahr

In den ersten Kindheitsjahren ist die zentrale Entwicklungsaufgabe des jungen Menschen die Ausbildung und die Beherrschung des eigenen Leibes. Das Kind muss die drei für das Menschsein grundlegende Begabungen erlernen: Gehen, Sprechen und Denken.

Der Erwerb dieser Fähigkeiten ist, wie schon Janusz Korcak richtig festgestellt hat, eine „schwere Arbeit" (Korczak 1999: 404), deren Wert auf keinen Fall unterschätzt werden darf. Denn um die Welt wahrnehmen zu können, muss das Kind seine Sinne gesund ausgebildet haben. Um in ihr vielfältig handeln zu können, muss es sowohl seine Grobmotorik als auch seine Feinmotorik differenziert beherrschen lernen. Das ist sehr eng an die Entwicklung des Gehirns gekoppelt. Bei der Geburt ist zwar die endgültige Anzahl der Neuronen weitgehend vorhanden, aber deren Vernetzung ist noch lange nicht abgeschlossen. Die Erlebnisse des Kindes im aktiven Umgang mit seiner Umgebung spielen bei der Entwicklung der Synapsen des kindlichen Gehirns eine entscheidende Rolle, denn sie beeinflussen direkt und dauernd dessen Struktur und somit auch dessen Funktion. Alles, was ein Kind sieht, ertastet, hört, fühlt, denkt und so weiter, versetzt bestimmte Synapsen in Aktivität und bringt sie dazu, sich zu verstärken. Selten aktivierte Synapsen dagegen verkümmern und sterben ab (vergl. Eliot 2001: 48f.).

Die Tatsache, dass beim Menschen die sensible Phase für die Ausbildung der Sinne etwa 6 bis 8 Jahre dauert, weist darauf hin, dass sich innerhalb dieses Zeitraumes die Strukturen des Leibes ausbilden. Danach sind sie weitgehend festgelegt. Der Zahnwechsel markiert den Abschluss dieser „Plastizierung" des Zentralnervensystems (Rittelmeyer 2002: 127ff.).

Auf diese erste Entwicklungsphase folgt eine zweite, deren Anfang in etwa mit dem Beginn des Schulbesuches zusammenfällt. Im Laufe der frühen Kindheit hat das Kind den eigenen Leib soweit beherrschen gelernt, dass es sich nun die kulturbezogenen Fähigkeiten aneignen kann. Die meisten Menschen (in Mitteleuropa jedenfalls) lernen in dieser Zeit Rad fahren, Schwimmen, Tauchen, Rollschuh- und Schlittschuh laufen, Fußballspielen und andere Sportarten, Klettern usw. Aber auch der Beginn des Umgangs mit einem Musikinstrument beginnt oft in dieser Zeit. Die feinmotorischen Fähigkeiten des Schreibens und Lesens werden ebenfalls in diesem Alter erlernt.

Nicht nur äußerlich sichtbare, sondern auch subtile innere Fähigkeiten werden in dieser Zeit ausgebildet. Kinder müssen beispielsweise lernen, wie man sich etwas merkt. Die Fähigkeit, etwas im Gedächtnis zu behalten, ist keine selbstverständliche. Sie setzt voraus, dass man etwas innerlich beschreiben kann, dass man eine klare Vorstellung von etwas entwickeln kann. Das Wahrnehmungs- und Beobachtungsvermögen sowie das Sprachvermögen müssen deshalb bis zu einem gewissen Grad ausgebildet sein, damit der Mensch etwas ins Gedächtnis aufnehmen kann. Das Gedächtnis ist allerdings eine grundlegende Basis für ein selbstständiges Denken. Damit zusammenhängend muss eine weitere zentrale Kulturfähigkeit geübt werden: zu lernen wie man systematisch lernt. Diese Fähigkeit ist nicht bloß eine rein kognitive Angelegenheit, sondern auch eine seelische: Kann man Interesse an etwas entwickeln? Kann man Freude am Lernen entwickeln? Dies setzt hohe Ansprüche an die Art und Weise wie das Leben im schulischen Bildungsraum gestaltet wird.

Mit dem Eintreten der Pubertät geschehen letzte Ausreifungsprozesse des Körpers. Das zeigt sich äußerlich vor allem in einem kräftig einsetzenden Wachstumsschub, dem sogenannten puberalen Wachstumsschub. In einem letzten Kraftakt wird die leibliche Entwicklung abgeschlossen (Leber 1993: 395ff).

Alle Veränderungen im Körper der Jugendlichen bilden die Grundlage dafür, dass der Heranwachsende nun selbständig handeln kann; dass er seine Lebensverhältnisse selbstbewusst und frei ergreifen und vor allem aktiv umgestalten kann. Der junge Mensch reift dazu heran, sich selbständig in der Welt und der menschlichen Gesellschaft zu verwurzeln.

Von besonderer Bedeutung ist die gesunde Ausbildung des Frontalhirns. Die im Laufe des Lebens erworbenen Wertvorstellungen finden im Frontalhirn die ihnen entsprechenden synaptischen Verbindungen. Alles eigene Urteilen und Bewerten basiert auf der Ausbildung des Frontalhirns, vor allem des orbifrontalen Kortex. Und dieser Teil des Gehirns reift erst mit der Pubertät vollständig aus. Deshalb sagt der Neurologe Manfred Spitzer mit Recht:

„Bewertungserfahrungen können mit zwölf noch zu früh sein, weil der orbitofrontale Kortex, also das Stückchen Gehirnrinde im Frontalhirn, das genau über der Augenhöhle (lat. orbita: die Augenhöhle) sitzt und für Bewertungen zuständig ist, als letzter Bereich der Gehirnrinde heranreift und mit zwölf noch nicht fertig entwickelt ist" (Spitzer 2005: 116).

Aber nicht nur das Urteilsvermögen entwickelt sich, sondern es tritt mit der Pubertät auch die Fähigkeit zur Abstraktion und zur systematisch-hypothetischen Überlegung auf. Das logische Schließen kann jetzt als Fähigkeit ausgebildet werden, weil der gesamte Körper und das Gehirn die entsprechenden Reifungsprozesse vollziehen (Leber 1993: 448).

9   Indirekte und direkte Medienpädagogik

Damit sind nun Gesichtspunkte genannt, um die dritte Frage, die Frage nach dem pädagogisch sinnvollen Zeitpunkt für den Umgang mit dem Medienträger Computer, zu beantworten.

Wenn man bedenkt, dass Computer Geräte sind, in denen sich das logische Schließen des Menschen materialisiert hat, dann ist klar, dass ein Mensch erst mit der beginnenden Pubertät sinnvoll mit dem Medienträger Computer umgehen kann, denn frühestens mit der Pubertät sind die hirnorganischen Strukturen soweit ausgereift, dass sie es dem Menschen erlauben, die Möglichkeiten der Informationstechnologien sinnvoll auszuschöpfen. Denn erst ab diesem Alter hat er auch in seiner eigenen körperlichen und seelischen Entwicklung die Fähigkeit ausgebildet, die sich in dem Gerät vor ihm verdinglicht hat.

Kinder müssen zuallererst ihre leiblichen, seelischen und geistigen Anlagen ausbilden können; das ist die unerlässliche Basis der Medienmündigkeit (Bleckmann 2012) des erwachsenen Menschen. Daher hat die Pädagogik zuerst die gesunde Entwicklung dieser Anlagen unterstützen. Das Kind muss in seiner Umgebung viele Herausforderungen finden, die es anregen, seine leiblichen und seelischen Fähigkeiten allseitig und gesund zu entwickeln. Zugleich muss dafür gesorgt werden, dass alles, was diese Entwicklung behindert, ausgeschlossen wird.

Der frühkindliche Lebensraum sollte deshalb idealerweise *medienfrei* sein, da er den Kindern helfen soll, ihre leiblichen Handlungs- und seelischen Erlebnisfähigkeiten und damit ihren Willen vielfältig üben und schulen zu können. Es sollte alles ausgeschlossen werden, was dieses Üben behindert. Das Motto dieses Ansatzes könnte man pointiert so formulieren: *Die spätere Medienkompetenz wurzelt in einer frühen Medienabstinenz.*

Dieser Gedanke wird oft verächtlich als „Bewahrpädagogik" diffamiert. Es geht hier aber nicht um ein „Bewahren", sondern um das „Ermöglichen". Hier ist eine „Ermöglichungspädagogik" gemeint, die den Kindern hilft, die Kräfte zu erwerben, die sie für das Leben in einer von Informationstechnologie durchdrungenen Welt brauchen, die ihnen aber *diese* Welt nicht geben kann.

Es lässt sich daher eine indirekte Medienpädagogik von einer direkten unterscheiden. Die indirekte Medienpädagogik hilft dem Menschen genau die Kräfte zu entwickeln, die er braucht, um den Anforderungen des Lebens, die zugleich auch die Anforderungen der technisch-medialen Welt beinhalten, gewachsen zu sein.

Mit dem Beispiel der oben zitierten Auffassung von Brian Knutson, dass nur die „Fokussierten" im Internet überleben könnten, kann man sagen, dass die indirekte Medienpädagogik dem heranwachsenden Menschen helfen will, ein „Fokussierter" zu werden, ein Mensch, der die Fähigkeit ausgebildet hat innerlich „auf direktem Kurs" zu bleiben. Diese Fähigkeit lässt sich aber nur innerhalb eines medienfreien Raumes erwerben, da der mediale Raum sie ja eher zerstört.

Der indirekten Medienpädagogik steht die direkte gegenüber, welche die heranwachsenden Menschen dazu befähigt, mit allen Medienformen und Medienträgern sinnvoll und kompetent umzugehen.

Im Laufe des Heranwachsens steht die indirekte Medienpädagogik zunächst im Vordergrund und tritt später als ausgleichendes Gegengewicht etwas in den Hintergrund während die direkte Medienpädagogik entsprechend des Lebensalters mehr und mehr in den Vordergrund tritt. Die folgende Grafik veranschaulicht dieses Zusammenspiel von indirekter und direkter Medienpädagogik:

Abbildung 1: Zusammenspiel von direkter und indirekter Medienpädagogik im Entwicklungsverlauf.

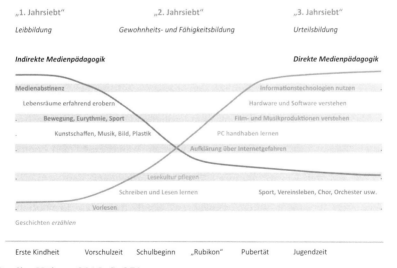

Quelle: Hübner 2015, S. 271

10 Ausbildung des handelnden Willens

Das alltägliche Leben mit Medienträgern, überhaupt mit Technik, reduziert den handelnden Menschen auf seine Intelligenz, denn das was er selbst leiblich-willenshaft tun könnte, nimmt ihm ja ein technisches Gerät ab. Das Ideal der Technik ist, dass der Mensch ein Gerät bloß durch seine Gedanken steuern kann. In vielen Laboren arbeitet man ernsthaft an dieser Frage und es sind bereits beachtliche Erfolge erzielt worden.[4]

Die technische Kulturentwicklung läuft auf eine Verhirnlichung des Lebens hinaus. Diese Einseitigkeit muss der Mensch aus eigener Initiative heraus durch ein Gegengewicht ausgleichen können. Im Informationszeitalter ist die Fähigkeit zum Ausgleich für eine gesunde Biografie lebensnotwendig. Diese muss ein Kind während der Schulzeit erfahren und üben können.

Dieser Grundgedanke der indirekten Medienpädagogik lässt sich realisieren, indem einerseits die *Methodik* allen Unterrichtens fortwährend auch die handelnde Willensseite der Kinder anspricht und von dieser immer wieder Tätigkeiten abfordert. Pädagogik inmitten der Informationsgesellschaft ist also in erster Linie eine Erziehung des Willens, sie ist eine Pädagogik, die den handelnden Willen des Menschen übt und stärkt.

Am leichtesten lässt sich das in künstlerischen und handwerklichen Fächern üben. Deshalb haben im curricularen Angebot einer Schule im Informationszeitalter künstlerische und handwerkliche Fächer, wie Zeichnen, Malen, Chor- und Orchesterarbeit, Schnitzen, Plastizieren usw. einen wichtigen Stellenwert. Denn in diesen Tätigkeitsfeldern werden die Fähigkeiten geübt, die das Leben mit Computern zwar voraussetzt, die es selbst aber tendenziell untergräbt. In künstlerisch-handwerklichen Fächern wird am ehesten die Fokussierung geschult, die der Mensch braucht, um im „Aufmerksamkeitsstrudel" des Internets nicht hilflos unterzugehen

11 Direkte Medienpädagogik

Ein Mensch ist nicht wirklich medienkompetent, wenn er *nur* den PC handhaben kann. Medienkompetenz bedeutet, dass man die Vor- und Nachteile *aller* Medienformen und Medienträger kennt und je nach Sachlage das auswählt, was gerade am besten geeignet ist.

---

4 Beispielsweise: http://www.chip.de/news/MindRDR-Google-Glass-erhaelt-Gedanken-steuerung _71117840.html [Zugriff: 11.06.2016].

Auch aus diesem Grund ist es wichtig, dass Kinder zuerst lernen, mit den klassischen Medienträgern umzugehen: Papier und Buch. Darüber hinaus zeigt sich in der Praxis, dass es pädagogisch keinen wirklichen Sinn macht, vor dem 12. Lebensjahr Computer im Unterricht einzusetzen. Der selbstständige Umgang mit dem Computer setzt die Entfaltung eines eigenständigen Urteils voraus. Die eigene Urteilsfähigkeit entwickelt sich vor allem erst ab dem 12. Lebensjahr – und ab diesem Alter ist ein Umgang mit Computern, überhaupt mit IT-Technologie, als Medienträgern pädagogisch sinnvoll und notwendig. Davon ist allerdings die Pädagogik der Medien*formen* deutlich zu unterscheiden. Diese beginnt bereits mit dem Eintritt in die Schule.

Die direkte Medienpädagogik vollzieht sich auf den Ebenen der Medienformen und der Ebene der Medienträger. *Jeder* Ebene muss in der Schule Aufmerksamkeit gewidmet werden und auf jedem Gebiet gibt es ein Curriculum. Das sei beispielhaft an der Medienform „Bild" veranschaulicht.[5]

Dass man den Umgang mit der Medienform Schrift gut beherrscht, darauf wird allenthalben viel Wert gelegt. Aber auch die Medienform Bild muss man „lesen" können. Genauso wie Kinder zu lernen haben, mit Texten umzugehen, müssen sie auch wissen, wie Aussagen in Bildern zustande kommen und wie sie verstanden werden können.

Wenn man das Curriculum an der Entwicklung der Kinder orientiert, dann ist es wichtig, dass die Kinder zuerst durch eigene, aktive Tätigkeit Bilder schaffen lernen. Das kann in der Vorschulzeit damit beginnen, dass sie mit Farbstiften oder Wasserfarben einfache Motive malen. In der beginnenden Schulzeit, wo die Kinder nun langsam fähig sind, ein ästhetisches Empfinden zu entwickeln, wird daran angeknüpft. Die Kinder lernen jetzt verschiedene Farbtöne zu unterscheiden und ästhetisch zu beurteilen. Mit zunehmendem Alter werden die Bilder und Zeichnungen differenzierter und vielgestaltiger. Mit etwa zwölf Jahren (6. Klasse) ist die Einführung in die Gesetze der Projektion und der Schattenlehre sehr sinnvoll. Anhand konkreter zeichnerischer Problemstellungen lernen die Kinder die Gesetze der Perspektive praktisch zu handhaben. Ab der neunten Klasse ist es sinnvoll, mit den Jugendlichen, wiederum anhand konkreter Projekte, die Sprache der fotografischen und der filmischen Bilder kennenzulernen. Anzustreben ist, dass sie durch die Herstellung eigener Filme die Vorgehensweisen professionell hergestellter Filme analysieren und verstehen können. Dabei sollten Jugendliche auch den Aufbau und die Funktion von Werbung verstehen.

Für die Medienform „Ton" kann man ein entsprechendes Curriculum einrichten. Es beginnt beim eigenen Musizieren mit einem leichten Instrument, wie beispielsweise einer Blockflöte, und endet mit der Fähigkeit die gegenwärtige Unterhaltungsmusik analysieren zu können und zu verstehen, wie

---

5 Eine ausführliche Darstellung zu allen Medienformen findet man in Hübner 2015.

Filmmusik komponiert ist und welche Funktion sie im Rahmen einer Film-handlung innehat.

Ähnlich kann man das Curriculum für das Verständnis der Medienträger aufbauen. So sollten Kinder am Beginn ihres Schullebens einmal selbst Papier herstellen und wenn sie etwas älter sind auch ein eigenes Buch binden. Ab der 9. Klasse etwas kann dann die Einführung in Prinzipien der Computertechnologie stattfinden und zwar wiederum vom praktischen Umgang mit elektronischen Bauteilen und Geräten ausgehend. Dazu gehört natürlich auch, dass Schüler lernen, wie man neben Büchern, Zeitschriften usw. auch Online-ressourcen sinnvoll erschließt.

Sehr wichtig ist dabei, dass Schüler Kriterien an die Hand bekommen, mit deren Hilfe sie die Glaubwürdigkeit von Internetseiten beurteilen können. An sinnvollen Stellen sollte das in den folgenden Jahren immer wieder aufgegriffen werden

Ein Achtklässler sollte auch ein grundlegendes Wissen über die richtigen Formen des Schriftverkehrs im Internet erwerben: Aufbau einer geschäftlichen E-Mail, Formulierung sinnvoller Betreffs, „Netiquette", Gestaltung eines Bewerbungsschreibens, Anhänge usw.

Präsentationstechniken mit PC, Overhead usw. können mit den Schülern ab der 10. Klasse erlernt, praktisch erprobt und kritisch besprochen werden. Sie erfahren dadurch die Stärken und Schwächen von unterschiedlichen Präsentationstechniken, lernen Präsentationssoftware sinnvoll einzusetzen und Präsentationsfehler zu vermeiden.

Ein Wort Rudolf Steiners (1861–1925), dass er als Grundmotiv des Unterrichtes der oberen Klassen formulierte, gilt auch für das Mediencurriculum: „Lebenskunde muss aller Unterricht geben." Jeglicher Unterricht muss dahin führen, dass die Schüler das Leben *ihrer* Zeit möglichst umfassend verstehen, deren grundlegende Kulturtechniken gut beherrschen und sinnvoll weiterentwickeln können.

12 Der Mensch im Mittelpunkt

Es ist ein Grundmerkmal aller Medienformen, dass sie aus der lebendigen Wirklichkeit der Welt Einzelheiten herauslösen und festhalten. Diese verlieren dadurch aber ihren Bezug zum Ganzen des Lebens. Die Medienwelt liefert uns eine zersplitterte Welt einzelner Informationen, die durch sich selbst keinen Zusammenhang mehr haben. Man schaue sich unter diesem Gesichtspunkt einmal eine Nachrichtensendung an. Eine erstaunliche Fülle von Einzelheiten wird präsentiert, denen jedoch vollständig der innere Zusammenhang fehlt.

Dem steht der einzelne Mensch gegenüber, der sich in dieser ihm so präsentierten Welt zurechtfinden muss. Er braucht die Fähigkeit, sich in diesem Kosmos der zersplitterten Informationsfetzen zu orientieren und sie wieder in einen von ihm selbst erarbeiteten Zusammenhang einbetten zu können. Das kann er nur, wenn er sich einen kohärenten Wissenshintergrund erarbeitet hat. Darin muss die Pädagogik die Heranwachsenden unterstützen. Schule hat die jungen Menschen zu befähigen, sich selbst inmitten einer Welt von zusammenhanglosen Informationsteilen wieder einen Zusammenhang erarbeiten zu können. Dazu brauchen sie einerseits eine breitgefächerte Allgemeinbildung, die möglichst viele Lebens- und Wissensgebiete umfasst und andererseits ein inneres Zentrum, auf das sie alles, was sie wissen, beziehen können.

In dieser Hinsicht findet man bei Rudolf Steiner einen wichtigen pädagogischen Hinweis. Er sagte zu den damals aktiven Lehrern:

„Aber von ganz besonderer Wichtigkeit ist die Beziehung, die wir überall herstellen sollen, wo es nur die Möglichkeit ist: die Beziehung zum Menschen als solchem. Überall sollten wir die Gelegenheit nehmen, die Beziehung zum Menschen als solchem herzustellen. Ich will sagen, wir besprechen ein Tier, wir besprechen eine Pflanze, wir besprechen eine Wärmeerscheinung, überall ist die Möglichkeit, ohne daß wir den Unterricht zerstreuen, ohne daß wir gewißermaßen das Kind ablenken, die Sache überzuführen auf irgendetwas, was den Menschen betrifft" (Steiner 1978 [GA 302]: 19).

Wird der Mensch in den Mittelpunkt gestellt und werden darüber hinaus seine Bezüge zur Umwelt aufgesucht, so können die Kinder eine innere Konsolidierung, eine innere Sicherheit im Verhältnis zur Welt ausbilden. Sie besitzen ein Zentrum, auf das sie die Informationsteile, die tagtäglich auf sie einstürmen, sinnvoll beziehen können.

Eine solche inhaltliche Zentrierung auf den Menschen bildet auch eine Basis auf welcher der heranwachsende Mensch sich selbstständig die Frage nach dem eigenen Wesen beantworten kann. Denn wenn der Mensch durch die fortschreitende Verfeinerung der technischen Möglichkeiten, in der Zukunft mehr und mehr mit seinen Apparaten leiblich verschmilzt, dann tritt konkret und existenziell die Frage nach dem Wesen des Menschen auf: Wer bin ich als Mensch? Was unterscheidet den Menschen von den durch ihn künstlich erzeugten Geräten? Diese Frage wird immer deutlicher als zentrale Grundfrage des 21. Jahrhunderts in Erscheinung treten. Deshalb muss die Schule belastbare Wissensgrundlagen anbieten, von denen aus jeder Mensch seine *eigene* Antwort finden kann. Daher darf nicht der Computer der „zentrale Kristallisationskern" der Schule sein, wie Roman Herzog forderte, sondern *der Mensch muss das Zentrum sein*, auf das hin alle Unterrichtsinhalte ausgerichtet sind und auf dessen kindlicher Entwicklung die Methodik allen Unterrichtes orientiert ist.

Literatur

Anders, Günther (1980): Die Antiquiertheit des Menschen. Bd. II. Über die Zerstörung des Lebens im Zeitalter der dritten industriellen Revolution. München: Beck'sche Reihe.

Bleckmann, Paula (2012): Medienmündig. Wie unsere Kinder selbstbestimmt mit dem Bildschirm umgehen lernen. Stuttgart: Klett-Cotta.

Brockman, John (2011): Wie hat das Internet Ihr Denken verändert? Die führenden Köpfe unserer Zeit über das digitale Dasein. Frankfurt am Main: Fischer Taschenbuch Verlag.

Carr, Nicholas (2010): Wer bin ich, wenn ich online bin... und was macht mein Gehirn solange? – Wie das Internet unser Denken verändert. München: Karl Blessing Verlag.

Dittmar, Jakob F. (2012): Grundlagen der Medienwissenschaft. Berlin: Univerlag.

Eliot, Lise (2001): Was geht da drinnen vor? Die Gehirnentwicklung in den ersten fünf Lebensjahren. Berlin: Berlin Verlag.

Franzmann, Bodo (2009): Selektives Leseverhalten nimmt zu. In: Stiftung Lesen (Hrsg.): Lesen in Deutschland 2008. Eine Studie der Stiftung Lesen. Mainz, S. 31-38.

Hentig, Hartmut von (1993): Die Schule neu denken. Eine Übung in praktischer Vernunft. Eine zornige, aber nicht eifernde, eine radikale, aber nicht utopische Antwort auf Hoyerswerda und Mölln, Rostock und Solingen. München, Wien: Hanser.

Herzog, Roman (1999): Auswege aus einer muffigen Routine. In die Debatte über eine Reform des deutschen Bildungswesens ist Bewegung gekommen. In: FAZ vom 14. April 1999, S. 10. Auch: Rede des Bundespräsidenten Roman Herzog auf dem Deutschen Bildungskongreß in Bonn am 13. April 1999, http://www.bundespraesident.de/DE/Die-Bundespraesidenten/Roman-Herzog/Reden/reden-node.html. [Zugriff: 11.06.2016]

Hoffmann, Bernward (2003): Medienpädagogik. Eine Einführung in Theorie und Praxis. Paderborn: UTB.

Hübner, Edwin (2005): Anthropologische Medienerziehung. Grundlagen und Gesichtspunkte. Frankfurt am Main. Peter Lang.

Hübner, Edwin (2010): Individualität und Bildungskunst. Menschwerdung in technischen Räumen. Heidelberg: Menon.

Hübner, Edwin (2015): Medien und Pädagogik. Gesichtspunkte zum Verständnis der Medien. Grundlagen einer anthroposophisch-anthropologischen Medienpädagogik. Stuttgart: Pädagogische Forschungsstelle beim Bund der Freien Waldorfschulen.

Key, Ellen (2000): Das Jahrhundert des Kindes. Studien. Weinheim, Basel. Erstveröffentlichung: Berlin 1902.

Knutson, Brian (2011): Gegenwärtiges vs. zukünftiges Selbst. In: Brockman, John: Wie hat das Internet Ihr Denken verändert? Die führenden Köpfe unserer Zeit über das digitale Dasein. Frankfurt am Main: Fischer Taschenbuch Verlag, S. 487-489.

Koch, Christoph (2012): ich bin dann mal offline. ein selbstversuch. leben ohne internet und handy. München: Random House.

Korczak, Janusz (1999): Das Recht des Kindes auf Achtung. In: Korczak, Janusz: Sämtliche Werke, Bd. 4. Wie liebt man ein Kind u.a.; bearb. und kommentiert von Friedhelm Beiner und Silvia Ungermann. Gütersloher Verlag-Haus.

Leber, Stefan (1993): Die Menschenkunde der Waldorfpädagogik. Anthropologische Grundlagen der Erziehung des Kindes und Jugendlichen. Stuttgart: Verlag Freies Geistesleben.

McLuhan, Herbert Marshall (1994): Die magischen Kanäle. Understanding Media. Dresden: Verlag der Kunst.

McLuhan, Herbert Marshall (2001): Das Medium ist die Botschaft. The Medium is the Message. Dresden: Verlag der Kunst.

Reble, Albert (1955): Geschichte der Pädagogik. Stuttgart: Klett.

Rittelmeyer, Christian (2002): Pädagogische Anthropologie des Leibes. Biologische Voraussetzungen der Erziehung und Bildung. Weinheim, München: Juventa.

Rühle, Alex (2010): Ohne Netz. Mein halbes Jahr offline. Stuttgart: Klett-Cotta.

Sanger, Larry (2011): Blöken Sie für sich selbst. In: Brockman, John: Wie hat das Internet Ihr Denken verändert? Die führenden Köpfe unserer Zeit über das digitale Dasein. Frankfurt am Main: Fischer Taschenbuch Verlag.

Sesink, Werner (2004): In-formatio. Die Einbildung des Computers. Beiträge zur Theorie der Bildung in der Informationsgesellschaft. Münster: Lit.

Spitzer, Manfred (2005): Vorsicht Bildschirm. Elektronische Medien, Gehirnentwicklung, Gesundheit und Gesellschaft. Stuttgart: Klett.

Steiner, Rudolf (1978): Menschenerkenntnis und Unterrichtsgestaltung. [GA 302] Dornach.

Steinmüller, Karlheinz/Steinmüller, Angela (2006): Die Zukunft der Technologien. Hamburg: Murmann Verlag DE.

Stiftung Lesen (Hrsg.); Franzmann, Bodo (Red.) (2001): Leseverhalten in Deutschland im neuen Jahrtausend. Eine Studie der Stiftung Lesen. Mainz: Stiftung Lesen.

Stiftung Lesen (Hrsg.); Kreibich, Heinrich (Verantw.) (2009): Lesen in Deutschland 2008. Eine Studie der Stiftung Lesen. Mainz: Stiftung Lesen.

Tulodziecki, Gerhard/Herzig, Bardo (2002): Computer und Internet im Unterricht. Medienpädagogische Grundlagen und Beispiele. Berlin: Cornelsen.

Verzeichnis der Autorinnen und Autoren

Prof. Dr. Peter Loebell

(Herausgeber)

Dr. Philipp Martzog

(Herausgeber)

Prof. Dr. Birgit Eiglsperger ist Künstlerin und Wissenschaftlerin. Sie hält den Lehrstuhl für Kunsterziehung der Universität Regensburg. Die wechselseitige Durchdringung der Bereiche künstlerische Praxis, Kunsttheorie und Fachdidaktik prägt ihre Tätigkeit.

Universität Regensburg
Lehrstuhl für Kunsterziehung
Universitätsstraße 31
93040 Regensburg

Prof. Dr. Hans Gruber, geb. 1960. Studium der Psychologie in München. Anschließend tätig am Max-Planck-Institut für Psychologische Forschung in München. Seit 1998 Professor für allgemeine Pädagogik an der Universität Regensburg. Mitglied unter anderem im Executive Komitee der European Association For Research on Learning and Instruction (EARLI) und im Fachkollegium Erziehungswissenschaft der Deutschen Forschungsgemeinschaft (DFG)

Universität Regensburg
Lehrstuhl für Allgemeine Pädagogik III
Universitätsstraße 31
93040 Regensburg

Prof. Dr. Christina Hansen, geb. 1967. Studium der Psychologie und der Bildungswissenschaften an der Universität Wien. Lehramtsstudium für Sonderpädagogik in Wien und dort auch Dozentin im Themenbereich „Professionalisierung in der Lehrerbildung" am Institut für Bildungswissenschaft. Seit 2010 Professorin für Grundschulpädagogik an der Universität Passau.

Universität Passau
Lehrstuhl für Grundschulpädagogik und -didaktik.
Innstraße 25
94032 Passau

Dr. habil. Edwin Hübner, geb. 1955. Seit 1985 Lehrer für Mathematik, Physik, Technologie und Religion an der Freien Waldorfschule Frankfurt/Main. Seit 2001 wissenschaftlicher Mitarbeiter am Institut für Pädagogik, Sinnes- und Medienökologie (IPSUM) in Stuttgart und seit 2008 auch Dozent an der Freien Hochschule Mannheim.

Freie Hochschule Stuttgart
Haußmannstr. 44 A
70188 Stuttgart

Prof. Dr. Holger Kern, geb.1961. Studium der Musik- und Musikpädagogik in Mainz und Frankfurt, dann Studium der Waldorfpädagogik in Stuttgart. Anschließend Musiklehrer an der Freien Waldorfschule Wetterau in Bad Nauheim. Seit 2009 Professor an der Freien Hochschule Stuttgart.

Freie Hochschule Stuttgart
Haußmannstr. 44
70188 Stuttgart

Prof. Dr. Peter Loebell, geb.1955. Studium der Publizistik, Soziologie und Linguistik in Köln und Hamburg. Studium der Waldorfpädagogik in Stuttgart und Tätigkeit als Klassenlehrer an verschiedenen Waldorfschulen. Dozent für Anthropologie, Pädagogik und Klassenlehrermethodik an der Freien Hochschule Stuttgart und dort seit 2008 Professor für Lernpsychologie und Schulentwicklung.

Freie Hochschule Stuttgart
Haußmannstr. 44
70188 Stuttgart

Dr. Philipp Martzog, geb. 1979. Studium der Psychologie in Konstanz. Wissenschaftlicher Mitarbeiter und Dozent am Lehrstuhl für Schulpädagogik der Universität Regensburg bis 2013. Derzeit wissenschaftlicher Mitarbeiter im Forschungsprojekt zur Wirksamkeit der Waldorflehrerbildung an der Freien Hochschule Stuttgart und dort auch Dozent für wissenschaftliches Arbeiten.

Freie Hochschule Stuttgart
Haußmannstr. 44
70188 Stuttgart

Dr. Thomas Maschke, geb. 1962. Studium der Pädagogik, Sonderpädagogik und Behindertenpädagogik und Waldorfpädagogik in Würzburg, Bremen und Stuttgart. Schulleiter der Kaspar Hauser Schule in Überlingen, Schirmherr des berufsbegleitenden Förderlehrerseminares am Bodensee. Seit 2012 Dozent am Institut für Waldorfpädagogik, Inklusion und Interkulturalität.

Studienzentrum Mannheim
Am Exerzierplatz 21
D-68167 Mannheim

Prof. Dr. Em. Wolfgang Nieke, geb. 1948. Studium der Erziehungswissenschaft, Philosophie, Psychologie, Soziologie und Germanistik in Münster. Lehr- und Forschungstätigkeiten an den Universitäten Münster, Bielefeld und Essen und bis 2013 Professor für Allgemeine Pädagogik an der Universität Rostock. Derzeit Projektleiter im Forschungsprojekt Kosmos.

Institut für Allgemeine Pädagogik
August-Bebel-Str. 28
18055 Rostock,

Prof. Dr. Em. Christian Rittelmeyer, geb. 1940. Studium der Psychologie, Soziologie und Biologie in Marburg und Hamburg. Lehraufträge zum Thema „Ästhetische Theorien" an der Hochschule für Bildende Künste in Braunschweig. Mitglied in verschiedenen Gremien; unter anderem im Rat für kulturelle Bildung und im wissenschaftlichen Beirat der Hochschule für Waldorfpädagogik in Stuttgart. Bis 2003 Professor für Erziehungswissenschaft am Pädagogischen Seminar der Georg August Universität Göttingen.

Zum Berggarten 68
34130 Kassel

Prof. Dr. Albert Schmelzer, geb. 1950. Studium der Theologie, Romanistik und Soziologie in Münster und Tübingen, Studium der Waldorfpädagogik in Stuttgart. Mitbegründer und wissenschaftliche Begleitung der Interkulturellen Waldorfschule Mannheim – Neckarstadt. Professor der Alanus Hochschule für Allgemeine Pädagogik am Institut für Waldorfpädagogik, Inklusion und Interkulturalität in Mannheim, dort Leiter des Forschungsschwerpunkts Interkulturelle Pädagogik.

Studienzentrum Mannheim
Am Exerzierplatz 21
68167 Mannheim

Prof. Dr. Robert Schneider, geb. 1980. Lehramtsstudium Haupt- und Sonderschule, Tätigkeit als Hauptschul- und Sonderschullehrer. Studium der Pädagogik und Erziehungswissenschaften in Graz und Salzburg. Seit 2015 Professor für Inklusionspädagogik an der pädagogischen Hochschule Salzburg.

Pädagogische Hochschule Salzburg
Institut für Bildungswissenschaften und Forschung
Erzabt-Klotz-Straße 1
5020 Salzburg Österreich
Haußmannstr. 44a
70188 Stuttgart